聂辰席 著

融合传播力

新时代智慧广电建设的思考与实践

学习出版社

图书在版编目（CIP）数据

融合传播力：新时代智慧广电建设的思考与实践/
聂辰席 著 . -- 北京：学习出版社，2023.5
ISBN 978-7-5147-0964-3

I . ①融… II . ①聂… III . ①广播事业－发展－研究－
中国②电视事业－发展－研究－中国 IV . ①G229.2

中国国家版本馆CIP数据核字（2023）第041127号

融合传播力

RONGHE CHUANBOLI

——新时代智慧广电建设的思考与实践

聂辰席　著

责任编辑：彭绍骏　　王振宁
技术编辑：贾　茹
装帧设计：壹读闻话

出版发行：学习出版社
　　　　　北京市崇外大街11号新成文化大厦B座11层（100062）
　　　　　010-66063020　010-66061634　010-66061646
网　　址：http://www.xuexiph.cn
经　　销：新华书店
印　　刷：北京联兴盛业印刷股份有限公司

开　　本：710毫米×1000毫米　1/16
印　　张：30.25
字　　数：334千字
版次印次：2023年5月第1版　2023年5月第1次印刷

书　　号：ISBN 978-7-5147-0964-3
定　　价：110.00元

如有印装错误请与本社联系调换，电话：010-67081356

目 录

以内容优势赢得发展优势
——坚定文化自信自强，打造新时代精品力作

从"物理反应"到"化学反应"
——推进媒体融合向纵深发展

坚持广电为民惠民
——推动广播电视服务优化升级

更好统筹发展与安全
——建强守住管好广播电视阵地

事业成败，关键在人 ————
——以政治建设为统领，加强党的建设和队伍建设

推进智慧广电建设
打造更加优质便捷的广播电视服务 *

　　党的十八大以来，习近平总书记围绕推进媒体深度融合发展，发表一系列重要讲话，作出一系列重大部署，先后提出构建全媒体传播格局、形成全媒体传播体系的明确要求。在党的二十大报告中，习近平总书记再次强调，加强全媒体传播体系建设，塑造主流舆论新格局。对于广播电视而言，推进媒体融合发展，建设全媒体传播体系，智慧广电建设既是基础和前提，也是方法和路径。贯彻落实习近平新时代中国特色社会主义思想，迫切需要我们从政治的、战略的、全局的高度，强化创新思维，把智慧广电建设作为新时代广播电视创新发展的战略选择，摆上更加重要的位置，进一步加大推进力度。

---

　　* 本文主要内容系作者 2018 年 11 月 22 日在推进全国智慧广电建设现场会上的讲话摘编，收入本书时作了适当修改。

一、深化认识、提高站位，进一步增强推进智慧广电建设的责任感使命感紧迫感

智慧广电建设是以全面提升广播电视业务能力和服务能力为目标，以有线、无线、卫星、互联网等多种手段协同承载为依托，以云计算、大数据、物联网、IPv6、人工智能等综合数字信息技术为支撑，实现广播电视智慧化生产、智慧化传播、智慧化服务和智慧化监管，着力提供无所不在、无时不在的高质量广播电视服务，更好地肩负起广播电视在新时代的重大职责使命。这是广播电视继数字化、网络化发展之后的又一轮重大技术革新与转型升级。面对新形势新任务新要求，加快推进智慧广电建设势在必行，意义重大。

（一）这是贯彻落实中央建设网络强国、数字中国、智慧社会战略部署，更好服务党和国家工作大局的自觉行动

党的十八大以来，以习近平同志为核心的党中央坚持把创新作为引领发展的第一动力，作出推进媒体融合发展、推进"三网融合"等一系列战略部署，实施数字经济、宽带中国、"互联网+"、大数据、物联网、人工智能等一系列战略行动计划，明确提出建设网络强国、数字中国、智慧社会的战略目标。党中央出台的一系列重要文件中明确提出，广播电视要积极参与智慧城市、智慧乡村、智慧社区和智慧家庭建设。推进智慧广电建设，是广电行业贯彻落实党中央决策部署的实际行动，有利于加快形成布局合理、特色鲜明、形态多样、功能

完备并具有可持续发展能力的中国智慧广电发展新格局，推动广播电视宣传平台、渠道、手段创新升级、做强做优，同时也更深融入、更有力服务经济社会发展全局。

（二）这是顺应现代信息技术变革趋势、加强广播电视意识形态阵地建设管理的必然选择

习近平总书记深刻指出，过不了互联网这一关，就过不了长期执政这一关。当前，以互联网、物联网、大数据、云计算、人工智能等为代表的信息技术加速向各领域各行业广泛渗透，新一轮科技革命和产业变革加速发展，其重要的演进趋势就是智能化，这将深刻改造经济社会活动各环节，推动经济社会从数字化、网络化向智能化跃升，也将给宣传思想文化工作带来全局性的影响。广播电视行业科技依存度高，必须紧紧抓住科技革命的机遇，不能有任何迟疑，不能有任何懈怠，否则就不能高效履行我们的职责、发挥我们的作用。推进智慧广电建设，有利于推动内容生产、传输接入、终端服务、安全监管等融合创新，实现全业务、全流程、全网络从数字化向智能化的战略转型，抢占新一轮发展制高点，巩固壮大广播电视意识形态阵地，为筑牢意识形态安全屏障提供强大技术支撑，更好掌握工作主导权主动权。

（三）这是满足人民日益增长的美好生活需要的重要举措

习近平总书记指出，中国特色社会主义进入新时代，我国社会主要矛盾已经转化为人民日益增长的美好生活需要和不平衡不充分的

发展之间的矛盾。伴随着从"物质文化需要"到"美好生活需要"的转变，人民群众对广播电视的消费需求不断升级，对广播电视的发展期待不断提升，已经从"有没有"转向"好不好"，从"看听"转向"使用"，从"功能"转向"智能"。面对智能化浪潮，广播电视不仅要做信息的生产者、传播者，更应成为新的生活方式的发起者、组织者、提供者，成为社会生活的中心枢纽之一。推进智慧广电建设，有利于实现广播电视向"多媒体形态、多信息服务、多网络传播、多终端展现"的全业务服务模式演进，让广播电视成为全体人民美好生活更加密不可分的一部分。

（四）这是广播电视行业优化升级、实现高质量发展的根本途径

习近平总书记指出，我国经济已由高速增长阶段转向高质量发展阶段。当前，广播电视行业同样处在爬坡过坎的关键时刻，最重要的任务就是找准全局性的创新突破点，推动优化升级、实现跨越发展。毋庸讳言，当前广播电视行业发展面临一些困难，特别是受互联网和新媒体冲击，行业原有优势不断弱化，广播电视台普遍出现效益下滑现象，广电网络业务模式单一，融合发展进度不够快，服务面窄，有线用户数量不断减少。推进智慧广电建设，有利于深化行业供给侧结构性改革，破解行业发展困境，加快构建特色更加鲜明、覆盖更加广泛、传播更加快捷的融合智能网络，开辟新领域、培育新引擎、拓展新功能，为广播电视创造更为广阔的发展空间。

推进智慧广电建设是一项重要的政治工程、民心工程、创新工程，我们一定要以习近平新时代中国特色社会主义思想为指导，深

刻领悟"两个确立"的决定性意义，增强"四个意识"、坚定"四个自信"、做到"两个维护"，进一步增强做好工作的责任感使命感紧迫感。

二、打牢基础、把握关键，全力推进智慧广电建设取得突破性进展

智慧广电是广播电视行业一场全方位全局性的深刻革命，是涉及内容制作、分发传播、用户服务、技术支撑、生态建设以及运行管理等全链条革新与重构的系统工程。全行业必须牢牢把握正确政治方向、舆论导向、价值取向，在基础性、战略性工作上下功夫，在关键处、要害处下功夫，在工作质量和水平上下功夫，力争智慧广电建设不断取得新突破，推动广播电视不断强起来。当前，要重点在 4 个方面集中发力。

（一）要在打造智慧广电媒体上发力，进一步增强广播电视宣传能力

习近平总书记强调，要着力打造一批形态多样、手段先进、具有竞争力的新型主流媒体。广电主流媒体是广播电视行业最重要的主体，担当着宣传主责主业。推进智慧广电建设，必须把广电智慧融媒体建设摆在突出位置，努力让广电主流媒体强起来，确保履行好党的新闻舆论工作职责使命。

一是提升智慧内容制播能力。广播电视核心优势和资源始终都是

内容生产。发展智慧广电、打造智慧媒体，要坚持以技术创新推动内容创新。要转变广电媒体传统的内容生产模式、生产方式，开展基于大数据、全样本、多方位的用户收视行为分析，通过软件定义、数据驱动、算法重构等多种手段，实现内容选题、素材集成、需求组合、分析预测、创作生产的全流程智能化，发掘创意空间，创新节目形态，深耕内容制作，让个性化定制、精准化生产等技术更好为正面宣传服务。有效运用人工智能、虚拟现实、混合增强等新技术，也会大大增强节目内容的受众体验。要以推动制播平台云化、IP化、IT化为核心，加快数字化、网络化制播体系向融合化、智慧化制播体系转变，推动建立"一体化资源配置、多媒体内容汇聚、共平台内容生产、多渠道内容分发、多终端精准服务、全流程智能协同"的智慧节目制播体系，不断增强广播电视台内容制作创新力和活力。

二是提升融合一体化发展水平。媒体融合、一体发展，是关系广播电视未来发展的生命工程。近年来，我们把媒体融合作为一项重大战略任务加快推进。目前，中央广播电视总台和不少省级广播电视台融合发展已取得了重要进展，一些市县广播电视媒体融合也取得了不错的成效，各级广电媒体要继续加大力度，早日实现"你就是我、我就是你"。在深化融合过程中，要改变"重发端不重收端、重覆盖不重受众"的现象，真正以受众为本，充分利用数据分析、情景感知等先进技术以及社交媒体手段，在统一用户数据和内容数据管理的基础上，形成"随需而变"的传播方式。要突出移动优先，主动适应媒体服务泛在化、移动化、交互化、个性化的趋势，推动信息内容、技术应用、平台终端、人才队伍、管理服务共享融通，向移动端倾斜，扩大和增强融合传播覆盖面、影响力，让"无所不在、无时不在"加快变为现实。

三是提升高清超高清电视发展水平。人民群众在追求移动便捷收听收视的同时，对更高更优视听体验的要求也越来越强烈。要指导推动各级广电媒体把握高清和超高清视频发展方向，加大电视高清化推进力度。高清频道要成为电视主流播出模式，省级和较发达地市级电视台基本实现高清化，其余地市级电视台主要频道实现高清化。同时，扎实推进 4K、8K 超高清试验和服务。

（二）要在发展智慧广电网络上发力，进一步增强广播电视传播能力

习近平总书记强调，建设网络强国，要有良好的信息基础设施。广电行业已经建成有线、无线、卫星混合覆盖，世界上规模最大的广播电视传输网络，这是国家重要的基础信息网络，也是智慧广电建设的重要基础资源。我们要按照高速、泛在、智慧、安全的方向，统筹有线、无线、卫星，打造功能更加强大的主流媒体融合传播网、数字文化传播网、基础战略资源网，强化巩固意识形态阵地的基础作用，强化对网络强国建设、数字中国建设和数字经济发展的支持作用。

一是着力打通"最后一公里"，把广电网络最大限度延伸下去，提高服务基层水平。习近平总书记强调，要加快信息基础设施建设和信息化服务普及，将重点放在贫困地区、边疆民族地区，让老百姓用得上、用得起、用得好。技术先进的广电网络触达基层，智慧广电建设的根基才更加牢固。要聚焦基层和农村传输覆盖短板，统筹运用有

线、无线、卫星、互联网等多种方式，因地制宜、因户制宜推进数字广播电视覆盖接收，加快广播电视公共服务由粗放式覆盖向精细化服务升级，由传统视听服务向多层次多方式多业态服务升级，努力实现数字广播电视户户通、人人通。

二是按照"全国一张网"的目标，把有线网络有效整合起来，提高规模经济效益。加快全国有线网络整合，是广电行业多年的愿望。在中宣部领导下，广电总局积极推动全国有线电视网络整合和互联互通平台建设，推进形成"全国一张网"*，进一步提升网络业务创新和开发能力，着力解决分散经营、用户流失的窘况。这项工作关系广电行业前途命运，既离不开中央的重视和支持，也需要全行业进一步增强思想和行动自觉，站在事业产业长远发展的高度，站在本地业务更好融入全国业务的角度，顾全大局、服务大局，积极支持和参与整合发展，努力为有线网络智慧发展创造更大空间。

三是坚持立足当前、着眼未来，加快有线无线卫星协同承载网建设，提高智慧业务承载能力。信息网络技术加速更新迭代，为广电网络并跑甚至领跑提供了可能。要把握信息网络发展趋势，加快新一代信息技术在广播电视网络中的部署和应用，向天地一体、互联互通、宽带交互、智能协同方向发展，构建广播电视现代传播新体系，使广播电视网成为智慧城市、智慧乡村的核心承载网络。如何抓好 5G 时

---

　　* 2020 年 10 月，中国广电网络股份有限公司揭牌成立。

代机遇，是全行业的重大课题*。这方面，只有早谋划早动手、积极抢占制高点，才能赢得发展先机。

（三）要在培育智慧广电生态上发力，进一步增强广播电视服务能力

数字生活的兴起加速了智慧广电生态圈的形成，为我们挖掘广电行业潜能、发展广电智慧经济、实现行业更大价值展现了美好的图景。推进智慧广电建设，要在强化广电功能、保持广电特色的基础上，适应新需求、走向服务端，加强深度开发，延展数据链、提升价值链，建设面向用户、互动体验、多元智能、内容丰富的智慧生态链和服务新体系，着力塑造多元参与、开放融合、多重叠加、价值重构的良好发展局面。

要坚定不移服务群众、服务家庭，重点打造家庭信息终端，培育以智能电视为核心的智慧家庭服务。有线电视一直以来是每个家庭的标配，始终占据着家庭客厅主要位置。新技术条件下，我们完全可以通过广电智能终端，打造中国百姓数字家庭生活应用中枢，实现从"你播我看"看电视到"智慧互联"用电视的转变，由简单服务向精细化服务转变，形成以视听业务为主体的高质量、全媒体的综合信息内容服务体系，提供融合新闻资讯、视听节目、社会服务、医疗健康、数字娱乐、智能家居等多功能于一体的智慧广电数字生活服务。

---

* 2022 年 6 月，中国广电正式启动广电 5G 网络服务，9 月在全国除港澳台以外的 31 个省区市全部开通。

要创造性服务经济社会发展，有效衔接智慧社会等战略，引导新供给、新消费、新业态。这方面，广播电视行业优势独特、潜力巨大。要积极推动与政务、商务、教育、医疗、旅游、金融、农业、环保等相关行业的业务和服务合作，加快与物联网、车联网、移动互联网等新兴网络业态的集成创新、协同服务，在促进社会服务信息化的同时，开辟新空间，开发新市场，培育新动能，形成新增长点。

要充分运用和拓展行业大数据资源，激活智慧广电生态。数据是智慧广电建设的基础资源和源头活水，也是广播电视行业多年运行积累的优势资源。我们要统筹推进广电大数据中心建设，发挥好数据的基础资源作用和创新引擎作用。要提升数据质量，加强数据发掘和共享，推动广电行业和社会数据资源高效汇聚、协同开发和合理利用，构建以数据为关键要素、以创新为主要引领的广电大数据应用体系，为智慧广电生态建设提供有力支撑。

（四）要在加强智慧广电监管上发力，进一步增强广播电视安全保障能力

习近平总书记强调，网络安全和信息化是相辅相成的，安全是发展的前提，发展是安全的保障，安全和发展要同步推进。随着广播电视智慧发展，业务模式、载体形态将更加多元多样多变，会面对不少全新的市场主体、运营平台、管理对象，安全管理必须跟上。要坚持发展和监管统一谋划、统一部署、统一推进、统一实施，以智慧化发展为治理能力现代化赋能，不断提升监管的科学性、精准性和有效性。这不仅是政府部门的责任，也是智慧广电建设各方面主体的责任。

要强化业务安全这个基础。安全是广播电视工作的生命线，同样也是智慧广电发展的生命线。要落实总体国家安全观，明确智慧广电业务的安全边界，健全安全保障体系，加强对智慧业务的安全审核，增强安全防护能力，建好"刹车"，筑牢"堤坝"，把好"关口"，堵住"后门"，确保用户安全可靠地享受多元化的智慧服务。事实上，所有新技术新业务应用，都应该首先考虑可管可控问题，这样才能真正造福社会、造福人民。特别是涉及意识形态安全的新技术新产品新业务，必须做好安全评估，提前设好防火墙。

要强化系统安全这个关键。一项技术、一种产品或者一项业务、一个数据，单一来看并没有问题，但是组合到一起，有可能会产生巨大的安全风险，因此必须更加重视系统安全建设和防范工作。要加强智能终端的安全管理，加强网络监测监管、安全防护等方面关键技术和系统的研发应用，针对关键信息基础设施进行控制系统强化升级，构建智慧广电的信息安全制度体系和技术规范，切实保障导向安全、数据安全、技术安全、渠道安全、应用安全。

要强化监管安全这个保障。智慧广电需要智慧监管。要探索创新监管体制和运行机制，特别是要充分发挥科技创新对优化管理的支撑作用，推进监测监管系统的网络化、智能化、协同化。加快推进基于统一云平台架构的全国监测监管体系建设，实现跨业务、跨网络、跨平台、跨终端的"全方位、全过程、全覆盖、全天候"智慧化监管，努力做到管得到、管得住、管得好。

三、守正创新、求真务实，努力推动智慧广电建设各项工作落地落实

（一）既要坚持正确方向，又要勇于创新创造

推进智慧广电建设，必须把握好守正创新这一新方位和主基调，坚持在守正的基础上创新、在创新的过程中守正，始终沿着正确轨道持续健康发展。守正，就是要坚持方向、坚守正道，坚持以政治建设为统领，深入贯彻落实习近平新时代中国特色社会主义思想，自觉落实意识形态工作责任制，全程贯穿党管宣传、党管意识形态、党管媒体的原则，全面体现把社会效益放在首位的要求。无论怎么建设，导向不能丢，阵地不能丢。创新，就是要坚持创新驱动，坚持创造性转化、创新性发展，积极创新思维、创新方式、创新手段、创新内容、创新技术，以智慧广电建设为带动，加快形成以创新为引领和支撑的广播电视发展新模式，更好把握工作主导权、发展主动权。

（二）既要强化顶层设计，又要鼓励基层探索

智慧广电建设需要把顶层设计与基层探索更好地结合起来，边谋划边实践、边总结边完善。中央管理部门要加强调查研究，充分听取行业意见，及时总结新鲜经验，及时发现存在问题，及时完善工作思路，加强对地方的指导。地方要立足工作基础和资源禀赋，确立符合实际的思路举措，积极主动推进工作，创造性地进行实践探索，充分

发挥智慧广电建设在广播电视工作整体布局中的基础性、战略性、引领性作用，带动广播电视全面强起来。

（三）既要坚持广电行业主导，又要积极争取多方支持

工作中，我们首先要担好主责、壮大主业，各地局、台、网都要结合自身实际、瞄准同一目标，各司其职、通力合作，加快推动本领域智慧广电建设向前发展。同时，又要积极争取各级党委政府支持，努力将智慧广电建设项目纳入经济社会发展规划、文化改革发展规划，更好利用各类专项资金、财政补贴推动发展;积极借助市场力量、社会力量，在法律政策许可、确保意识形态安全的前提下，引导多元资本和优势资源参与智慧广电建设，实现优势互补、共同发展。有为才有位，有位更有为。只有找准智慧广电建设的切入点、结合点、着力点，才能在服务大局中发挥独特作用、体现独特价值、作出独特贡献。

智慧广电建设既是一场全方位的行业革新，也是一场新的艰苦创业征程。我们一定要更加紧密地团结在以习近平同志为核心的党中央周围，深入学习宣传贯彻习近平新时代中国特色社会主义思想，自信自强、守正创新、踔厉奋发、勇毅前行，加快推进智慧广电建设，推动广播电视高质量发展，更好地服务党和国家工作大局，为全面建设社会主义现代化国家、全面推进中华民族伟大复兴作出新的更大贡献！

主力军挺进主战场

——巩固壮大奋进新时代的主流舆论

牢记职责使命　壮大主流舆论唱响时代强音 *

——深入学习宣传贯彻习近平总书记在党的新闻舆论工作座谈会上的重要讲话精神

　　2016 年 2 月 19 日上午，习近平总书记视察中央电视台，这是建台以来党的总书记第一次来央视调研视察，极大增强了我们的责任感使命感，极大提振了央视人的精气神，为我们提供了强大思想武器和行动指南。

　　2 月 19 日下午，习近平总书记主持召开党的新闻舆论工作座谈会并发表重要讲话。"2·19"重要讲话，与"8·19"重要讲话、文艺工作座谈会重要讲话一脉相承，是对新闻舆论思想实践和马克思主义新闻观的最新丰富和发展，通篇闪耀着理论光辉和真理光芒。习近平总书记"2·19"重要讲话提出了许多富有创见的新思想、新观点、新论断、新要求，科学回答了事关新闻事业长远发展的一系列根本性、战略性、全局性重大问题，为做好新时期新闻舆论工作进一

* 原载于《求是》2016 年第 6 期，收入本书时略有修改。

3

步指明了方向、提供了根本遵循。

中央电视台把学习宣传贯彻习近平总书记"2·19"重要讲话精神作为首要政治任务，精心组织、全员覆盖，召开理论中心组集体学习（扩大）会、"现场＋闭路电视直播"方式的全台视频大会和学习交流会，并制定专门学习教育方案，分层级组织开展轮训和专题研讨，同时开辟专题专栏深入宣传阐释、推出系列报道，迅速掀起了学习宣传贯彻热潮。我们要坚持以习近平总书记系列重要讲话特别是"2·19"重要讲话精神为指引，奋力推动央视再有新发展、再上新台阶。

一、始终坚持强化"四个意识"，牢牢把握正确的政治方向

习近平总书记重要讲话，对新闻舆论工作职责使命作出了最集中最鲜明的新概括。中央电视台作为党的喉舌和重要思想舆论阵地，坚持强化政治意识、大局意识、核心意识、看齐意识，深刻把握"五个事关"的本质和极端重要性，忠诚履行"48字"方针职责使命。

一是坚定理想信念，对党绝对忠诚，始终在思想上政治上行动上同党中央保持高度一致，自觉向党中央看齐，向党的理论路线方针政策看齐，向党中央决策部署看齐，对播出内容、镜头选取等都严格政治要求，体现党的意志、宣传党的主张、反映人民心声。二是以高度的思想和行动自觉，深入学习宣传贯彻落实习近平总书记系列重要讲话精神，读原著、学原文、悟原理，内化于心、外化于行，作为强大思想武器和科学行动指南，贯穿于思想和工作全过程。三是把宣传报

道习近平总书记系列重要讲话精神作为首要政治任务，继续深化提升"新闻联播头条"和"新闻节目素材更新共享"工程质量，做到总书记时政活动和重要思想报道"天天见、天天新、天天深"。

二、始终坚持正确舆论导向，唱响主旋律、传播正能量

习近平总书记指出，承担起新闻舆论工作的职责使命必须始终做到"四个牢牢坚持"，指明了要理直气壮坚持什么、旗帜鲜明反对什么，进一步揭示了新闻舆论工作的本质属性和原则要求，更加明确了党的新闻舆论工作的方向导向。中央电视台坚持新闻立台、导向为魂，聚焦中国道路、中国理论、中国制度、中国精神、中国力量，正向引领、正面发声，浓墨重彩营造良好舆论氛围。

一是持续深入做好中国道路、中国梦、"五位一体"总体布局、"四个全面"战略布局、五大发展理念、社会主义核心价值观、中华优秀传统文化等主题主线宣传，坚持不懈、润物无声，唱响时代主旋律。二是扎实开展党中央治国理政新理念新思想新战略和新实践新成就的报道，深入解读经济发展新常态，深入阐释供给侧结构性改革目标任务，展示中国经济发展光明前景，按照重要时间节点，精心策划做好奋进"十三五"、决胜全面建成小康社会、精准扶贫等宣传，推出系列生动鲜活的典型和深度报道。围绕中国共产党成立95周年和长征胜利80周年，倾力打造重点电视剧、纪录片等电视作品。三是着力提高舆论引导能力和水平。坚持党性和人民性的统一，用群众耳熟能详的语言、喜闻乐见的表现形式，普遍认可的道理、有目共睹的

事实，教育引导群众。坚持团结稳定鼓劲，正面宣传为主，把讲导向融入工作和节目的各个方面、各个环节。从时度效着力，体现时度效要求，善于设置议题，做好突发事件应急报道。推动宣传"向渗透式、感召式转变，向多媒体、多元素综合运用转变，向双向互动、过程管控转变，向结构化编排、模块化集成转变"，不断提高宣传的吸引力感召力。

三、始终坚持创新创优，不断提高央视的传播力引导力影响力公信力

习近平总书记指出，党的新闻舆论工作必须创新理念、内容、体裁、形式、方法、手段、业态、体制、机制。"九个方面的创新"是提高新闻舆论工作"四力"的必由之路和关键所在。中央电视台坚持创新为要，强化世界眼光、互联网思维和一体化发展，把握规律、勇于创新，在整体推进中重点突破、在改革创新中攻坚克难，不断开拓央视发展新境界。

一是坚持内容为王，创新创优出精品。突出价值引领，推进节目创新，突出特色定位，推进频道创新。实施课题式设计、项目式管理、工程式推进、台账式督查、绩效式考核的"五式工作法"，推动节目栏目存量改版、增量创新、编排优化。二是加强融合传播能力建设。以视频为重点，以新闻为龙头，以用户为中心，以"三微一端"为抓手，综合矩阵为平台，以移动化、社交化、视频化、互动化方式，抓住"融为一体、合而为一"的关键，加快推进电视与新媒体深

度融合、一体发展。推动"央视新闻"客户端和央视网改版升级，全方位强化视频核心优势，着力实现平台化转型，实现央视新媒体从"相加"到"相融"。三是提升国际传播能力。加强国际频道建设，优化国际传播布局，加强商业合作传播，拓展海外社交平台，创新话语体系，讲好中国故事，组织各种精彩精练的故事载体，结合受众国习惯特点，更加鲜明地展现中国思想，更加响亮地传播中国主张，打造国际传播的央视品牌。

四、始终坚持严实作风，锤炼让党和人民放心的干部职工队伍

习近平总书记指出，媒体竞争关键是人才竞争，媒体优势核心是人才优势。新闻舆论工作队伍的政治素养、理论水平、政策水平、业务能力，直接关系到党的新闻舆论工作效果。中央电视台坚持以铁一般信仰、铁一般信念、铁一般纪律、铁一般担当，抓班子、带队伍、强管理，引导干部职工自觉做党的政策主张的传播者、时代风云的记录者、社会进步的推动者、公平正义的守望者。

一是讲政治、强党性、敢担当，坚持央视姓党，坚持党管媒体原则不动摇，严格遵守党的政治纪律、政治规矩和宣传纪律，增强政治定力，在大是大非面前旗帜鲜明，在重大原则问题上敢于发声、敢于斗争。二是严明管理要求，进一步营造风清气正的生态。全面加强党的建设和党风廉政建设，扎实开展"两学一做"学习教育。坚决贯彻执行中央八项规定精神，认真落实"两个责任"，强化教育管理和监

督执纪，坚持问题导向，扎紧制度篱笆，扶正祛邪，固本强基。三是加强思想政治建设，提升队伍素质。忠实履行巩固壮大主流思想舆论的责任，建设对党忠诚、个人干净、敢于担当的台领导班子，锻造政治坚定、业务精湛、作风优良、党和人民放心的干部队伍，培养自觉践行马克思主义新闻观文艺观的业务骨干。持之以恒开展"走转改"活动，推出更多精品力作。培养员工"主人翁"意识，增强事业心、归属感、忠诚度。

为人民创作　为时代放歌 *

——改革开放以来中国广播电视和网络视听文艺成就

文艺是时代前进的号角。改革开放以来，中国广播电视和网络视听文艺作为社会主义文艺的重要组成部分，自觉与时代同行、与人民同心，在人民的史诗创造中进行文艺创作、铸就时代史诗，实现了持续繁荣发展。特别是党的十八大以来，以习近平同志为核心的党中央高度重视、积极推动文艺工作，科学总结历史经验和实践探索，深刻回答文艺与党的领导、文艺与人民、文艺创作的方向与源泉等根本性问题，为繁荣发展中国广播电视和网络视听文艺提供了根本遵循和行动指南。在中华民族伟大复兴的征程上，广播电视和网络视听文艺始终坚持正确的发展方向，围绕中心、服务大局，解放思想、改革创新，取得辉煌成就，为中国特色社会主义文艺事业发展积累了经验、提供了启示。

＊原载于 2018 年 12 月 14 日《人民日报》，收入本书时略有修改。

一、广播电视和网络视听文艺创作从大国向强国迈进

改革开放特别是党的十八大以来，广播电视和网络视听文艺在数量增长、形态丰富、质量提升等多个方面齐头并进，为建设社会主义文艺强国作出了独特贡献，书写了辉煌篇章。

创作生产能力大幅提升。2017年全国广播电视节目制作机构达到18728家，获准开办互联网视听节目服务的机构共586家。2017年，全年制作广播节目、电视节目分别比1984年增长33.15倍、130.36倍；生产电视剧部集比1983年增长近26倍；电视动画和纪录片近10年来持续快速增长，2008—2017年累计制作完成电视动画片总时长约170万分钟，2017年国内省级以上电视机构制作纪录片时长2万小时，是2010年的4倍；以网络剧、网络综艺、网络电影为代表的原创视听节目创作生产在数量与质量上均实现飞跃，主要网站持续加大投入制作网络原创节目，2017年全年全网备案网络剧718部、网络电影（微电影）6566部、网络动画片767部、网络纪录片412部、网络栏目2917档。我国已成为全球名副其实的广播电视和网络视听内容生产大国。

精品力作不断涌现。党的十八大以来，广播电视和网络视听文艺以习近平新时代中国特色社会主义思想为指引，紧扣中国梦、社会主义核心价值观等时代主题，大力实施精品工程和网络内容建设工程，创作生产加快从数量增长型向质量效益型转变，一批思想精深、艺术精湛、制作精良的优秀节目和作品在海内外影响广泛。例如《历史转

折中的邓小平》《海棠依旧》等电视剧、《舌尖上的中国》《我在故宫修文物》等纪录片、《梦娃》《翻开这一页》等动画片、《朗读者》《中国诗词大会》《国家宝藏》等原创综艺、《辉煌中国》《将改革进行到底》等政论片、《初心》《习声回响》等现象级融媒体产品、《最美中国》《那年那兔那些事儿》等网络视听节目，唱响主旋律、传递正能量、提振精气神，为广大人民群众提供了丰富的精神食粮，为党和国家事业凝聚起团结奋进的强大力量。

二、深入生活、扎根人民，聚焦现实题材讴歌时代精神

推动文艺繁荣发展，最根本的是要创作生产出无愧于我们这个伟大民族、伟大时代的优秀作品。改革开放特别是习近平总书记在文艺工作座谈会上发表重要讲话以来，广播电视和网络视听文艺工作始终坚持以人民为中心的创作导向，始终聚焦人民的实践创造、火热生活和审美需要，创作出一大批以百姓视角反映改革开放以来党和国家事业取得历史性成就和发生时代变革的优秀作品。例如电视剧《渴望》《编辑部的故事》《金婚》《媳妇的美好时代》、纪录片《话说长江》《大国崛起》、电视栏目《开心辞典》《出彩中国人》等，紧跟时代变革步伐，思想性和艺术性突出，全方位反映当代中国人民生活状况和精神状态，有力奏响时代旋律。特别是现实题材创作成为当前发展新趋势、新热点、新追求。《鸡毛飞上天》《平凡的世界》《最美的青春》《情满四合院》《老农民》《父母爱情》等作品于平常中见真情、于朴实中现力量，以对社会现实的深切关注、对艺

术创作的深情追求，不断开掘平凡生活所蕴含的崇高价值。《航拍中国》《记住乡愁》《超级工程》《本草中华》等纪录片与时代同频共振，鸿篇巨制、匠心独运，深刻反映了中华民族实现伟大复兴的"追梦"故事。这些文艺作品为人民抒写、为时代放歌，激发起广大观众的爱国情怀，凝聚起国民的精神力量，展现了精品创作的巨大价值和魅力。

三、提炼展示中华优秀传统文化精神标识和文化精髓，实现创造性转化、创新性发展

把中华优秀传统文化的精神标识提炼出来、展示出来，把中华优秀传统文化中具有当代价值、世界意义的文化精髓提炼出来、展示出来，是广播电视和网络视听文艺工作的重要职责和工作要求。广大广播电视文艺工作者不断从中华文化资源宝库中获取灵感、汲取养分、精选题材、凝练主题，形成了创新活力迸发、创优热情高涨的生动局面，创造创新创优已经成为创作生产的思想共识、价值追求和精神动力。结合新时代特点和导向要求，近年来先后推出了《先生》《致我们正在消逝的文化印记》《经典咏流传》《平"语"近人——习近平总书记用典》《喝彩中华》《见字如面》《百心百匠》等一大批原创精品节目栏目，受到观众欢迎，成为收视热点，同时掀起了汉字热、诗词热、成语热等社会学习热潮，成为广播电视和网络视听文艺繁荣发展的重要成就。

坚持"公益、文化、原创"方向，着力打造讲导向、有文化的传

播平台。全国上星综合频道面貌发生积极变化，文化、科技、公益类节目制播力度进一步加大，涌现出一大批主旋律、正能量、弘扬传播中华文化的优秀原创节目。

我国广播电视和网络视听原创力的大幅提升，彰显了中国特色社会主义文化自信，为中华文化在新的历史条件下焕发生机、迸发活力作出了积极贡献。一批凸显中国特色、蕴含深厚文化的中国原创节目模式也不断走向国际市场，向世界讲述生动多彩的中国故事，展现全面、真实、立体的中国。

四、强化引导、完善管理，营造奖优惩劣的发展环境

管理和引导始终是文艺繁荣发展的重要保障。改革开放特别是党的十八大以来，基本建立健全了由创作指导、季度推荐、宣传推广、奖优惩劣组成的广播电视节目创新创优工作机制。重点建设了创新创优节目评选、少儿节目精品发展专项资金扶持、优秀国产电视动画推荐、重大主题纪录片创作扶持四个引导机制；设立并持续增加电视剧剧本扶持引导专项资金额度，从剧本源头开始抓原创作品、现实题材作品、公益题材作品，重点资助反映"中国梦"主题的优秀剧本；设立网络视听节目内容建设专项资金，实施"网络视听节目精品创作传播工程"，鼓励网络视听节目机构创作出以弘扬社会主义核心价值观、传承发展中华优秀传统文化为主题的网络视听节目精品力作。随着政策红利不断释放，广大文艺工作者创作出热情高涨，广播电视和网络视听文艺发展生态不断优化，呈现出精品力作持续涌现的繁荣景象。

针对电视上星综合频道播出综艺娱乐节目和同类题材电视剧数量过多等问题，广电总局先后发布了"限娱令""加强版限娱令"，有力遏制了过度娱乐化倾向；实施"一剧两星、一晚两集"的电视剧播出政策，各上星综合频道新闻类、道德建设类、文化类节目成为主流。针对低俗问题高发领域进行重点治理，以整肃真人秀节目为重点，加强娱乐节目导向和格调管理；以整顿抗战"神"剧、抗战"雷"剧为重点，加强电视剧审查管理；针对一些违法和劣迹艺人发出"禁丑令"等，都起到了以儆效尤的管理效果。按照"好节目进入好时段"的管理理念，对缺少文化内涵的节目栏目加以抑制，对内容低俗有害的节目栏目坚决查处。坚持网上网下导向管理"同一标准、同一尺度"，制定实施《网络视听节目内容审核通则》，做到"一把尺子量到底"；建立网络视听节目审核员培训机制，完善网络视听节目服务单位节目内容总编辑负责制，规范网络自制视听节目审播管理秩序，实行"先审后播""自审自播""未审不播"制度，建立重点节目规划备案、重点网络剧备案和内容抽查制度；对有导向错误、价值观混乱、格调低下的网综网剧及时叫停下架。同时，切实规范网络视听机构播出广播电视节目的管理，通过大屏小屏联防联治，网上网下共同形成视听节目清朗传播空间。

针对一些文艺节目出现的影视明星过多、追星炒星、泛娱乐化、高价片酬、收视率（点击率）造假等问题，2018年11月出台《关于进一步加强广播电视和网络视听文艺节目管理的通知》，提出和实施一系列综合性制度化管理举措，广播电视和网络视听节目追星炒星、过度娱乐化得到有效治理，全明星参与的综艺娱乐和真人秀节目逐渐退出荧屏，"星素结合"已成潮流。广播电视和网络视听文艺以传播社会主义核心价值观为宗旨，其公益属性、文化属性更加凸显，展现健康发展新态势，成为文艺繁荣的重要标志之一。

五、坚持中国特色社会主义文艺道路，更好完成新形势下广播电视和网络视听文艺工作使命任务

改革开放以来 40 年广播电视文艺和 20 年网络视听文艺的发展成就充分证明，把握正确政治方向是根本遵循，增强"四个意识"是根本要求，坚持改革创新是发展的根本动力，实现高质量发展是第一要务。中国特色社会主义进入新时代，广播电视和网络视听文艺战线要始终坚持以习近平新时代中国特色社会主义思想为指导，深入学习宣传贯彻习近平总书记关于文艺工作的系列重要论述，努力展现新气象新作为，更好完成"举旗帜、聚民心、育新人、兴文化、展形象"的新形势下宣传思想工作使命任务。

坚持以党的政治建设为统领，牢牢把握正确政治方向。坚持政治家办台办网办节目，牢固树立"四个意识"，坚定"四个自信"，始终在政治立场、政治方向、政治原则、政治道路上同以习近平同志为核心的党中央保持高度一致。立足新方位新目标，以高度的文化自信和文化自觉坚守社会主义文化立场，担当起新的文化使命，把培育和弘扬社会主义核心价值观作为根本任务，更好地举精神之旗、立精神支柱、建精神家园，在"铸魂魄、接地气、聚人气"上下更大功夫，努力推出丰富多样的中国故事、中国形象、中国旋律，强化价值引领，

壮大先进文化，激励前行力量。坚守社会责任，始终把社会效益放在首位，坚决抵制低俗庸俗媚俗，向追星炒星、高价片酬等不良现象说"不"。严把内容关、导向关、人员关、片酬关，确保广播电视和网络视听文艺发展方向正确。

坚持以人民为中心的创作导向，聚焦主题主线，真情讴歌伟大时代。中国特色社会主义进入新时代，为创作提供了丰厚土壤、不竭源泉，广播电视和网络视听文艺工作者要更加自觉地聚焦新时代，艺术再现当代中国人民的伟大实践。要始终坚持以人民为中心的创作导向，健全长效机制，进一步改进作风文风，把提高质量作为文艺作品的生命线，大力弘扬乌兰牧骑精神，做到"身到""心到""情到"，带着对人民的热爱、时代的真情捕捉生活之美，努力创作更多打动人心的好节目、好作品。要综合施策，促进现实主义题材创作，坚决抵制脱离实际、脱离时代、脱离人民的"伪现实"和"悬浮剧"，下大气力提升现实题材作品的思想内涵和艺术水准。要把更多普通群众而不是影视明星作为作品的主角、节目的主角，以真挚的情感刻画最美人物、歌颂奋斗人生，精彩展示当代中国人的精神风采，着力讲好新时代百姓身边日常故事，留下普通人追梦中国、追求幸福生活的鲜活时代影像志，以对时代、对艺术高度负责的精神，推出一批能够在历史上打下烙印、在人民中留下口碑的精品力作。

坚持改革创新，加快高质量发展，满足人民美好生活新期待。创新是高质量发展第一动力，是推动新时代广播电视和网络视听文艺繁荣兴盛的主线。要坚持把创作生产优秀作品作为中心环节，把创新精神贯穿于创作全过程，不断丰富和创新广播电视和网络视听文艺节目的题材、类型、形态、表达方式，不断提高作品的精神高度、文化内涵和艺术价值。要加大对创作基础性环节的鼓励、扶持，认真研究加强对原创内容、原创节目模式的保护和鼓励的办法，推动研发更多原创节目模式、打造更多原创品牌节目。要坚持不忘本来，坚持中华优秀传统文化创造性转化、创新性发展，办好优秀文化类、道德建设类节目，实施好中华文化电视传播工程、中国经典民间故事动漫创作工程，坚定发展扶持那些传承中华文化基因，具有中国风格、中国气派的文艺节目和作品。要坚决摒弃浮躁，在市场经济大潮面前耐得住寂寞、稳得住心神，不为一时之利动摇，不为一时之名浮躁，弘扬工匠精神，以踏实之心锤炼厚实之作，以传世之心打造传世之作，不断推出更多叫得响、传得开、留得下的优秀作品，上"高原"、攀"高峰"。

坚持文艺阵地统筹管理，确保可管可控、风清气正。建设具有强大凝聚力和引领力的社会主义意识形态，是全党特别是宣传思想战线必须担负起的一个战略任务。广播电视和网络视听文艺作为主流思想文化的坚定引领者、国家辉煌巨变的忠实记录者、中国故事的生动讲述者，必须不断增强"四个意识"，自觉做到"两个维护"，坚持高举旗帜、守正创新，坚持以立为本、立破并举，强化阵地意识，加强阵地建设，唱响主旋律，传播正能量。要打通传统媒体和新兴媒体管理，坚决执行网上网下统筹管理、同一标准的要求，确保网上网下节目在导向、题材、内容、尺度、嘉宾、片酬等各方面执行同样标准。要加强对播出平台的监管，加快建立和不断完善网台联动的管理机制，加强对所有节目题材的把关审核。要把行政管理和行业自律结合起来，共同打击和遏制扰乱行业健康生态的行为，持续保持对各类突出问题的治理整治高压态势。要全面加强党的领导，全面贯彻依法治国方略，努力营造天朗气清的广播电视和网络视听文艺发展新环境新空间。

进入新时代，在习近平新时代中国特色社会主义思想指引下，贯彻落实全国宣传思想工作会议精神，中国广播电视和网络视听文艺战线必将以更加昂扬的斗志，满怀豪情抒写时代答卷，努力为实现中华民族伟大复兴的中国梦作出更大贡献！

开拓创新　奏响恢宏乐章 [*]

——新中国 70 年广播电视和网络视听文艺成就

新中国成立 70 年来，在党中央坚强领导下，在党的文艺方针政策科学指引下，我国广播电视和网络视听文艺砥砺奋进、开拓创新，不断走向繁荣兴盛。特别是党的十八大以来，广播电视和网络视听行业深入学习贯彻习近平新时代中国特色社会主义思想特别是习近平总书记关于文艺工作的重要论述，坚定文化自信，坚持与时代同步伐、以人民为中心、以精品奉献人民、用明德引领风尚，取得一系列辉煌成就，呈现欣欣向荣、蓬勃发展的生动局面。70 年的发展历程硕果累累，不仅留下了家喻户晓的经典作品，而且积累了弥足珍贵的经验、留下了十分宝贵的财富。

＊原载于 2019 年 9 月 10 日《人民日报》，收入本书时略有修改。

> **一、坚持党对文艺工作的全面领导，广播电视和网络视听文艺始终沿着正确方向前进**

新中国成立以来，党中央始终把文艺工作放在重要位置，以创新理论指导文艺创作生产实践。"二为"方向、"双百"方针，弘扬主旋律、提倡多样化，党的文艺方针政策引导、鼓舞和激励了一代又一代广播电视文艺工作者。党的十八大以来，以习近平同志为核心的党中央高度重视文艺工作，习近平总书记主持召开文艺工作座谈会，发表一系列重要讲话、作出一系列重要指示，深刻阐明新形势下文艺工作一系列重大问题，为新时代广播电视和网络视听文艺工作提供了根本遵循和行动指南。

70 年来，坚定不移走中国特色社会主义文化发展道路，广播电视和网络视听文艺从弱到强、持续走向繁荣。2018 年，全国共制作广播电视文艺类节目约 302 万小时，制作发行电视剧 323 部、1.37 万集，制作发行电视动画片 241 部、8.62 万分钟，制作纪录片 7.59 万小时。网络视听文艺在 20 年内飞速发展，2018 年网络视听机构新增购买及自制网络剧 2133 部，网络视听机构用户生产上传节目（UGC）存量达到 10.35 亿个，网络视听节目播放总量 2.66 万亿次。我国已经成为名副其实的广播电视和网络视听文艺创作生产大国。

70 年来，广播电视和网络视听文艺坚持围绕中心、服务大局，在党和国家重大活动和重要历史节点，推出一系列重大主题作品，营造了浓厚氛围。例如，围绕迎接宣传党的十九大，推出了《黄大年》

《索玛花开》等电视剧、《不忘初心　继续前进》《我们这五年》等纪录片专题片、《梦娃》等动画片、《初心》等微视频。围绕庆祝改革开放40周年，推出了《黄土高天》《大江大河》《正阳门下小女人》等电视剧、《必由之路》《我们一起走过》等政论片、《浦东传奇》《小岗纪事》《走进兰考》等纪录片、《可爱的中国》《我们的接力跑》等动画片、《我们在行动》《声临其境》等综艺节目、《我的青春在丝路》等网络视听作品，唱响了改革开放时代主旋律。围绕新中国成立70周年，聚焦重点项目，努力打造精品力作，为祖国70年华诞营造良好氛围。

二、坚持思想引领，以中国精神培根铸魂

文艺是铸造灵魂的工程，中国精神是社会主义文艺的灵魂。70年来，广播电视文艺工作者坚持举精神之旗、立精神支柱、建精神家园，努力创作有筋骨、有道德、有温度的作品，为国家写史、为民族塑像、为时代明德，以文艺振奋民族精神、凝聚前行力量。

传承红色基因，奋力书写党史、军史、新中国史。《长征》《延安颂》《解放》《换了人间》《毛泽东》《恰同学少年》《海棠依旧》《历史转折中的邓小平》《彭德怀元帅》《东方主战场》等一大批重大革命和历史题材作品，彰显理想和信仰之光，高扬爱国主义和革命英雄主义精神，真实艺术地再现老一辈无产阶级革命家为探寻救国救民之路的不懈奋斗，真实艺术地再现中国共产党为实现民族独立、人民解放而艰苦奋斗的苦难辉煌，真实艺术地再现党领导全国各族人民进行社会

主义革命、建设和改革开放创立的丰功伟绩，成为价值高度和精神高度的坐标，有力激发了人民群众爱党爱国热情。

紧扣时代脉搏，真情讴歌伟大时代。《平凡的世界》《老农民》等作品关注社会变迁，记录时代变革。近年来，实施广播电视"记录新时代工程"，引导推动创作者投身伟大时代、聚焦伟大时代，感国运之变化、立时代之潮头、发时代之先声，努力做新时代的记录者、讴歌者和引领者。《航拍中国》《记住乡愁》《超级工程》《本草中华》等节目和作品与时代同频共振，堪称鸿篇巨制、匠心独运，为新时代新征程留下真实鲜活、振奋人心的时代影像志和历史备忘录。

把握文化根脉，弘扬中华优秀传统文化。广播电视和网络视听文艺工作者不断从中华文化资源宝库中获取灵感、汲取养分、精选题材、凝练主题，展示中华民族的独特精神标识和中华文化的永久魅力。《红楼梦》《西游记》《水浒传》《三国演义》等经典剧目历久弥新，《汉武大帝》《冯子材》《天下粮田》等历史正剧厚重质朴、恢宏大气。近年来推出的《平"语"近人——习近平总书记用典》《中国诗词大会》《国家宝藏》《经典咏流传》等一大批原创精品节目栏目，彰显优秀传统文化魅力，掀起汉字热、诗词热、成语热等社会学习热潮。

坚持立德树人、以文化人，践行文化担当和社会责任。广播电视文艺工作者自觉讲品位、讲格调、讲责任，努力把社会主义核心价值观贯穿融入到创作中。近年来，全国电视上星综合频道坚持"公益、文化、原创"方向，着力打造讲导向、有文化的传播平台，涌现出《朗读者》《等着我》《中华好家风》等一大批优秀原创节目。举办"弘扬社会主义核心价值观 共筑中国梦"主题原创网络视听节目征集推选和展播活动，涌现出《公仆之路》《红色气质》《我爱你中国》等"三性"统一的优秀作品，努力使主旋律、正能量充盈网络空间。

三、坚持以人民为中心的创作导向，为人民书写、为人民立传

社会主义文艺从本质上讲就是人民的文艺。广播电视和网络视听文艺是我国接触人群最多、影响最为广泛、最贴近群众的文艺形式之一。广播电视文艺工作者始终坚持以人民为中心的创作导向，把人民满不满意作为衡量标准，聚焦人民群众的实践创造、火热生活和审美需要，倾力打造人民群众喜闻乐见的优秀作品。

坚持顺应人民需求，努力增强人民群众获得感、幸福感、安全感。70年来，传统广播电视文艺实现了内容数量的快速增长，实现了体裁、题材、形式、手段的丰富拓展，从物资匮乏的沙漠变为生机盎然的绿洲。网络视听节目在短短20年时间里迅速发展壮大，网络视频用户规模达7.25亿，特别是与大数据、AI（人工智能）、VR（虚拟现实）、AR（增强现实）等信息技术成果深度结合，衍生出丰富的形式和应用，有效满足了人民群众精神文化生活新期待。

坚持扎根人民，从社会生活中汲取创作源泉。践行"三贴近"，开展"深入生活、扎根人民"主题实践活动，开展"走基层、转作风、改文风"活动，开展增强"脚力、眼力、脑力、笔力"教育实践，引导推动广播电视和网络视听文艺工作者深入生活，收集"带露珠""沾泥土""冒热气"的第一手素材，从人民的伟大实践和丰富多

彩的生活中寻灵感、挖题材、出佳作。电视剧《鸡毛飞上天》、纪录片《一带一路》《落地生根》、动画片《地道战之英雄出少年》《鸡毛信》等佳作，都是主创人员深入生活、进入角色、潜心创作的结果。

坚持把镜头和话筒对准人民，把人民作为作品的主角、表现的主体。电视剧《渴望》述说平凡生活，引发观剧热潮。电视剧《编辑部的故事》《金婚》《媳妇的美好时代》、纪录片《舌尖上的中国》《希望的田野：拉林河畔》聚焦普通百姓生活，全方位展现当代中国人民生活状况和精神状态。电视栏目《中国梦想秀》《挑战不可能》等让普通群众登上舞台表演拿手绝活，讲述人生经历，畅谈美好梦想，展示了当代中国人乐观向上的精神风貌。

四、坚持把创作生产优秀作品作为中心环节，努力保"高原"、攀"高峰"

推动文艺繁荣发展，最根本的是创作生产出无愧于我们这个伟大民族、伟大时代的优秀作品。随着广播电视和网络视听文艺创作生产能力大幅提升，全行业工作重心落到提高文艺作品质量上，遵循高质量发展的根本要求，推进创新创造、精耕细作，加快从数量增长型向质量效益型转变、从"高原"向"高峰"迈进。

党的十八大以来，创新创优的导向更加鲜明，深入实施广播电视"新时代精品工程"，政策、规划、项目、人才全面向出精品聚焦。抓政策支持，出台《关于支持电视剧繁荣发展若干政策的通知》等一系列政策文件，加大对原创内容的鼓励扶持。抓规划引导，制定实施电视剧百部重点选题规划，持续开展百部中国梦电视动画片扶持计划、百部社会主义核心价值观动画短片创作计划和百人百部中国梦短纪录片扶持项目等，加强动态调整管理、跟踪指导服务，推动形成"播出一批、储备一批、筹划一批"的良好局面。抓项目扶持，建立创新创优节目评选、少儿节目精品发展专项资金扶持、优秀国产电视动画推荐、重大主题纪录片创作扶持等引导机制，设立电视剧剧本扶持引导专项资金，从剧本源头开始抓精品创作；设立网络视听节目内容建设专项资金，实施"网络视听节目精品提升工程"，鼓励网络视听出精品、出佳作。抓人才培养，深入实施行业"领军人才工程"和"青年创新人才工程"，开展广播电视和网络视听文艺工作者教育培训，着力扶持各类人才特别是青年人才，努力形成人尽其才、人才辈出的生动局面。随着政策红利不断释放，广大文艺工作者创作热情高涨，按照"思想精深、艺术精湛、制作精良"方向凝心聚力搞创作的氛围日益浓厚。

五、坚持服务对外工作大局，讲好中国故事、传播好中国声音

70年来，广播电视和网络视听文艺立足国内、放眼世界，一大批具有中国特色、体现中国精神、蕴藏中国智慧的原创内容走向世界，讲述生动多彩的中国故事，展现全面、真实、立体的中国。

广播电视和网络视听文艺国际竞争力不断增强。从20世纪90年代初《三国演义》等电视剧走出去开始，中国电视剧出口范围逐步扩

大、规模不断增长，涵盖亚洲、欧洲、非洲、北美等国家和地区；内容结构也在悄然发生质变，《媳妇的美好时代》《小别离》《父母爱情》《青年医生》等现实题材及其他类型题材成功登陆众多国家和地区。今天，电视剧、动画片、纪录片、网络视听节目乃至广播电视文艺节目模式出口规模日益扩大，我国广播电视和网络视听文艺已经在国际市场占有重要的一席之地。

广播电视和网络视听文艺成为文化对外交流的重要名片。党的十八大以来，在习近平总书记等中央领导出访地区播出《鸡毛飞上天》《温州一家人》等优秀作品，有力服务了外交大局。"丝绸之路影视桥工程"实现36个语种优秀译制作品在全球100多个国家播出，中非影视合作工程基本实现对非洲全覆盖。一批优秀作品推广至非洲国家及丝路国家的主流媒体，《医者仁心》《辣妈正传》《金太狼的幸福生活》《生活启示录》等剧相继在阿拉伯语、蒙古等国家和地区掀起收视热潮。30多个"电视中国剧场"已推广至柬埔寨、老挝、印度尼西亚、捷克、埃及、南非、阿联酋等国家，正在向更多"一带一路"国家拓展。"视听中国——中国电视节目海外播映计划"，借助国家外交平台，配合重大外交活动等时间节点和契机，致力于推动更多优秀作品走出去，为推动世界文明交流互鉴、构建人类命运共同体贡献力量。

六、坚持推进科学管理，有力保障行业健康规范发展

有效的管理始终是文艺健康繁荣发展的重要保障。新中国成立以来特别是党的十八大以来，广播电视和网络视听管理日益科学化、规

范化、法治化，综合管理体系已经基本形成，努力营造了广播电视和网络视听文艺风清气正的发展生态。

坚持正本清源，持续整治行业突出问题。近年来，综合施策抵制过度娱乐化和低俗庸俗媚俗等不良倾向。以电视上星综合频道为重点，持续调控综艺娱乐、电视晚会、歌唱类选拔节目、真人秀节目。完善电视剧播出宏观调控政策，确保现实题材占据电视上星频道黄金时段播出主导地位。针对一些违法和劣迹艺人发出"禁丑令"，严禁丑闻劣迹者发声出镜，倡导良好从业道德。2018年以来，针对追星炒星、泛娱乐化、高价片酬、收视率（点击率）造假等问题，出台《关于进一步加强广播电视和网络视听文艺节目管理的通知》，实施综合性制度化管理举措，追星炒星、过度娱乐化、天价片酬得到有效治理，"星素结合"逐渐成为潮流，广播电视和网络视听文艺公益属性、文化属性更加彰显。

健全管理制度、统一管理标准，维护充满活力、公平竞争的发展秩序。适应发展形势、完善准入政策、降低准入门槛，充分调动社会各方面参与广播电视和网络视听文艺创作生产传播的积极性主动性创造性。目前，全国有电视剧制作许可证（甲种）机构113家，广播电视节目制作经营机构近2.7万家，其中90%多是民营企业；有信息网络传播视听节目许可证持证机构588家。完善导向管理全覆盖的制度规范，强化网上网下导向管理"同一标准、同一尺度"，制定实施《网络视听节目内容审核通则》，做到"一把尺子量到底"。健全把社会效益放在首位的体制机制，不断完善节目综合评价体系。建设开通了"广播电视节目收视综合评价大数据系统"，初步解决了困扰行业多年的收视数据采集难题。

　　进入新时代，广播电视和网络视听文艺战线正在习近平新时代中国特色社会主义思想指引下，不忘初心、牢记使命，切实肩负起"举旗帜、聚民心、育新人、兴文化、展形象"的使命任务，努力打造精品佳作、力攀文艺高峰，为实现中华民族伟大复兴的中国梦作出更大贡献。

高举思想旗帜　坚持守正创新
谱写新时代广电事业璀璨华章 *

世纪征程波澜壮阔，百年恰是风华正茂。新中国广播电视事业诞生于延安抗日烽火中，从筚路蓝缕走向繁荣兴盛，始终与党和国家事业发展同呼吸共命运，用忠诚铸就信仰，以奋斗书写辉煌。党的十八大以来，广电总局坚持以习近平新时代中国特色社会主义思想为指导，增强"四个意识"、坚定"四个自信"、做到"两个维护"，自觉承担"举旗帜、聚民心、育新人、兴文化、展形象"的使命任务，坚持围绕中心、服务大局，坚持稳中求进、守正创新，广播电视和网络视听工作不断取得新进展、迈上新台阶。

强化思想引领，唱响新时代主旋律。忠实履行习近平总书记提出的党的新闻舆论工作"48字"职责使命，深入实施舆论引导能力提升工程，网上网下同频共振，弘扬主旋律，传播正能量，不断巩固壮大主流思想舆论，凝聚团结奋进的磅礴力量。指导推动广播电视媒体深化"头条"建设、网络视听媒体深化"首页首屏首条"建设，用

＊原载于 2021 年 6 月 17 日《光明日报》，收入本书时略有修改。

心用情用功展现习近平总书记的思想风范和人格魅力。推出《思想的田野》《这就是中国》《中国正在说》《一起学习》等理论节目，大众化、通俗化宣传阐释习近平新时代中国特色社会主义思想，让党的创新理论"飞入寻常百姓家"。围绕党和国家重要时间节点、大事要事，深入做好新时代中国特色社会主义、脱贫攻坚等重大主题宣传，浓墨重彩做好党的十九大、改革开放40周年、新中国成立70周年等重要会议、重要活动宣传工作，全方位、多角度展现党和国家取得的历史性成就，为党和国家工作大局营造良好舆论氛围。在2020年抗击新冠肺炎疫情斗争中，指导全国广播电视和网络视听行业迅速行动，及时有力开展信息发布、舆论引导和科普宣传，讲好抗疫故事，助力疫情防控和复工复产，发挥了广电行业的独特作用。2021年，围绕庆祝中国共产党成立100周年和党史学习教育，组织开展"奋斗百年路　启航新征程"重大主题宣传，开设专栏专区，精心策划系列品牌宣传活动，记载百年伟业、展示世纪辉煌，营造知史爱党、知史爱国的浓厚氛围。

繁荣创作生产，努力为人民提供精品力作。坚持以人民为中心的创作导向，大力实施新时代精品工程，登"高原"、攀"高峰"，加快内容创作生产从数量增长型向质量效益型转变。健全创作引导扶持体系，着力记录新时代、书写新时代、讴歌新时代，着力培育社会主义核心价值观、弘扬中华优秀传统文化，以精品奉献人民、用明德引领风尚。深入推进广播电视节目创新创优，倡导"小成本、大情怀、正能量"，扶持"公益、文化、原创"节目，形成了一批原创节目模式、节目品牌。组织推进重大现实、重大革命、重大历史题材精品创作，按照"找准选题、讲好故事、拍出精品"的要求，加强重点创作规划、全程跟踪指导，涌现出《伟大的转折》《海棠依旧》《外交风云》《大江大河》等重大题材优秀作品。2021年以来，广电总局组织开展"理想照耀中国——庆祝中国共产党成立100周年主题作品创作展播活动"，推出了《山海情》《觉醒年代》《大浪淘沙》《光荣与梦想》等电视剧、《理想照耀中国》《山河岁月》等纪录片、《百岁少年请回答》《翻开这一页》等动画片、《时间的答卷》《闪亮的坐标》等文艺节目、《百炼成钢：中国共产党的100年》《百年心声》等网络视听作品，艺术展现了党带领人民取得革命、建设、改革胜利波澜壮阔的历史画卷，为建党百年留下了真实鲜活的影像志。当前，我国广播电视和网络视听节目、电视剧、动画片、纪录片年产量均居世界前列，已经成为当之无愧的视听内容生产大国，创作生产呈现百花齐放、蓬勃发展的良好态势，不断满足人民群众精神文化新期待。

坚持为民惠民、服务民生，推动广播电视公共服务提质增效。坚持把工作着力点放在农村和基层，坚持内容供给与基础建设并重，大力推进城乡广播电视公共服务体系一体建设，稳步提高公共服务标准化均等化水平。深入实施贫困地区县级播出机构制播能力建设、深度贫困县应急广播体系建设、直播卫星户户通等重点惠民工程，提高了基层特别是老少边贫地区广播电视公共服务水平，有力保障了党的声音传入千家万户。截至2020年年底，全国广播、电视节目综合人口覆盖率分别达99.38%、99.59%，基本实现数字广播电视户户通，直播卫星用户超过1.4亿户，农村地区具备高清机顶盒的直播卫星用户已能收看27套高清节目。积极服务脱贫攻坚，发挥广播电视和网络视听行业特色和优势，大力开展智慧广电消费扶贫行动，创新打造"媒体＋精准扶贫""短视频、直播＋扶贫"等行业扶贫新模式，使之成为国家消费扶贫新模式新亮点。

坚持创新驱动，推动行业高质量发展。贯彻落实习近平总书记致中阿广电合作论坛贺信中"打造智慧广电媒体，发展智慧广电网络"的重要指示精神，深入实施智慧广电建设工程，不断提高行业智慧化发展水平。推动广播电视媒体深度融合、做强做优，出台《关于推动新时代广播电视播出机构做强做优的意见》《关于加快推进广播电视媒体深度融合发展的意见》等政策文件，开展媒体融合发展先导单位、典型案例、成长项目征集评选推介，指导创建湖北、陕西、京津冀、江苏、湖南、苏州等媒体融合发展创新中心，加快构建全媒体传播体系。加快高清电视发展，全国已有高清频道852个、4K超高清频道7个，有线电视高清用户超过1亿。全国有线电视网络整合与广电5G建设一体化发展步伐加快。推动人工智能、5G、大数据、云计算等新技术的创新应用，全国已经部署了1600万台智能电视操作系统（TVOS）终端。强化区域协同，指导推进中国（长沙）马栏山视频文创产业园区等产业基地（园区）建设发展。

深化对外交流、对外传播，讲好中国故事、传播好中国声音。服务外交工作大局，深入实施视听中国播映工程，加快走出去步伐。围绕元首外交，精心策划"视听中国"系列品牌活动，对外宣介党的创新理论，讲好党带领人民不懈奋斗的故事，展示真实、立体、全面的中国。精心举办中国—东盟媒体交流年、中国—阿拉伯国家广播电视合作论坛、中非媒体合作论坛等媒体交流活动，有力促进了文明交流互鉴。实施"丝绸之路视听工程""中非影视合作创新提升工程""亚洲影视交流合作计划"等项目，扩大"中国联合展台"规模，推进"广播电视技术服务对外交流合作计划"，鼓励国内视听平台拓展海外市场，壮大对外传播矩阵、形成了走出去合力。中国优秀广播电视和网络视听作品已在全球 100 多个国家播出，视听内容出口稳步增长，国际传播力、影响力不断提升。

坚持科学管理，保障行业健康规范发展。牢牢把握正确政治方向、舆论导向、价值取向，深入实施管理优化工程，坚持日常监管和专项整治相结合，切实维护良好发展秩序。坚持导向管理全覆盖，完善网上网下一个标准的管理政策和机制，加强网络视听节目和网络视听机构管理。回应群众关切，保持对追星炒星、过度娱乐化、违规广告等问题的整治力度，营造清朗的广播电视和网络视听空间。加强法治建设，出台《未成年人节目管理规定》等部门规章和规范性文件，《中华人民共和国广播电视法（征求意见稿）》已经向社会公开征求意见。建设基于自主技术的广播电视节目收视综合评价大数据系统，完善现代化监管体系，管理效能不断提高。

实践充分证明，新时代广播电视之所以取得显著成绩，根本在于以习近平同志为核心的党中央的坚强领导，根本在于习近平新时代中国特色社会主义思想的科学指引。回顾近年来的发展，深深感到，做好广播电视工作，必须旗帜鲜明讲政治，牢牢把握广电工作就是政治工作的定位，坚持正确的政治方向，始终心怀"国之大者"，坚决贯彻落实习近平总书记关于广播电视工作的重要指示批示精神和党中央决策部署；必须坚持党的全面领导，把党管宣传、党管意识形态、党管媒体落实到广电工作各环节、全过程，始终让党的旗帜高高飘扬；必须坚持以人民为中心的发展思想，把社会效益放在首位，努力提供既能满足人民群众文化需求又能增强人民精神力量的文化产品，不断增强人民群众的获得感、幸福感、安全感；必须完整、准确、全面贯彻新发展理念，深刻把握事业产业发展规律和趋势，坚定不移深化改革，不断激发创新创造活力，以发展格局的重构实现发展质量的不断提升；必须坚持系统观念，统筹广播电视和网络视听、城市和农村、国内和国际、发展和安全，持之以恒固根基、扬优势、补短板、强弱项，构建系统完备、科学规范、运行有效的制度体系，不断提高治理体系和治理能力现代化水平。

征程万里风正劲，千秋伟业唯担当。我们一定更加紧密地团结在以习近平同志为核心的党中央周围，不忘初心、牢记使命，认真履职尽责、勇于奋斗拼搏、积极开拓进取，不断开创广播电视和网络视听事业繁荣发展的新局面，为全面建设社会主义现代化国家作出新的更大贡献。

提高管理科学化、法治化、现代化水平
扎实深入做好广播电视宣传工作 *

　　党的十八大以来，习近平总书记对做好宣传思想工作发表了一系列重要讲话，系统透彻地阐明了一系列带有根本性、方向性的重大问题，为开展宣传管理提供了根本遵循。当前，广播电视宣传管理所面临的社会环境、舆论生态和媒介格局都发生了深刻变化，我们必须深入学习贯彻习近平总书记系列重要讲话精神，以战略眼光审视时代大背景，认识新规律、把握新趋势、适应新常态，积极探索有利于破解工作难题的新举措新办法，提高广播电视宣传管理的科学化、法治化、现代化水平。

　　第一，增强底线思维，做到严格管理。不管时代如何变化，媒体格局如何调整，都要始终保持政治定力，坚定主心骨、弘扬主旋律，牢牢掌握广播电视舆论阵地的领导权、管理权、话语权。该管的一定要管好，该抓的一定要抓实。任何时候，阵地都不能丢失，底线都不

　　* 本文系作者在全国广播电视宣传管理工作电视电话会议上的讲话节选，原载于《中国广播电视学刊》2015 年第 4 期，收入本书时略有改动。

能突破。

第二，增强辩证思维，做到柔性管理。在新的舆论格局下，宣传管理要"刚柔并济"，既敢于以行政力量果断出手，又要善于创新形式手段。一是建立健全社会监督和媒介批评机制，利用收听收看、报纸、互联网等媒体评论，引导创作、矫正偏差、提高审美、引领风尚。二是发挥市场机制作用。建立良性市场规范、市场导向，用市场力量倡优抑劣。三是充分发挥社会组织、行业协会的作用。可探索建立广播影视道德委员会机制，在节目作品内容监督、评论评议、引导舆论等方面发挥独特作用。

第三，增强法治思维，做到依法管理。党的十八届四中全会开启了依法治国的新征程，全社会的法治氛围日益浓厚。习近平总书记在省部级主要领导干部学习贯彻十八届四中全会精神、全面推进依法治国专题研讨班上强调，"谋划工作要运用法治思维，处理问题要运用法治方式，说话做事要先考虑一下是不是合法"。广播电视宣传管理工作应切实增强依法管理的自觉性，始终坚持法定职责必须为、法无授权不可为。加强依法进行广播电视宣传管理的研究，制定全面协同可操作的规范标准，善于从出现的具体问题中抽象出规律性认识，把治表之举升华为治本之策。

第四，增强精准思维，做到超前管理。宣传管理和舆论引导应从以往大而化之的笼统要求和原则性反馈，转变为精细化、技术化、实证化的操作应用，从而提高工作的前瞻性和有效性。要提高意识形态领域的精细化分析研判能力，加强舆情动态趋势预测。注重运用大数据技术化平台，更好地利用精准新闻和数据新闻，逐步构建起舆情分析的数据模式，建立关联性分析通道，真正掌握社会舆情动态的总体特征和趋势，进一步提高广播电视新闻宣传的质量和水平。

第五，增强系统思维，做到整体管理。广播电视宣传管理应注意顶层设计、整体谋划，上下联动、左右配合，形成一张疏而不漏的管理网络，改变"碎片管理、条块分割、各管一段"的现象。结合机构改革后出现的新情况、新问题、新特点，进一步创新机制、完善体系，按照"谁主管、谁负责"和"属地管理原则"，形成各方分工明确、协调一致的工作格局。

广播电视节目如何更好实现价值引领 *

　　发挥传播社会主流价值主渠道的作用，切实把社会主义核心价值观贯穿于生活的方方面面，使其内化为人们的精神追求，外化为人们的自觉行动，需要更好地在落细、落小、落实上下功夫。就广播电视工作来说，应紧紧抓住节目这一直接面对受众的载体平台，围绕深化宣传普及、增强认知认同，着力提高广播电视节目的吸引力、感染力，推动社会主义核心价值观家喻户晓、深入人心，努力形成奋发向上、崇德向善的强大力量。

　　第一，把社会主义核心价值观要求作为主线，贯穿体现到广播电视节目之中，让人们在感知领悟中内化于心、外化于行。符合社会主义核心价值观的要求，既是衡量广播电视节目坚持正确导向的重要标准，也是衡量广播电视节目履行肩负责任的重要体现。广播电视节目培育和弘扬社会主义核心价值观，必须牢牢把握正确导向，坚持以团结稳定鼓劲、正面宣传为主的原则，把社会主义核心价值观的要求贯穿到各类宣传节目中，为形成培育和弘扬社会主义核心价值观的舆论

---

　　* 原载于《求是》2014 年第 8 期，收入本书时略有修改。

强势作出积极贡献。

真正把宣传节目作为广播电视宣传社会主义核心价值观的重要载体。不论是主题宣传、成就宣传、典型宣传、形势宣传，还是热点引导、舆论监督节目，不论是新闻报道、专题节目，还是娱乐类、体育类节目以至各类广告，都应充分体现社会主义核心价值观，弘扬真善美，贬斥假恶丑，唱响主旋律，传播正能量，凝聚形成社会主义核心价值观的大合唱。

大力提高广播电视节目的宣传效果。精心选择"三个倡导"切入点，深入挖掘国家、社会、公民"三个层面"结合点，切中人们利益关注点，使传播社会主义核心价值观的节目接地气、有人气，做到春风化雨、润物无声。注重唤起人们的情感认同，在节目中通过讲述群众身边的故事，宣传最美人物、弘扬最美精神，触动人们内心最为柔软的部分，激发人们向善向上的力量，让人们产生强烈的情感共鸣，做到深入浅出、情理交融。

进一步加大对弘扬社会主义核心价值观节目的扶持力度。坚持正面引导与宏观调控相结合，继续规范歌唱类选拔节目和晚会，坚决遏制泛娱乐化、同质化倾向，优化荧屏结构。同时，对促进社会主义核心价值观认知认同、自觉践行的节目，在上星综合频道黄金时间节目调控和各类评奖评优中优先安排、重点考虑，推出更多弘扬社会主义核心价值观的优秀节目，更好地满足观众多样化高品位收视需求，不断扩大主流媒体的传播力、公信力、影响力。

第二，把中华优秀传统文化作为社会主义核心价值观的立足点，创新广播电视节目的内容形式，增强全社会的文化自信和价值观自信。习近平总书记强调，牢固的核心价值观，都有其固有的根本。抛弃传统、丢掉根本，就等于割断了自己的精神命脉。广播电视节目培育和弘扬社会主义核心价值观，必须立足中华优秀传统文化，处理好继承和创造性发展的关系，做好创造性转化和创新性发展，努力用中华民族创造的向上向善的优秀精神财富来以文化人、以文育人。

加大对中华优秀传统文化的宣传力度。制定宣传规划，拿出重要时段，打造品牌节目，充分考虑分众化的特点，注重发挥好不同节目类型优势，着力展示中华优秀传统文化，着力反映中华民族历史特别是近现代史、党史、国史，着力表现中华优秀传统文化中蕴含的跨越时空、超越国度，富有永恒魅力、具有当代价值的文化精神，讲清楚中华优秀传统文化的历史渊源、发展脉络、基本走向，讲清楚中华文化的独特创造、价值理念、鲜明特色，引导人们树立和坚持正确的历史观、民族观、国家观、文化观，增强做中国人的底气和骨气。

用博大精深的中华优秀传统文化丰富广播电视节目的内容。坚持把中华优秀传统文化作为精神命脉和固有根本，认真汲取中华优秀传统文化的思想精华和道德精髓，深入挖掘和阐发中华优秀传统文化的时代内涵，大力弘扬以爱国主义为核心的民族精神和以改革创新为核心的时代精神，精心构思创作理念，精细设计节目流程，反复梳理打磨节目内容，使宣传内容生动形象、可知可感，使广播电视节目更具中国韵味、民族特色，使中华文化成为涵养社会主义核心价值观的重要源泉。

着力推动广播电视节目创新创优。中华优秀传统文化蕴含着丰富的创新资源，是广播电视节目创新的"富矿"，应积极推进代表中国先进文化前进方向的原始创新，推进以"现代艺术 + 现代技术"再现中华优秀传统文化的集成创新，推进与当代社会主义核心价值观相融合的实践创新，不断提高节目模式原创能力，推出一批既传承中华优秀传统文化又立足我国面向世界的优秀原创文化节目。中央电视台《新春走基层·家风是什么》节目，就是立足中华优秀传统文化弘扬和培育社会主义核心价值观的一个成功范例。节目在内容上抓住了"家风"这一集中体现传统文化和风俗习惯的元素，在形式上努力做到宏观主题的微观表达和抽象主题的具象展示，通过让受访者讲述家风的教育影响、自己的思考体会、对子女的言传身教，激发出生生不息、血浓于水的深厚情感，增进了民族文化认同，推动了民族意识凝聚和健康向上心理的构建。

第三，把中国梦宣传和社会主义核心价值观宣传有机统一到节目之中，深化主题，聚合亮点，为实现中华民族伟大复兴的中国梦凝魂聚气、汇集力量。中国梦意味着中国人民和中华民族的价值认同和价值追求，其基本内涵和"三个倡导"的 24 字社会主义核心价值观高度统一。事实上，近代以来中国人民的奋斗目标、强国之梦，就是在寻求国家的价值内核、实现社会的共同理想、构建国民的精神家园。广播电视节目弘扬和培育社会主义核心价值观，必须把当代中国价值观念的传播展示同中国梦的宣传教育有机结合起来，努力用中国梦来深化人们对社会主义核心价值观的理解，用社会主义核心价值观为实现中国梦提供精神动力、信仰支撑。

在节目中阐释中国梦是当代中国人民共同理想和价值追求的形象表达、是中华民族团结奋斗的最大公约数，要生动展示中华民族从古至今寻梦、追梦、筑梦、圆梦的历程，展示践行社会主义核心价值观、坚持理想信念的过程，增进人们对社会主义核心价值观的理解和认同，凝聚实现中华民族伟大复兴的中国梦的强大正能量；准确把握中国梦和社会主义核心价值观的深刻内涵和密切联系，在广播电视节目顶层设计、突出主题、亮点聚合、互动有序上下功夫，从宏观、中观、微观和理论、价值、实践等各个层面进行宣传阐释，防止贴标签、碎片化、娱乐化，真正使中国梦和社会主义核心价值观宣传融为一体，实现节目资源共享、载体共用，内容相互渗透、主题相互呼应。此外，还要加强公益广告节目的选题规划和内容创意，注重导向鲜明、富有内涵、引人向上、形式多样、品味高雅、创意新颖，体现时代感厚重感，增强传播力感染力，推出一批公益广告精品节目栏目，形成以公益广告传播先进文化、传扬新风正气、汇聚精神力量的强大声势。

坚持把社会效益放在首位
实现两个效益相统一 *

认真贯彻落实中央政治局审议通过的《关于繁荣发展社会主义文艺的意见》和中办、国办印发的《关于推动国有文化企业把社会效益放在首位、实现社会效益和经济效益相统一的指导意见》，我们要把坚持社会效益放在首位、实现社会效益和经济效益相统一作为广播影视改革发展目标，始终以坚持正确导向为灵魂，以繁荣精品创作为中心，以坚守社会责任为己任，不断推出更多思想性艺术性观赏性俱佳的优秀作品，更好地发挥引领风尚、教育人民、服务社会、推动发展的作用。

一、夯实思想基础

在广播影视改革发展中，要坚持把社会效益放在首位、推进两个效益相统一，首先必须切实打牢思想理论根基。

---

* 原载于《求是》2015 年第 19 期，收入本书时略有修改。

牢固树立把社会效益放在首位、实现两个效益相统一的本质观。广播影视是党的重要宣传思想文化阵地，是党的意识形态工作的重要方面。必须正确认识和把握广播影视工作的意识形态属性和产业属性的关系。一方面，遵循产业属性、运用市场机制，是广播影视内容产品实现价值的重要途径。一般来说，优秀的产品销售越多、传播越广，经济效益、社会效益就越好。从实践来看，产业经营已经成为广播影视发展不可缺少的重要来源和经济支撑。另一方面，我们也决不能只讲产业属性而忽视意识形态属性，决不能以产业属性来影响和削弱意识形态属性。必须坚持两种属性、两个效益的有机统一。这种统一，首先是统一于服从，就是要始终突出意识形态属性，始终把社会效益放在首位，当经济效益与社会效益发生冲突时，经济效益要服从于社会效益；其次是统一于相互促进，就是经济效益和社会效益两者要实现良性互动、相辅相成、共同增长。

牢固树立把社会效益放在首位、实现两个效益相统一的服务观。习近平总书记强调，社会主义文艺，从本质上讲，就是人民的文艺。必须牢固树立为人民服务的理念，始终把满足人民群众日益增长的精神文化需求作为出发点和落脚点，着力把握人民需求、反映人民心声，着力为人民抒写、为人民抒情，着力提升人民素质、促进人的全面发展。为人民服务，不是"为人民币服务"。无论怎样，我们都不能在市场经济大潮中迷失方向，不能在为什么人的问题上发生偏差，不能当市场的奴隶，不要沾满铜臭气。

牢固树立把社会效益放在首位、实现两个效益相统一的发展观。繁荣发展广播影视，既体现在市场价值、经济效益和经济实力的增长上，更体现在社会价值、社会效益和社会影响力的增长上。市场经济条件下，广播影视要追求经济效益、提升经济实力，这是文化竞争、传媒竞争的重要方面，也是自身发展的重要基础。但是，不论是具体作品的创作生产，还是单个企业和整个行业的发展，都不能搞"唯经济效益"。越是深化改革、创新发展，越要把社会效益放在首位，努力实现社会效益和经济效益相统一、共增长。要把两个效益相统一，作为衡量广播影视改革发展成效的重要标准。只有这样，才能正确履行职责、更好地发挥职能作用，才能真正做强做优做大广播影视，大大提升思想舆论引导力、文化民生服务力、市场经济竞争力和中华文化软实力。

二、创新思路举措

结合广播影视工作的实际，全面落实坚持把社会效益放在首位、实现社会效益和经济效益相统一，要重点强化以下3个方面。

创新引导。一是强化理论引导。就是要坚持用中国特色社会主义理论体系，特别是作为中国特色社会主义理论体系最新成果的习近平总书记系列重要讲话精神武装头脑、指导实践、推动工作。进一步深化"三项学习教育"活动，积极引导广播影视工作者坚定"二为"方向，牢固树立马克思主义新闻观、文艺观、出版观、历史观，始终坚持正确立场，自觉履行崇高职责。二是强化实践引导。就是要坚持以人民为中心的创作导向，进一步深化"走转改"，扎实开展"深入生活、扎根人民"主题实践活动，引导广播影视工作者深入基层、深入实际、深入群众，努力制作播出更多贴地皮、接地气、有人气、有温度的作品。这方面，近年来我们推出了一系列产生广泛影响的新闻报道和节目栏目，例如新疆皮里村孩子的上学路、内蒙古土豆滞销、记者走基层蹲点日记等系列报道和纪录片《东方主战场》《大国工匠》等，播出后都取得了很好效果。三是聚焦项目引导。要集中优势资源，大力实施"名人名品名栏目工程"。主要是按照服务群众、精益求精、市场检验和创新发展的要求，通过题材规划引导、剧本论证引导和过程督导等方式，综合运用课题式设计、项目式管理、工程式推进、台账式督查、绩效式考核的"五式工作法"，谋划培养一批敬业尚德、业务精湛、锐意创新的广播影视工作者，推出一批站得住、叫得响、传得开、留得下的精品力作，以优秀精品带动全面繁荣。

创新机制。一是完善政府与市场相协调的机制。推进文化发展，要发挥市场在文化资源配置中的积极作用，同时也要发挥好政府的主导作用。对于面向市场的经营性产业来说，政府的作用主要体现在导向的把握、市场的规范与引导，体现在营造良好的政策环境、法制环境和市场环境。对于主要由政府承担的公益性服务来说，也可引入市场机制，通过面向社会、招标采购的方式来进行。近年来，我们努力把公益性服务和经营性服务紧密结合在一起，统筹考虑、统一运作，通过壮大经营性服务来支撑和促进公益性服务，实现两个效益的双丰收。这方面今后要进一步深化创新。二是完善宣传与经营"两分开"的机制。广播影视单位既是党和政府的喉舌，也是传媒产业、文化产业的重要经办主体。依法依规开展有关经营活动，必须做到事业与企业分开、采编与经营分开，禁止采编播人员与经营人员混岗。新闻单位中的经营性部分，可以按规定从事业体制中剥离出来转制为企业，但应由国有资本绝对控股，为发展壮大新闻宣传主业服务。三是完善多出精品的机制。目前，广播影视领域各种社会资本投资比较活跃，但不少项目缺少充分的论证，投资的理性化程度不高，这也容易出现内容跑偏或雷同、跟风、平庸等问题。鉴于此，建立精品项目储备制度，充分发挥其引导社会理性投资、繁荣精品创作的基础性作用。通过加大资金、资源和政策的供给，进一步完善广播电视节目、网络视听节目、影视剧、影视动画、纪录片等方面的精品扶持机制。进一步完善优秀精品的传播机制，继续实施好剧推荐制度，积极开展精品项目展播展映展售，活跃优秀精品的宣传评论推介，努力扩大和增强优秀精品的覆盖面和影响力。

创新管理。落实两个效益相统一，必须积极适应传媒发展的规律和趋势，深入推进管理创新。一是改进审核审查。进一步做好影视剧投拍的备案公示管理。强化属地管理、过程管理，严把导向关、内容关、播映关、准入关，绝不允许"文化三聚氰胺""文化地沟油""文化雾霾"类的作品进入市场、流向社会。加强新兴媒体内容的审查审核管理，坚持与传统媒体遵循同一的导向要求和内容标准，坚持先审后播、先审后传，真正做到正确导向全覆盖、导向要求无例外。二是改进宏观调控。近年来，这方面已经采取了一系列的举措。例如，节目方面，就上星综合频道娱乐节目的总量、时段、结构、比例等进行调整，娱乐节目数量大大减少、质量和品位明显提升，同时相应增加了新闻、道德建设和文化类的节目。影视剧方面，对国产影视剧、影视动画、纪录片的播映时段、播映总量以及引进片的播映比例等做出明确规定。针对上星频道还实施了"一剧两星、一晚两集"的电视剧播出政策。广告播放方面，出台实施取消电视剧插播广告的管理措施，同时加大公益广告的制播。三是改进管理制度。加强法制建设，完善广播影视内容版权管理。进一步完善内部管理制度，国有影视企业要明确把社会效益第一、社会价值优先的经营理念体现到企业章程和各项规章制度中，推动党委领导与法人治理结构相结合、内部激励和约束相结合，形成体现文化企业特点、符合现代企业制度要求的资产组织形式和经营管理模式。从事广播影视内容创作生产传播的企业，党委书记要切实履行内容导向管理第一责任人职责，建立健全编辑委员会、艺术委员会等专门机构和内容把关、导向管理的相应制度。

三、强化考核评价

强化内容产品考核评价。一是要抓好内容产品综合评价体系的建立。把坚持正确导向作为评价一切内容产品的基本前提，把人民满意与否作为评价一切内容产品的最高标准。建立科学的内容产品综合评价体系要以质量评价为核心，坚持做到3个"三统一"，即思想性、艺术性、观赏性的统一，群众评价、专业评价、市场检验的统一，可量化、可追溯、可核查的统一。二是要抓好内容产品综合评价体系的运用。要积极推进节目综合评价体系的落实，使之成为各台节目建设、管理、考核的重要依据。要积极运用节目综合评价体系，推进节目创新创优，推进精品项目实施，改进政府评奖。在综合评价的基础上，积极探索实施退出管理，坚决叫停综合评价不合格、有问题的节目，同时对有关播出机构、频道频率和制作经营机构做出相应处罚。三是要正确看待视听调查。要重视收视率，但不能搞唯收视率。要规范开展收视率调查，强化收视调查的客观性、科学性、系统性、创新性，特别是要适应视听媒体数字化双向互动的大变革和节目网络点播、移动收看的新趋势，积极推动收视调查从数据搜集向数据挖掘转变、从数据整理向信息分析转变、从数据汇总向价值提炼转变，全面提升收视调查的质量和水平，使之更好地在节目综合评价体系中发挥积极作用。

强化发展绩效考核评价。一是要突出社会效益指标考核。必须坚持把社会效益放在首位，建立健全两个效益相统一的评价考核机制，保证社会效益指标考核权重占 50% 以上，并结合不同部门的实际，将社会效益考核细化量化到具体指标中。二是要突出社会监督评价。积极探索、分级分类建立广播影视机构社会责任报告制度，主动接受社会公众的监督评价。三是要突出考核评价的引导、激励作用。

强化人才质量考核评价。一是坚持德才兼备、以德为先的标准。要引导广播影视工作者切实增强担当意识、责任意识、奉献意识，以政治觉悟、思想道德、工作能力和工作实绩为重点，形成两个效益相统一的选人用人导向。二是坚定德艺双馨的追求。广大广播影视工作者要自觉坚定理想信念，切实加强生活积累、知识积累、思想积累，立人格、讲品位、重艺德，努力以高尚的职业操守、良好的社会形象、文质兼美的优秀作品赢得人民喜爱和欢迎。

以内容优势赢得发展优势

——坚定文化自信自强，打造新时代精品力作

高举旗帜　履职尽责
扎实推进广播电视创新创优 *

　　党的十八大以来，以习近平同志为核心的党中央高度重视包括广播电视在内的宣传思想工作。习近平总书记就加强宣传思想工作创新创优作出一系列重要论述，强调我们现在做好宣传思想工作，比以往任何时候都更加需要创新，强调我国文化供给的主要矛盾已经不是缺不缺、够不够的问题，而是好不好、精不精的问题。这些重要论述，标定了宣传思想工作新的历史方位，也指明了宣传思想领域的工作重心。面对新起点上媒体格局变化新形势、意识形态领域新态势、信息化发展新趋势，把习近平总书记关于宣传思想工作的重要论述落到实处，广播电视行业面临的一项重要而紧迫的战略任务就是：深入推进创新创优，全面增强优质内容供给能力，全面提高宣传水平和精品质量，全面提升传播力、引导力、影响力、公信力。

---

　　* 本文系作者在全国广播电视创新创优工作座谈会上的讲话摘编，原载于《中国广播电视学刊》2020年第5期，收入本书时略有修改。

一、把握坐标方位，充分认识广播电视创新创优工作的重要意义

（一）推进创新创优是广播电视承担好新时代职责使命的必然要求

习近平总书记指出，做好新形势下的宣传思想工作，必须自觉担负起"举旗帜、聚民心、育新人、兴文化、展形象"的使命任务。我们要深刻认识到，广播电视行业践行这个使命任务，内容是基石和载体，必须始终牢牢抓住、抓好内容建设这个基本建设，在服务大局中发挥独特作用、作出更大贡献。特别是面对传播格局和舆论生态的深刻变化，广播电视要更好地促进"统一思想、凝聚力量"，提升舆论引导能力的任务比以往任何时候都更加迫切，必须不断创新话语方式，让正面宣传更加鲜活、更接地气、更有人气；面对思想文化相互激荡、价值观念多元多样的大环境，广播电视要更好地以先进文化培根铸魂、以优秀作品鼓舞斗志，必须与时俱进、推陈出新，记录新时代、书写新时代、讴歌新时代，推出更多同新时代相匹配的精品佳作，用明德引领风尚。广电总局提出以实施"舆论引导能力提升"工程为抓手，推动新闻宣传强起来；以实施"新时代精品"工程为抓手，推动内容创作强起来，目的就是大力推动创新创优，更好地肩负起新时代赋予的职责使命。

（二）推进创新创优是满足人民日益增长的美好生活需要的必然要求

党的十九大指出，进入新时代，我国社会主要矛盾已经转化为人民日益增长的美好生活需要和不平衡不充分的发展之间的矛盾。广播电视作为精神文化产品的重要供给者，担负着提供优质视听内容、以精品奉献人民的职责。随着经济社会发展、科技进步和人民生活水平的改善，人民群众精神文化需求不断提高，对广播电视内容产品的品质、内涵、形态、风格等有了更为严格的评判标准和更为高端的审美需求。毋庸讳言，广播电视在内容供给上还存在短板，有"高原"缺"高峰"，优质精品内容不足，成为制约更好满足人民精神文化需要的瓶颈。要解决这一矛盾，必须依靠创新创优，积极适应、准确把握受众需求的新特点和新变化，不断丰富题材、类型，创新形态、表达，提高作品的精神高度、文化内涵和艺术价值，推出更多思想精深、艺术精湛、制作精良的精品力作，增强人们的文化获得感、幸福感。

（三）推进创新创优是广播电视实现高质量发展的必然要求

习近平总书记指出，高质量发展就是体现新发展理念的发展；强调，以供给侧结构性改革为主线，推动经济发展质量变革、效率变革、动力变革。推动广播电视高质量发展，关键在于深入落实新发展理念，坚持实施创新驱动战略，充分发挥创新这个第一动力的引领和支撑作用，把工作重心从有没有、缺不缺转向好不好、优不优，不断催生新产品、新业态、新模式、新动能。高质量发展是包括导向、内容、产业、平台、技术、人才等方方面面的系统工程，但内容始终是广播电视的看家本领、核心优势，不论传播形态和格局怎么变，"内容为王"不会变。我们体会，做强做优广播电视台，首先还是要做优做强内容。因此，加快广播电视高质量发展，必须把推动创新创优出精品作为重要抓手和突破口，以供给侧结构性改革为主线，增加优质内容供给，优化内容产品结构，让广播电视行业核心竞争力在巩固中提升。

二、高扬思想旗帜，明确新时代广播电视创新创优的方向原则

习近平新时代中国特色社会主义思想是引领新时代新征程的伟大旗帜，是广播电视持续健康发展的指路明灯。习近平总书记关于新闻舆论工作、文艺工作等一系列重要讲话，都对创新创优定下方向、定下基调。特别是党的新闻舆论工作"48字"职责使命，首先就是"高举旗帜"；新形势下宣传思想工作"15字"使命任务，"举旗帜"也排在首位。做好新时代广播电视创新创优工作，必须深刻领会习近平总书记的系列重要讲话精神，坚持以习近平新时代中国特色社会主义思想特别是习近平总书记关于宣传思想工作的重要论述为根本遵循，高举旗帜，站稳立场，把握好以下5个重要原则。

（一）把牢政治方向，为创新创优引航领路

习近平总书记多次强调宣传思想工作要牢牢把握正确政治方向。

广播电视创新创优政治性强、意识形态色彩突出，必须旗帜鲜明讲政治，增强"四个意识"、坚定"四个自信"、做到"两个维护"，牢牢把握正确政治方向，把学习贯彻、宣传阐释习近平新时代中国特色社会主义思想放在首要位置并贯穿始终，在创作中体现党的意志，反映党的主张。在政治方向问题上要时刻保持清醒头脑，增强政治敏锐性和政治鉴别力，确保任何时候、任何情况下都不出问题。

（二）强化价值引领，为创新创优凝魂聚气

习近平总书记指出，对文艺来讲，思想和价值观念是灵魂。文化传播是价值传播，所有的精神文化产品都自觉不自觉地传递着价值观念。积极健康、向上向善的价值取向，能够极大丰富精神世界，凝聚社会共识，汇聚奋进力量；消极颓废、偏颇错误的价值取向，会导致人民价值观混乱、精神萎靡、意志涣散。社会主义核心价值观是当代中国精神的具体体现，是凝聚中国力量的思想道德基础。广播电视创新创优必须始终把培育和弘扬社会主义核心价值观作为根本任务。当今世界处于大发展大变革大调整时期，各种思想文化交流交融交锋日益频繁，各种价值观念之间的竞争依然激烈。在这种环境下，我们更要有价值追求上的"定海神针"，自觉在贯穿结合融入社会主义核心价值观上下功夫，使创新创优具有鲜明的价值底色。要坚持社会效益优先，讲品位、讲格调、讲责任，抵制低俗庸俗媚俗，唱响主旋律，传播正能量，弘扬真善美，贬斥假恶丑，用社会主义核心价值观的力量去感染人、感召人。

（三）传承文化根脉，为创新创优厚植底蕴

习近平总书记指出，中华优秀传统文化是我们最深厚的文化软实力，也是中国特色社会主义根植的文化沃土。广播电视创新创优必须坚守中华文化立场，把中华优秀传统文化作为精神命脉和固有根本，加强挖掘和阐发，结合新的时代条件辩证取舍、科学扬弃，认真汲取其思想精华、道德精髓和时代内涵，推动创造性转化、创新性发展，展现中华审美风范。在创新创优工作中，还要加大革命文化和社会主义先进文化的表现力度，从鲜明独特、奋发向上的革命文化和承前启后、继往开来的社会主义先进文化中，开拓出更广阔的创新空间和发展前景，为广播电视内容产品创新发展注入更深沉的精神力量和更丰富的文化内涵。

（四）坚持人民立场，为创新创优开源活流

习近平总书记强调，人民立场是中国共产党的根本政治立场。我们讲大众传媒为大众，就是要把人民立场作为自觉的立场追求和现实的工作取向。广播电视创新创优必须坚持以人民为中心，从创作到传播处处体现受众为本的理念，不仅抒写人民、描绘人民、歌唱人民，而且以人民为鉴赏家和评判者。要始终把人民对美好生活的向往作为创新创优工作的根之所系、心之所属、情之所归，这方面不能有任何偏离。

（五）大力扶持原创，为创新创优增强底气

习近平总书记要求我们，增强文艺原创能力，讲好中国的故事。

广播电视创新创优必须坚持原创方向，加大自主创新力度，这是关系未来发展的战略性问题。有过一段时间，我国广播电视曾经热衷于引进国外模式，经过这几年的不懈努力，我们的自主原创节目模式已经走向海外，在世界上产生越来越大的影响。实践充分证明，加大自主创新力度，才能更好地讲好中国故事、弘扬中国精神、体现中国风格、彰显中国气派，释放原创动力，增强中国广播电视的影响力、竞争力。

三、探索科学方法，提升新时代精品创作能力水平

习近平总书记高度重视开展工作的科学方法，要求我们既要学会部署"过河"的任务，又要解决"桥"或"船"的问题；他指出，宣传思想工作创新，要重点抓好理念创新、手段创新、基层工作创新。理念创新是想法，手段创新是办法。"事必有法，然后可成。"创新创优是一种责任，更是一种能力，光有态度、有想法，没有办法是不行的。当前，创新创优出精品已经成为全行业的共识，最紧要的就是以有效的方法措施提高能力水平。

（一）提高规划谋划这一基本能力

"凡事预则立，不预则废。"注重总体规划、加强科学谋划，是精品生产的前提和基础。要在尊重艺术规律、创作规律的基础上，运用战略思维、辩证思维和系统思维，统筹考虑不同需求要素，抓宏观、抓结构布局，着眼高端谋划重点选题，汇聚资源打造重点项目，做到

创作规划有指导性、创作目标有引领性、创作任务有计划性、工作措施有针对性，最大限度减少随意性、被动性、盲目性。抓精品生产，不能守株待兔；从"高原"到"高峰"，不能指望自然形成。好的作品是文艺工作者创作出来的，也是主管部门谋划出来的、引导推动出来的。特别是重大主题创作，更需要主管部门主动谋划，积极参与、深度参与，提前介入、全程介入，不能只满足于从各方面报送的题材中选择、跟进。从实践来看，规划设计能力越强，科学谋划水平越高，好作品出得就越多。

加强规划谋划要做到"三抓"。一是高站位抓选题。坚持围绕中心、服务大局，抓住牵动全局的"牛鼻子"，找准创作的切入点和着力点。要紧扣重大宣传节点，准确理解把握当前和今后一个时期党和国家的工作重点，从中央提出的重大战略思想、重大方针政策、重大决策部署中提炼出创作的选题。二是高起点抓规划。创作规划是对精品创作方向、创作过程、创作内容等一系列事项的总体安排，具有宏观指导和调控作用。规划制定必须遵循规律、尊重科学、拓宽视野，具备前瞻性、科学性、引导性。三是高标准抓重点。总体规划制定后，要认真梳理、科学提炼、层层选拔、逐步聚焦，看准后要汇聚资源、重点发力，对精品项目的策划、包装、运作、管理等环节进行精心设计。广电总局以新中国成立70周年、全面建成小康社会、中国共产党成立100周年等重要时间节点为坐标，编制了电视剧、纪录片、动画片、网络视听节目重大主题创作规划。这些规划要实行动态调整，在深入谋划中提炼升华、聚焦聚力，力争每个重要时间节点都推出一批能够在历史上打下烙印、在人民中留下口碑的优秀作品。

（二）牢记扎根人民、扎根生活这一根本方法

习近平总书记指出，文艺创作方法有一百条、一千条，但最根本、最关键、最牢靠的办法是扎根人民、扎根生活。"求木之长者，必固其根本；欲流之远者，必浚其泉源。"审视近年来在创新表达中有突破、赢得人民认可喜爱的电视剧、纪录片、动画片、新闻作品、综艺节目和网络视听作品，无不是从普通百姓故事中提炼真情实感，从火热现实生活中汲取素材养分，从鲜活的基层实践中把握时代脉搏。

人民是创作的源头活水，生活蕴含创新的灵感。很多创作一线的同志讲，现在选题不好找，新鲜的故事缺乏，挖空心思找一个选题，发现别人已经做过了，绞尽脑汁编一个故事，还是与别人撞车了。实际上，生活就是一座最丰富的故事宝藏，当感到才思枯竭时，不妨到生活中、到人民中去寻找创新创造的灵感。当今中国 14 亿多人民火热的生产生活实践，充满了感人肺腑的故事，洋溢着激昂跳动的乐章，展现出色彩斑斓的画面，这是精品创作最为丰富的素材、最为肥沃的土壤。善于从多彩生活中汲取营养，不断进行生活和艺术的积累，就能拥有源源不断的创作激情。"纸上得来终觉浅，绝知此事要躬行。"要想创新创优出精品，就要真正把深入生活、扎根人民作为创作第一环节，走到生活深处，体悟生活本质，吃透生活底蕴，唯有如此，才能找到动人情节和典型形象，才能创作出激荡人心的优秀作品。

（三）落实"用心用情用功"这一重要要求

2019 年，习近平总书记在全国两会期间看望参加政协会议的文

艺界社科界委员时提出了"用心用情用功"的重要要求。这是文艺工作者应有的创作态度，也是保障作品质量的重要方法。精品之所以"精"，就在于其思想精深、艺术精湛、制作精良，是厚积薄发的结晶和倾注心血的产物。习近平总书记曾深刻指出，当前文艺最突出的问题是浮躁。现在，广播电视和网络视听文艺作品数量增长速度很快，总量也不小。但客观地讲，精品仍不够多，高峰之作还比较少。究其根源，还在于浮躁这个顽症。克服浮躁这一顽疾，"用心用情用功"是一剂良药。创新创优要发扬工匠精神，耐得住寂寞、稳得住心神，不为一时之利动摇，不为一时之名急躁，保持定力，保持静气，以踏实之心锤炼厚实之作，以传世之心打造传世之作。

（四）顺应融合传播这一重要趋势

习近平总书记在十九届中共中央政治局第十二次集体学习时指出，要运用信息革命成果，加快构建融为一体、合而为一的全媒体传播格局。当今世界，技术革命一日千里，信息化加速发展，全媒体应运而生，传统媒体与新兴媒体融合发展已经成为不可逆转的趋势。从现实看，媒体融合正在赋予创新创优新的时代内涵和发展空间。借助新兴技术，借助融合传播，创新创优迎来新的机遇，形成新的增长点。近年来，很多热播的电视剧、广播电视节目正是以互联网思维和融合发展观念，再造制作、宣发、购销、播出体系和流程，实现优秀作品传播最大化、效益最大化。

借助融合传播和新兴技术推动广播电视创新创优，至少可以在以下几个方面有所作为：一是借助云计算、大数据技术把握受众需求，研究用户习惯，挖掘市场需求，增强作品创作的针对性。当然，我们借助大数据等新技术，必须由正确政治方向、舆论导向、价值取向来驾驭，不能被算法和数据绑架。二是借助新兴技术创造新的视听体验。以"艺术 + 技术"的融合方式，积极运用 4K 超高清、AI（人工智能）、AR（增强现实）、VR（虚拟现实）、航拍等先进技术手段和表现手法，增强作品的艺术效果。把当今可用的技术手段、技术成果都努力囊括到我们的视野中，进入我们的项目设计，用最好的技术，达到最高的水准。三是借助 UGC（用户原创内容）创新生产模式。互联网时代，观众不仅是信息传播者，也是信息生产者，不仅是欣赏者，也是创作者。要通过互动生产、互动传播，提高用户的关注度和参与度，在互动中参与，在参与中生产，让作品更贴近受众、更贴近生活、更贴近现实。四是借助新兴媒体开展营销传播。适应分众化、多平台传播趋势，积极开发适用于网站、微博、微信、客户端等不同传播平台的差异化、对象化内容，学习网络媒体议题设置、微博话题营销、微信公众号经营维护、客户端推送、话题发起策略等做法，运用视频网站、微博、微信、客户端等新媒体、新技术精准推广，推动精品项目传播更加精细化、更有针对性、更富实效性。五是借助融合传播拓展盈利模式。当前，广播电视传统广告模式陷入困境，一定程度上制约了创新创优。在媒体融合背景下，定制、付费等收视收听模式成为新的可能。盈利模式多元化、多样化可以为优质节目创造最大效益，进一步助推创新创优。

（五）用好增强"四力"这一重要途径

习近平总书记在全国宣传思想工作会议上强调，要不断增强脚力、眼力、脑力、笔力。这是对新形势下宣传思想战线队伍建设提出的总要求，是对广大宣传思想工作者寄予的殷切希望，也是提升创新创优能力的重要途径。创新创优出精品，关键在人、在队伍。破解创新创优的"本领恐慌"，关键在于抓好队伍建设，打造一支政治过硬、本领高强、求实创新、能打胜仗的广播电视宣传和创作队伍。我们这支队伍，要自觉增强脚力，进农村、进社区、进厂矿、进校园、进军营，广泛开展调查研究，了解党情国情民情，在社会大课堂中经风雨、见世面，感知时代变迁的步伐，捕捉社会进步的信息，汲取创新创造的力量。要自觉增强眼力，练就观察事物、辨别是非、分析问题的"火眼金睛"，瞄准创新创优方向，紧跟创新创优潮流。要自觉增强脑力，加强政治学习、理论学习和知识更新，在政治上强起来，在思想上深起来，让创作有情怀、有思想、有底蕴、有品质。要自觉增强笔力，增强专业本领，在创新创优方面练好"几把刷子"，练精"十八般武艺"。大家要把增强"脚力、眼力、脑力、笔力"作为一项基础性、战略性的工程来抓，切实推动队伍素质面貌有一个大提升，推动创新创优能力有一个大提升。

（六）强化机制创新这一重要保障

创新创优的源泉不断涌流，必须有好的机制作保障。没有鼓励创新、激励创造、宽容失败的政策措施，没有调动创作人员积极性、创造性的机制办法，只靠口头上去号召，成效不会大。哪个地方创新创优搞得好，背后一定是有一套科学有效的机制在推动。要建立适应现代传媒格局的创作生产机制，在用人机制、经费保障、经营管理、组织形态、流程再造等方面大胆尝试，打破体制机制束缚，打破单位内部壁垒，调动人员积极性、创造性，激发内生动力，解放生产力。要建立科学合理的正向激励机制，把创新创优指标融入体现到考核评价机制当中，建立综合评价体系，引导创作一线强化创新意识、增强创优动力。要探索经济激励、荣誉激励的机制措施，把充分信任、大胆使用、真诚关心、及时保障有机结合起来，让创新创优者受重视、得实惠，有热情、有干劲。要建立系统规范的项目管理机制，创新创优要落在具体项目上，重点项目投入大、周期长、要求高，必须搞好项目管理、成本控制、进展调度。要通过"课题式设计、项目式管理、工程式推进、台账式督查、绩效式考核"的"五式工作法"抓重点项目，把现代管理意识贯穿于项目管理全过程、各环节。各地各单位推进重点项目，都要锁定目标，对任务进行细化分解、科学分工、统筹安排，明确责任、制定标准。要以稳定优质的团队作业和标准可控的制作流程，保证作品整体质量和水平。要健全动态督导、情况通报、双向反馈机制，把握工作运行态势，确保总目标有保障、阶段化出成果。最后还要加强效果评估，作品创作播出后，要从作品质量、播出效果、受众反馈等多方面进行科学评估，总结经验、查找问题，为今后提供借鉴。

扎根火热生活　礼赞伟大时代
以电视艺术精品力作奉献人民 *

　　党的十八大以来，习近平总书记就文艺工作发表一系列重要讲话，创造性地回答了事关文艺繁荣发展的一系列带有根本性、方向性的重大问题，为新时代文艺发展指明前进方向。广大电视文艺工作者在习近平新时代中国特色社会主义思想指引下，坚持党对文艺工作的全面领导，坚持以人民为中心的创作导向，增强"四个意识"、坚定"四个自信"、做到"两个维护"，自觉肩负起举精神之旗、铸时代之魂的光荣使命，深入生活聚焦现实，潜心创作深耕不辍，用心用情用功抒写伟大时代，努力创作生产传播当代中国价值观念、反映中国人审美追求的优秀作品，为中华民族伟大复兴凝心聚力、培根铸魂。在习近平总书记文艺工作座谈会重要讲话发表六周年之际，第 32 届电视剧"飞天奖"、第 26 届电视文艺"星光奖"评选落下帷幕，一批具有精神高度、文化内涵、艺术价值的高品质之作受到表彰。这些作品坚持正确的政治方向、舆论导向和价值取向，艺术地再现了人民群众

＊原载于 2020 年 10 月 16 日《人民日报》，收入本书时略有修改。

的伟大实践和精神历程，激荡着电视文艺工作者勇攀文艺高峰的奋斗足音，是党的十九大以来我国电视艺术发展的集中呈现，为行业发展树立了鲜明的价值坐标与品质标杆。

一、记录伟大时代，反映人民心声

习近平总书记指出，文艺是时代前进的号角，最能代表一个时代的风貌，最能引领一个时代的风气。一个时代有一个时代的文艺，一个时代有一个时代的精神。任何一个时代的经典文艺作品，都是那个时代社会生活和精神的写照，都具有那个时代的烙印。书写和记录人民的伟大实践、时代的进步要求，更好地服务党和国家工作大局，更好地满足人民精神文化需求，不仅是电视艺术的本质属性之一，更是其重要的文化使命。紧跟国家前进脚步、紧扣人民奋斗脉搏，是党的十九大以来电视艺术作品的鲜明主题和鲜亮底色。

（一）聚焦主题主线，用史诗性表达彰显时代变革、弘扬民族精神

实现"两个一百年"奋斗目标、实现中华民族伟大复兴的中国梦是长期而艰巨的伟大事业。伟大事业需要伟大精神，需要文艺工作者，立时代之潮头、发时代之先声，通过更多有筋骨、有道德、有温度的文艺作品激励亿万人民不懈奋斗。近两年来，电视艺术创作者自觉聚焦主题主线，肩负记录时代发展的使命担当，围绕庆祝改革开放40周年、庆祝新中国成立70周年、决战决胜脱贫攻坚等重大主题，

通过艺术的视角从不同领域、不同侧面浓墨重彩地展现时代的沧桑巨变，彰显恢宏的史诗意味。

在本次获奖作品中，电视剧《大江大河》描写了几位主人公在改革浪潮中的人生阅历，折射出时代转折的宏阔图景；《最美的青春》讲述了一批有理想的年轻人响应祖国号召奔赴荒漠植树造林的动人故事。电视纪录片《我们走在大路上》展现了中华民族从站起来、富起来到强起来的伟大飞跃，为历史存真，为时代立传；《长江之恋》勾勒出长江流域日新月异的变化，将对母亲河的深情与眷恋提升到生态建设的高度；《中国脱贫攻坚》以外国人的眼光阐述了我国在扶贫领域的重大成就和中国经验。电视综艺节目《庆祝新中国成立70周年特别节目——中国歌剧　光荣绽放》以歌剧之声唱响新时代的磅礴之力，振奋国人精神。这些作品通过对个体、民族、国家命运的深刻把握，描绘出历史和现实的壮美篇章。

（二）关注现实生活，用生动的影像展现普通百姓的奋斗和梦想

习近平总书记指出，社会主义文艺，从本质上讲，就是人民的文艺。要坚持以人民为中心的创作导向，把满足人民精神文化需求作为文艺和文艺工作的出发点和落脚点，把人民作为文艺表现的主体，把人民作为文艺审美的鉴赏家和评判者，把为人民服务作为文艺工作者的天职。文艺只有植根现实生活、紧跟时代潮流，才能发展繁荣；只有顺应人民意愿、反映人民关切，才能充满活力。

文艺创作方法有一百条、一千条，但最根本、最关键、最牢靠的办法是扎根人民、扎根生活。此次获奖的电视艺术作品正是因为植根

现实生活、紧跟时代潮流、反映人民关切、反映人民心声，才受到了观众的真心喜爱和真情欢迎。电视剧《急诊科医生》展现了急诊科医护群体救死扶伤的崇高追求与人文情怀；《小欢喜》通过 3 个不同类型的城市家庭探讨了当下教育、婚姻和亲子关系等问题。电视文艺栏目《闪亮的名字》演绎了很多平民英雄的光辉事迹，激发了人们对英雄的崇高敬意。电视纪录片《海兰江畔稻花香》讲述了海兰江畔群众在国家政策的扶持下摆脱贫困、共奔小康的生动故事。上述作品的创作者在"身入"的同时更加"心入""情入"，精准找到人民群众在现实生活中的热点、难点、痛点，从人民的伟大实践和丰富多彩的生活中获得灵感，用生动的影像表现普通百姓的奋斗和梦想。

二、坚定文化自信，彰显中国精神

习近平总书记指出，中国精神是社会主义文艺的灵魂。2020 年 9 月 22 日，习近平总书记在教育文化卫生体育领域专家代表座谈会上的讲话中再次指出："要坚定文化自信，推动中华优秀传统文化创造性转化、创新性发展，继承革命文化，发展社会主义先进文化，不断铸就中华文化新辉煌，建设社会主义文化强国。"近两年来，电视艺术在坚定文化自信、彰显中国精神方面，勇于担当、主动作为，自觉为国家写史、为民族塑像、为时代明德。

（一）聚焦重大题材，凝聚人民奋勇前进的精神力量

本届飞天奖、星光奖获奖作品，把爱国主义作为创作的主旋律，

引导人民树立和坚持正确的历史观、民族观、国家观、文化观，在革命历史书写中彰显信仰之美、崇高之美，弘扬中国精神、凝聚中国力量，增强做中国人的骨气和底气。

在本届"飞天奖"获奖作品中，重大题材电视剧以唯物史观为指导，在重现激扬革命岁月中树立伟人和英雄的光辉形象，有力彰显出信仰的力量。《伟大的转折》深入挖掘遵义会议和长征精神的内涵，用思想的光芒烛照新时代的征程；《外交风云》首次生动而系统地展现了新中国的外交思想、外交风采和外交成就；《共产党人刘少奇》透过斑驳的历史脉络书写刘少奇的成长史和心灵史；《可爱的中国》讲述了方志敏为革命事业不懈奋斗并最终从容就义的光辉一生；《换了人间》艺术地再现了新中国成立和社会主义制度建立的壮阔历程。

在本届"星光奖"获奖作品中，电视综艺节目《跨越时空的回信》以红色家书为切入点，传承红色基因，凝聚前行力量；电视纪录片《中国出了个毛泽东·故园长歌》展示了毛泽东的革命经历、宏大志向和崇高品格；电视纪录片《淮海战役启示录》通过回顾战争岁月表现了共产党人"一切为了人民、一切依靠人民"的价值追求。这些节目以更加年轻化的创新表达提升了传播效果，生动地诠释了"中国共产党为什么能"，起到了在人民群众中举精神之旗、立精神支柱、建精神家园的引领作用。

（二）深植文化根脉，让电视文艺汲取深厚文化滋养

文艺创作不仅要有当代生活的底蕴，而且要有文化传统的血脉。"求木之长者，必固其根本；欲流之远者，必浚其泉源。"中华优秀传

统文化是中华民族的精神命脉，是涵养社会主义核心价值观的重要源泉。近两年，电视艺术创作者坚守中华文化立场、传承中华文化基因，展现中华审美风范，让观众在观剧的过程中感知中国风格、中国气派，凝聚民族文化认同。电视剧《老酒馆》以编年体形式把故事置于时代风云之下，将爱国情怀和文化之美植入津津有味的情节叙述；《情满四合院》通过展现四合院里的百态人生，彰显出美善品格和担当情怀；《岁岁年年柿柿红》用充满年代质感的铺陈，展示了一代农民的心路历程。电视综艺节目《国家宝藏》第一季通过丰富的视听语言让"大国重器"的价值内涵实现了现代性转化。电视戏曲节目《谁与争锋——京津冀河北梆子名旦大会》拓展和深化了大众对中国传统戏曲文化的认知。电视文艺栏目《上新了·故宫》运用现代思维对故宫所承载的传统文化进行了解读和普及。此外，还有一些剧作和节目注重历史情境的营造，在场景、舞美、道具、服饰、礼仪等方面，致力于展现中华审美风范，传承中华文化基因，让传统文化在故事和舞台中"活"起来，让文化自信的光芒闪耀于荧屏。中华优秀传统文化给了电视艺术创作者无穷的文化滋养和无限的想象空间，同时，电视艺术也为优秀传统文化的继承和弘扬、创造性转化和创新性发展提供了载体。

三、坚持守正创新，推动精品迭出

习近平总书记指出，衡量一个时代的文艺成就最终要看作品。推动文艺繁荣发展，最根本的是要创作生产出无愧于我们这个伟大民族、伟大时代的优秀作品。广大电视文艺工作者认真贯彻落实习近平总书记重要指示精神，把创作当作自己的中心任务，把作品视为自己的立身之本，自觉承担记录新时代、书写新时代、讴歌新时代的使命，登"高原"、攀"高峰"，把最好的精神食粮奉献给人民。精品之所以"精"，就在于思想精深、艺术精湛、制作精良，这既是创作者的追求目标，也应是优秀作品的遴选标准。第32届电视剧"飞天奖"、第26届电视文艺"星光奖"获奖作品虽然题材丰富、风格多样、内容各异，但是都恪守精品原则，体现"三精"要求，注重质量内涵，是经得起观众推敲、经得起历史检验的优秀作品。文艺创作是观念和手段相结合、内容和形式相融合的深度创新，是各种艺术要素和技术要素的集成，具有一定的规律性。透视这些获奖作品，我们可以在电视文艺精品创作方面获得一些启示。

（一）通过对历史和现实的深入挖掘找好选题

艺术可以放飞想象的翅膀，但一定要脚踩坚实的大地。电视剧《绝境铸剑》挖掘闽西红色资源，从一支红军独立营的成长折射出古田会议精神对人民军队走向强大的重要意义，昭示出历史和人民选择中国共产党的必然性。这种对地域红色资源的深掘，为革命历史题材电视剧创作提供了成功的范例和崭新的思路。此外，电视剧《特赦1959》在"君子赦过，强国宥罪"的历史讲述中，表现了共产党人的博大胸怀和人道精神；《右玉和她的县委书记们》以全新的创作视野和"接力式"的群像塑造方式，表现出英模人物的初心使命。电视综艺节目《中国地名大会》以地名知识为载体展现中华大地风貌、弘扬中华优秀文化。电视文艺栏目《经典咏流传》用"和诗以歌"的形式将传统诗词与现代流行音乐相融合，在艺术审美中阐释人文价值。这些作品的成功都启示创作者，要真正沉潜下去，从历史宝藏和现实生活中找选题、搞创作、出精品。

（二）通过精益求精的创作态度磨砺品质

习近平总书记指出，凡是传世之作、千古名篇，必然是笃定恒心、倾注心血的作品。文艺创作是艰苦的创造性劳动，来不得半点虚假。精品都是远离浮躁得来的，都是呕心沥血铸就的。电视艺术创作者必须摒弃拼投资、拼包装、拼大咖的理念，用诚意和匠心来吸引人、感染人、打动人。创新是电视艺术的生命所在，必须把创新贯穿到电视艺术创作的各个环节中。在此次获奖作品中，央视《春节联欢晚会》将丰富多样的文化元素汇聚融合，舞台设计新意迭出，视听语言精美绝伦；电视纪录片《影响世界的中国植物》用震撼而温暖的镜头语言，生动呈现了 21 科 28 种植物的生命旅程及其对世界的影响。电视动画节目《大禹治水》《丝路传奇》，少儿电视节目《我同祖国共成长——庆祝新中国成立 70 周年少儿晚会》将童真童趣与希望梦想融为一体，让少年儿童畅享五彩斑斓的世界、接受道德文化的熏陶、获得爱国主义的教育。

（三）通过优化资源配置提供机制保障

加大扶持引导，是文艺精品不断涌现、文艺事业繁荣发展的有力保障。围绕庆祝改革开放 40 周年、庆祝新中国成立 70 周年、决战决胜脱贫攻坚等重大时间节点，国家广播电视总局指导广电行业整合优势资源，通过加大政策、资金、人才扶持力度，推动电视艺术领域在短时间内创作推出一批高质量作品，受到观众的普遍好评。例如，向新中国成立 70 周年献礼的电视剧《激情的岁月》《在远方》，由长江流域 12 省市联合打造的《长江之恋——长江流域十二省市国庆主题晚会》等。这些作品的创作生产传播为电视艺术精品创作提供了一条宝贵经验：机制创新可以为精品佳作的不断涌现提供充足动力源。

奋力促进电视剧高质量发展 更好满足人民精神文化需求 *

　　党的十八大以来，习近平总书记关于文艺工作作出一系列重要论述，要求坚持以人民为中心的创作导向，把创作生产优秀作品作为文艺工作的中心环节，要求深入生活、扎根人民，把满足人民精神文化需求作为文艺工作的出发点和落脚点，努力创作出更多无愧于伟大时代、无愧于伟大国家、无愧于伟大民族的优秀作品，为新时代电视剧高质量发展指明了努力方向、提供了根本遵循。

　　国家广播电视总局深入贯彻落实习近平总书记重要论述，大力实施"新时代精品"工程，按照"找准选题、讲好故事、拍出精品"的要求，充分发挥"全国一盘棋""集中力量办大事"的优势，紧扣重要时间节点、紧紧围绕党和国家大事要事，握紧拳头抓精品，涌现出《外交风云》《可爱的中国》《彭德怀元帅》《最美的青春》《在远方》《鸡毛飞上天》《大江大河》等优秀作品。2020年，面对突如其来的

　　* 本文系作者在电视剧高质量发展座谈会上的讲话摘编，原载于《中国广播电视学刊》2021年第1期，收入本书时略有修改。

新冠肺炎疫情，广电总局贯彻落实习近平总书记关于"生动讲述防疫抗疫一线的感人事迹"的重要指示精神，主动出题，发动组织电视工作者投入创作，制作了表现抗疫期间真实人物感人故事的时代报告剧《在一起》，播出后引起热烈反响，得到中央领导肯定，充分展现了电视剧行业在新时代的新担当、新作为。广电总局围绕脱贫攻坚主题策划并组织拍摄了时代报告剧《石头开花》，主创团队深入脱贫攻坚第一线调研创作，聚焦精准脱贫工作中的十大难点，通过10个单元故事展现扶贫干部攻坚克难、攻城拔寨，坚决打赢脱贫攻坚战的艰辛历程，在江苏卫视、上海东方卫视、浙江卫视等播出后受到广泛好评。

党的十九届五中全会对繁荣文化事业产业作出具有历史性意义的宏伟规划和重要部署，明确提出到2035年把我国建设成为文化强国，明确提出"实施文艺作品质量提升工程，加强现实题材创作生产，不断推出反映时代新气象、讴歌人民新创造的文艺精品"，为新时代电视剧高质量发展提出了新的更高要求。电视剧高质量发展，首要的是创作高质量发展，进一步推动电视剧创作迈上新台阶，推出更多标杆性的精品力作。

一、坚持以人民为中心的创作导向，努力创作弘扬正能量、充满艺术性的新时代精品力作，满足人民文化需求，增强人民精神力量

习近平总书记指出，社会主义文艺，从本质上讲，就是人民的文艺。伟大人民需要伟大作品，伟大时代呼唤伟大作品。党的十九届五中全会提出促进满足人民文化需求和增强人民精神力量相统一。电视剧创作要扎根现实主义创作丰厚土壤，坚持百花齐放，拓展创作题材，不断挖掘淘宝，着力打造更多的新时代精品。

要立足新时代史诗般的伟大实践，努力书写中华民族新史诗。党的十八大以来，在习近平新时代中国特色社会主义思想指引下，党和国家事业取得了历史性成就、发生了历史性变革。电视剧创作要把反映新时代作为重中之重，把时代进步的前沿作为电视剧创作生产的前沿，把经济社会发展的主战场作为精品创作的主战场，着力全景式、史诗性地反映习近平新时代中国特色社会主义思想在中华大地的生动实践。要把反映人民群众对美好生活的热切需求，作为打造中华民族新史诗的出发点和原动力，以高度的责任感、使命感，投身到讴歌新时代的伟大创作中。要注意，聚焦伟大的主题，讲好伟大的故事，要春风化雨、润物无声，善于在细微中呈现宏大，在情感中渗透力量，在形象中传递思想。

要着力表现人民群众丰富多彩的生活，讲好人民获得感、幸福感、安全感不断增强的故事。要带着深厚感情塑造好人民群众的形象，真实反映人民群众工作生活的真实状态和喜怒哀乐的真实情感，为人民抒写、为人民抒怀、为人民抒情。要把审美聚焦到基层群众上，把诗情浸染到火热生活里，做到立足生活接地气，以小切口反映大主题、小人物折射大时代、小故事讲述大道理。要注意反映地域、领域的丰富性以及生活状态、生活方式的多样性，努力创作弘扬社会主义核心价值观、群众喜闻乐见、生活气息浓厚、时代精神印记鲜明的优秀作品。

要瞄准人民新期待、时代新创造，努力推出具有前瞻性、超越性、突破性的精品力作。面对新的历史方位、新的时代潮流、新的生活风尚，要积极投身火热的新生活，在新实践新创造的细微场景中，发现创作的主题、捕捉创新的灵感，用心用情用功去体会和创作，用符合当代电视剧艺术规律的方式，通过富有吸引力、感染力的人物和故事展现生活的期待、人民的创造、思想的力量、时代的魅力。要注意的是，不能一味为标新而立异，大肆堆砌所谓的典型环境、典型人物，使故事和情感流于表面，显得虚假而浮夸。

二、聚焦党和人民，以马克思主义唯物史观指导革命历史题材电视剧创作，引导广大观众特别是青少年观众树立正确历史观

党史、新中国史、改革开放史、社会主义发展史，包含了中国共产党、中华民族、中国人民百年斗争、奋斗、发展和探索的伟大历程，蕴含了内涵深刻、精彩纷呈的历史故事，是当代文艺创作的不竭源泉。例如：大革命时期、土地革命战争、抗日战争、解放战争、抗美援朝战争中涌现了无数可歌可泣的战斗英雄，中国共产党领导的人民军队以弱胜强，打过无数硬仗、恶仗、胜仗，战胜了很多看起来不可一世的强大对手。中国革命道路曲折、成就辉煌，克服了许多超乎想象的巨大困难，经历了很多极其残酷的生死斗争，涌现了无数为之牺牲奋斗的革命英雄。这些都是电视剧创作的重要选题和宝贵素材。

抗战题材一直是近年来电视剧创作的热点，涌现出《亮剑》《生死线》等人民群众喜闻乐见的优秀作品，也出现了一些问题。需要强调的是，反映抗日战争的电视剧作品，要始终突出中国共产党的中流砥柱作用是抗日战争胜利的关键；始终突出中国共产党领导的敌后战场是坚持抗战的中坚力量；始终突出中国共产党坚持动员人民、依靠人民，推动形成了全民族抗战的历史洪流。这方面，创作焦点不能跑偏，要对准中国共产党领导的人民军队的发展历程和伟大胜利。创作方法要科学，要坚持历史唯物主义和人民史观，敬畏历史、讴歌英雄。创作态度要严谨，编故事写人物一定要尊重历史逻辑、生活逻辑和艺术逻辑，服化道也要尊重历史真实，坚决遏制夸张离奇之风。

革命历史题材要突出价值引领，深入阐释中国革命历史，大力弘扬红色革命精神，用一部部优秀作品铸就中国革命史的影像丰碑，从而引导广大观众特别是青少年树立正确的历史观，促进全国人民万众一心迈向中华民族伟大复兴的新征程。

> **三、坚持以人民满意为重要标准，把政治性、艺术性、社会反应、市场认可统一起来，健全电视剧作品评价机制**

习近平总书记指出，一部好的作品，应该是经得起人民评价、专家评价、市场检验的作品。好的作品既要弘扬正能量，又要充满艺术性，不能生硬、刻板、说教。要从细微处着手，把人物故事表现得丰富生动，增强艺术感染力，做到真实感人。

建设文化强国，提升国家文化软实力，关键是要有更多经得起人民评价和时代检验的精品之作、高峰之作。要让荧屏涌现更多熠熠生辉的优秀作品，让观众对中国电视剧的热爱始终如一、永不退潮。一部好的电视剧作品的评价标准有很多方面，政治性是第一位的，是最基本的，是底线，出了问题是要一票否决的。电视剧工作者要认真学习我们党的几代领导同志关于文艺工作的重要论述，深刻认识电视剧工作的责任、使命、任务，深刻理解电视剧的政治属性、艺术属性和商品属性之间的有机联系，深刻理解思想精深、艺术精湛、制作精良有机结合的内涵要求，全面掌握马克思主义唯物辩证的科学思维，增强"四个意识"、坚定"四个自信"、做到"两个维护"，确保电视剧创作始终牢牢坚持正确政治方向、审美导向、价值取向。

电视剧是大众艺术，艺术性是电视剧天然的生命线。一部作品如果艺术上乏善可陈，就很难得到人民群众真正的喜爱。经不起人民群众的检验和认可，就不可能赢得掌声和鲜花。电视剧要担负起时代赋予的政治使命，履行好为人民服务、为社会主义服务的神圣职责，必须尊重艺术规律，学会讲好故事，坚决反对简单地贴标签、喊口号，概念化、模式化，人物苍白、台词生硬，否则效果只会事倍功半甚至南辕北辙。

人民是文艺审美的鉴赏家和评判者，人民群众的口碑就是作品的奖杯、丰碑。新中国成立70多年来的文艺发展历程已经充分证明，能够经久流传的文艺作品都是群众满意、市场认可的。我们坚持社会效益和经济效益的有机统一，在二者发生冲突时坚决把社会效益放在首位，但并不意味着可以忽略观众认可。观众会用"按钮、遥控器、鼠标"给作品投票，一部电视剧如果缺乏收视率、点击量、热度值，也很难称为优秀作品。

当前，广电总局正在按照中宣部部署，推进建设"中国视听大数据"系统，探索完善电视剧作品评价机制。我们将坚持社会主义先进文化前进方向，立足媒介融合环境的深刻变化和人民群众文化娱乐的多样化需求，推动电视剧评价体系的科学化、专业化和标准化，为电视剧提高质量设定更加清晰准确的价值坐标。

> **四、坚持高质量发展的目标方向，实施电视剧质量提升工程，建立健全全流程质量管理机制，下大力气推动精品创作**

电视剧作为当代中国覆盖面广、影响力大，群众喜闻乐见的文艺样式，提升作品质量是高质量发展的迫切要求。广电总局将全面实施电视剧质量提升工程，围绕事前、事中、事后，完善质量管理措施。

（一）健全电视剧创作生产全流程质量管理机制

广电总局按照"找准选题、讲好故事、拍出精品"的重要要求，把电视剧创作生产全流程分解为 19 个工作环节的上百项任务，全面覆盖电视剧工作的规划立项、拍摄制作、播出发行、组织领导和工作保障等全流程各环节。我们力争通过 3—5 年的努力，推动电视剧质量总体水平大幅跃升，实现更高质量、更加丰富、更为均衡、更有效率的生产和供给，更好地满足人民群众不断升级的多样化精神文化需求。

（二）建立更高标准的电视剧精品创作生产推进机制

广电总局已开始筹建电视剧精品项目库，对重点项目分类指导、精准施策，全环节统筹协调。对重大题材重点项目，加强创作指导和保障服务，靠前指挥、全程介入，集全系统全行业之力、优化资源配置。在创作前期，组织剧本论证，把控创作方向；在摄制阶段，加强指导和保障，配好创作团队；选用演员要适合角色，既要大胆起用新人，又要用好老戏骨。在粗剪完成阶段，组织预审，校准导向偏差，提升艺术质量。在项目播出前，加大宣传推介力度，让好作品进入好平台、好时段，好剧播出好效果、赢得好口碑。

（三）严格管理、压实责任，进一步强化电视剧细节把关，建立更有效真管用的管理体系

细节决定成败，文艺作品更是如此。要坚决防止因特定画面和声音错误出现安全事故。这方面，广电总局正在进一步强化细节把关的要求。制作机构和主创人员要强化质量意识、注重细节把关，在拍摄过程和后期制作中，要有专人同步记录相关场记信息，填写"特定画面和声音等使用情况说明表"，作为内容审核的必备材料。要建立健全奖惩措施，确保压实责任，避免因细节把关不严引发负面影响甚至造成严重后果。

提高创作质量，还必须力戒浮躁浮夸。精品往往是经久耐看的，《媳妇的美好时代》《父母爱情》等优秀作品播出多年一直受到观众欢迎，经得起反复品咂。但现在有的作品，首播不久就引发观众反感和

社会批评。究其原因，还是跟风盲从的浮躁、浮夸思想在作祟。针对这方面的问题，广电总局已经采取了加强题材备案、剧本抽查和审查把关等系列管理举措。在这里再次强调这个问题，就是希望全行业都高度重视。电视剧创作一定要静下心来、精益求精。要坚持深入生活、深入人民，把正确把握艺术真实与生活真实作为艺术创作的最大追求之一，情节、化妆、表演、道具等都要经得起观众的检验。各级广电管理部门要进一步加强把关调控，坚决反对胡编乱造、浮夸奢华，坚决反对架空生活、解构历史、虚无英雄，坚决反对创作游戏化、过度娱乐化。

五、坚持紧紧依靠文艺工作者、尊重艺术规律，建设德艺双馨、新老传承的文艺创作骨干队伍，点燃创作激情，永葆创作活力

习近平总书记指出，加强和改进党对文艺工作的领导，要把握住两条：一是要紧紧依靠广大文艺工作者，二是要尊重和遵循文艺规律。我们深知，推动电视剧高质量发展，关键在广大电视剧工作者。

文艺是铸造灵魂的工程，文艺工作者是灵魂的工程师。电视剧工作者要深刻认识自身的使命、职责，坚持立业先立德、为艺先为人，坚守艺术理想，明大德、守公德、严私德，把德艺双馨作为终身追求，努力把最好的精神文化产品奉献给人民。演员要注重提升思想文化内涵，只有颜值不行，关键还是要重艺德看演技。

广电总局一直把队伍建设作为电视剧高质量发展的基础性、关键性工作。我们要继续加强和电视剧工作者的沟通联系，采取创作论证会、推进会、座谈会的方式多与电视剧名家交流，听取意见建议。注重优秀青年电视剧人才的培养，给予信任、创造机会，努力培养更多的知名编剧、导演、演员、制片人。加强创作培训，推动经验、风格、流派和思想的交流融合。广电总局高度重视培训工作，专门举办过电视剧系列全员培训班、电视剧编剧培训班和制片人培训班。2020年尽管受到新冠肺炎疫情的影响，我们仍坚持以视频会议的方式举办重大现实、重大革命和重大历史题材电视剧创作培训班，发挥了分享经验、解疑释惑和统一认识的积极作用。今后，继续加大培训力度，坚持专项培训和常态轮训相结合，为电视剧工作者创造更多的学习、交流和互鉴的机会，并努力推动培训的成果转化为作品质量提升的成效，在全行业营造创优提质的浓厚氛围。

总之，我们要共同努力，坚持以习近平新时代中国特色社会主义思想为指导，统一思想、凝聚力量，守正创新、锐意进取，全力推动电视剧高质量发展，用心用功用情打造更多的新时代扛鼎之作、史诗之作和传世之作，更好地服务大局、服务人民。

以人民情怀、赶考之心
全力抓好新时代重大主题电视剧创作 *

党的十九届六中全会，是在重要历史关头召开的一次具有重大历史意义的会议。全会审议通过了《中共中央关于党的百年奋斗重大成就和历史经验的决议》，这是党的重要纲领性文献，全面总结了党的百年奋斗重大成就和历史经验，揭示了"我们为什么能够成功"的密码，为党团结带领人民踏上实现第二个百年奋斗目标新的赶考之路指明了方向，也为重大主题电视剧创作提供了重要指引。党的十九届六中全会作出 2022 年召开党的二十大的决议。党的二十大，这是主题电视剧创作的重要时间坐标。电视剧行业要提高政治站位，自觉担当政治责任、文化责任，以创作更多主题电视剧精品力作的实际行动，迎接党的二十大胜利召开。

国家广播电视总局始终高度重视主题电视剧创作工作。我们深入学习贯彻习近平总书记关于文艺工作的重要论述，深入实施"新时代

＊本文系作者在"我们的新时代"主题电视剧重点项目推进会上的讲话摘编，原载于《中国广播电视学刊》2022 年第 1 期，收入本书时略有修改。

精品工程"，紧紧围绕新中国成立 70 周年、中国共产党成立 100 周年等重要时间节点，按照"找准选题、讲好故事、拍出精品"的重要要求，加强规划、主动出题，充分发挥"全国一盘棋"的制度优势，调动各方积极性、协调行业资源，握紧拳头抓主题电视剧重点项目创作。这两年，《在一起》《山海情》《觉醒年代》《功勋》《理想照耀中国》《光荣与梦想》《我们的新时代》等一批再现百年党史宏阔画卷和高光时刻、抒写中国共产党人初心使命和精神谱系、描绘中国特色社会主义生动实践的优秀作品，引发观众的热烈反响，受到群众的广泛好评，其中多部作品得到中央领导的肯定，为重大主题电视剧创作树立了标杆。

站在"两个一百年"奋斗目标历史交汇的关键节点，广电总局组织实施"我们的新时代"创作展播活动，就是要继往开来、再接再厉，围绕迎接党的二十大，聚焦新时代新思想，努力推出一批记录新时代、书写新时代、讴歌新时代的优秀作品，充分展现党的百年奋斗重大成就和历史经验特别是党的十八大以来取得的历史性成就、发生的历史性变革，鼓舞激励广大人民群众在以习近平同志为核心的党中央坚强领导下，奋进新征程、建功新时代。

一、坚定文化自信，增强历史自觉，努力从党的百年奋斗特别是新时代的伟大实践中寻找创作主题、挖掘创作源泉

党的十九届六中全会从新民主主义革命时期、社会主义革命和建设时期、改革开放和社会主义现代化建设时期、中国特色社会主义

新时代4个历史时期，对党的百年光辉历程和重大成就进行了全面总结、精辟概括，特别是着重总结了中国特色社会主义新时代的原创性思想、变革性实践、突破性进展、标志性成果。党团结带领全国各族人民，从争取民族独立、人民解放的光辉历史，到全面改革、实现国富民强的使命担当，再到不忘初心、砥砺前行的伟大梦想，本身就是一部锦绣千秋、恢宏磅礴的史诗。党的十九届六中全会指出，党的十八大以来，我国意识形态领域形势发生全局性、根本性转变，全党全国各族人民文化自信明显增强。这为我们做好新时代主题创作提供了良好思想基础、文化条件，也给我们以信心和力量。主题电视剧创作要更加自信地从党走过的光辉历程、取得的辉煌成就中，特别是从党的十八大以来取得的历史性成就、发生的历史性变革中，汲取思想甘泉、内生创作能量，以具有中国风格、中国精神、中国气派的精品佳作展现和筑牢文化自信，为党和人民向实现中华民族伟大复兴中国梦前进奏响澎湃乐章、提供精神给养。

党的百年奋斗、70多年执政兴国经验、新时代的伟大实践，是主题创作的不竭源泉，其中蕴含的丰富思想文化和强大的精神力量，需要我们用优秀作品去记录、去传承、去弘扬。历史车轮滚滚向前，时代潮流浩浩荡荡。党的十八大以来，以习近平同志为核心的党中央团结带领全党全军全国各族人民，总揽战略全局，把握发展大势，开启波澜壮阔的伟大奋斗，不断书写经济和社会发展奇迹，我国国际地位不断提升，人民群众爱国热情和民族自豪感空前高涨，讴歌伟大时代的主题创作正当其时。电视剧工作者要主动肩负起这一历史使命，主题创作更要紧跟时代步伐，从新时代新思想中凝练主题、汲取素材，从不同侧面刻画时代风貌，反映时代主流，立足社会议题，把握时代热点，展现时代成果，振奋民族精神。要树立正确的历史观、党史观、价值观，运用辩证唯物史观回望历史、观照现实，注重用马克思主义中国化的最新成果还原历史全貌，回答历史问题，阐释历史规律，更加有力地彰显作品的时代价值和历史意义。

习近平总书记指出，优秀作品并不拘于一格、不形于一态、不定于一尊。主题创作更是如此，从政治、经济到科技，从各行各业到各家各人，要通览全局，纵向深挖多视角、多层次，横向开掘多领域、多维度，全方位展现新时代的伟大成就、新思想的真理力量、人民群众的生动实践，不断填补题材空白。近年来，广电总局立足中国特色社会主义进入新时代的历史坐标，围绕史诗般的发展成就、人民群众的火热生活，超前谋划了一批"十四五"重要选题。目前，重点推进、计划 2022 年推出的项目包括《冰雪之名》《超越》《县委大院》《生命树》《大考》《我们这十年》《争峰》《运河边的人们》《城中之城》《战上海》《苍穹之北》《大熊猫》《问天》《冬与狮》《天下长河》等，还有一些刚刚启动的项目也都在有序推进中。希望大家继续放开视野谋划，拓展题材范围，进一步丰富新时代主题电视剧阵列，为打造扛鼎之作打下坚实基础。

二、坚守人民立场，始终把人民群众作为阅卷人，以真挚的人民情怀、真诚的赶考之心答好新时代主题创作之题

习近平总书记强调，人民是历史的创造者，是时代的雕塑者。人

民需要文艺，文艺更需要人民。党的十九届六中全会总结党的历史经验，其中很重要的一条就是"坚持人民至上"。一切为了人民、一切依靠人民，是我们党百年奋斗贯穿始终的一条主线，也是主题电视剧创作的出发点和落脚点。

文艺来源于生活，来源于人民。主题电视剧创作始终以人民为中心，充分表现人民的主体地位，让人民成为作品的"主角"，才能有真情、有温度、有活力；把人民群众作为阅卷人，为人民群众所喜爱，作品才能叫得响、传得开、留得下。重点主题电视剧创作要坚持深入生活、扎根人民，体悟生活本质，吃透生活底蕴，从人民群众的劳动创造和喜怒哀乐中挖掘素材、提炼主题，展现人民的火热奋斗和伟大实践，表达人民对美好生活的向往和追求。2022年推出的一些重点项目，我们都秉持着贴近人民、贴近生活的导向，组织开展了实地采风调研。

从近年来的一些优秀作品看，从"小切口"透视"大主题"，以"小人物"折射"大时代"，用"小故事"讲述"大道理"，能更好地反映人民心声，唤起人民共情。《山海情》聚焦的是西海固人民的脱贫奋斗史，以生于斯长于斯的群众在党的领导下向千年贫困开战作为视角，引起了广大观众强烈共鸣。《功勋》写的是功勋卓著的8位首批共和国勋章获得者，但着力反映的是他们"忠诚、执着、朴实"的鲜明品格，生动证明了伟大出自平凡、平凡造就伟大，引发了全社会又一次学习功勋的热潮。实践证明，文艺工作者以生活为师，以答卷人的赶考之心投入到创作之中，在思想认识上不断自我革命，在艺术境界上不断砥砺精进，就能够用精品力作赢得人民的掌声和鲜花。希望大家在重点主题电视剧创作中始终牢记、始终践行以人民为中心的创作导向，以更多优秀作品奉献人民。

> ## 三、坚持创新创造，丰富思想内涵，强化艺术表达，不断提升主题作品的政治性、思想性和艺术性

习近平总书记强调，要不断推进文艺创新、提高文艺创作质量，努力为人民创造文化杰作、为人类贡献不朽作品。2021 年以来，《山海情》《觉醒年代》《功勋》等剧接力热播，在社会上掀起了追剧热潮。其中，有的系统部门自发组织学习观看，有的剧组在全国几十所高校巡回交流，与广大青年大学生见面，亲身感受到优秀文艺作品对青年人的感召力和凝聚力，可以说是思想深刻、内容生动的思政课。电视剧作为覆盖面广、影响力大的大众艺术，在这方面大有作为。电视剧工作者特别是主题电视剧创作者，要更加主动承担起传播正能量、引导正向价值观的责任与使命，丰富题材内容、提升思想内涵，坚持创造性转化、创新性发展，不断创作出思想精深、艺术精湛、制作精良的主题作品，讲好新时代的"大思政课"。

要坚持与时俱进、推陈出新，满足观众审美需要。创新是艺术生命力的源泉，要把创新精神贯穿主题创作全过程。在充分尊重艺术规律的前提下，充分考虑时代背景的变迁和观众审美的变化，大胆探索，勇于尝试新视角、新题材、新形式、新方法。年轻一代已经成为主题电视剧的观看主力，他们整体受教育水平更高，鉴赏能力更强，对作品的评判标准也更高。在叙事思路、拍摄手法、制作技术、呈现

方式、传播手段等方面，要积极探索适应和引领时代要求、观众需求的美学表达，推陈出新，避免因循守旧套路化。要坚持现实主义创作手法，点亮理想之光。现实主义是文艺创作的优良传统和精神担当。从《山海情》中的灌溉矛盾、搬迁难题，到《功勋》中科学家们经历的艰苦生活和曲折历程，这些成功的作品深刻证明现实主义具有持久的艺术生命力和深刻的思想价值。不粉饰弱点、不回避问题、不掩盖矛盾，才能克服弱点、解决问题、化解矛盾，才能温润心灵、鼓舞人心，让观众感受到伟大时代的召唤，真切体会到梦想在前方、光明在前方。要保持开放的视野，讲好新时代的故事。主题创作也是一扇向世界展示中国当代社会生活、思想观念乃至历史文化的重要窗口。《在一起》《山海情》在海外尤其是"一带一路"沿线国家的热播就是清晰有力的证明。主题创作要保持开放和包容的语态，注重总结运用国际化表达的成功经验，用更具有吸引力和感染力的人物故事和高质量的制作水准，讲好新时代的中国故事，讲好中国共产党的故事，在平视世界中促进文化交流，努力扩大国际影响力，为提升国家文化软实力作出积极贡献。

四、坚守艺术理想，牢记社会责任，以主题创作带动行业风气更加清朗

习近平总书记强调，文艺是铸造灵魂的工程，文艺工作者是灵魂的工程师。我们要认识到，主题创作肩负着启迪思想、陶冶情操、温润心灵的重要职责，承担着以文化人、以文育人、以文培元的重要使

命，要自觉树立更高的德艺标准。

文艺要塑造人心，创作者首先要塑造自己。心性纯良才能作品纯粹，德行端正才能作品有力。参与主题创作的电视剧工作者特别是编剧、导演、演员，要深知自己肩负的责任，注重自我修养，努力做到言为士则、行为世范。要自觉践行社会主义核心价值观，发扬崇德尚艺的优良传统，严守道德底线，秉承职业操守，讲品位、讲格调、讲责任，有信仰、有情怀、有担当，始终积极传递健康向上的良好风尚。

制作机构、播出平台要坚守社会责任，回归内容导向，真正尊重观众审美、尊重艺术规律，重视作品社会效益和思想价值，做真善美的追求者和传播者。要摒弃浮躁心理，拒绝资本绑架，营造风清气正的良好生态，以健康的市场需求引导和推动电视剧行业的供给侧结构性改革。

各级管理部门要坚持"两手抓"，既要通过推动打造高标准、高质量的主题精品力作，引领行业不断提高整体质量标准和专业准入门槛；又要持续加大治理力度、提升治理能力，完善落实行业治理相关政策措施，坚决整治不良倾向、不正之风，根治天价片酬、"唯流量论"、注水剧等顽疾，抵制浮躁作风，确保行业健康发展。近年来，广电总局积极倡导重大主题创作剧组设立临时党支部，把党建工作与摄制工作深度融合，以临时党支部作为战斗堡垒，起到了很好的引领作用。广电总局将继续在塑造清朗行风上加大力度，充分发挥"两好"效益，以好作品推动质量整体提升，以好风气保障行业持续健康成长。

五、加强指导服务，提升重点项目全流程组织化工作水平，确保优质高效完成创作任务

主题创作往往有严格的时间节点，项目团队要全力以赴，主管部门也要尽心尽力、全程保障。近年来，广电总局对一些重点项目进行了全流程管理，加强跟踪指导和服务，效果很好。各有关管理部门要按照广电总局的管理要求，健全全流程管理服务机制，充分发挥统筹协调能力，加强多单位、多部门沟通联动，最优化调配行业及社会资源。有的重点项目，要成立专班，做到一剧一策，做到深度参与、精细指导和高效保障相结合。要急主创团队之所急，应主创团队之所需，为项目顺利推进保驾护航。

时间紧、任务重、要求高，一直是主题创作的工作特点。大家都要坚持把提高质量作为作品的生命线，以高度的思想和行动自觉提升思想内涵、艺术品质、制作水平。全体剧组成员都要筑牢精品意识，发扬工匠精神，从剧本创作、拍摄导演，到后期制作，各环节都要下功夫、倾心血、细雕琢、铸精品，确保作品质量过硬。

主题电视剧创作责任重大、使命光荣。我们要深入贯彻习近平总书记关于文艺工作的重要论述和党的十九届六中全会精神，紧扣重要时间节点，齐心协力、埋头苦干，全力以赴做好"我们的新时代"主题创作播出工作，以更多精品力作喜迎党的二十大胜利召开，也为电视剧再创辉煌贡献力量！

把抗战精神转化为实现中国梦的强大动力 *

　　习近平总书记在纪念中国人民抗日战争暨世界反法西斯战争胜利70周年系列活动中发表的系列重要讲话，是马克思主义历史观、战争观、和平观的创新发展，是马克思主义中国化、时代化、大众化的创新发展。这一系列重要讲话从历史与未来、战争与和平、中国与世界等多个维度，从时代发展和开创未来的战略高度，深刻阐述中国人民抗日战争胜利的伟大贡献和历史地位，阐述蕴含其中的精神财富和历史启示，宣示中国走和平发展道路、维护人类和平正义的坚定决心，进一步明确了中国未来发展的历史坐标，指明了国家富强、民族复兴的前进方向，进一步坚定了全党全国各族人民的中国特色社会主义道路自信、理论自信、制度自信、文化自信，具有重大而深远的历史意义、现实意义和战略意义。深入学习贯彻习近平总书记系列重要讲话精神，对于我们提高思想认识，扎实开展纪念抗战胜利宣传舆论工作，唱响伟大抗战精神和民族精神的主旋律，具有重要指导意义。

---

　　* 原载于 2015 年 10 月 8 日《人民日报》，收入本书时略有修改。

一、重温抗战历史，彰显中国共产党的中流砥柱作用，进一步坚定跟党走中国特色社会主义道路的信心和决心

习近平总书记强调，中国共产党的中流砥柱作用是中国人民抗日战争胜利的关键，"在中国共产党倡导建立的抗日民族统一战线旗帜下……中国人民以血肉之躯筑起拯救民族危亡、捍卫民族尊严的钢铁长城，用生命和鲜血谱写了中华民族历史上抵御外侮的伟大篇章"。历史是最好的教科书，也是最好的营养剂。中国共产党自成立之日起，就把实现中华民族伟大复兴作为自己的历史使命，捍卫民族独立最坚定，维护民族利益最坚决，反抗外来侵略最勇敢。在波澜壮阔的抗日战争中，中国共产党秉持民族大义，肩负历史重任，毅然扛起抗日民族统一战线的大旗，坚定引领夺取抗战胜利的正确方向，支撑起全民族救亡图存的希望，成为夺取抗战胜利的民族先锋。历史可以警示当下、烛照未来，成为我们的强大精神动力。重温抗战历史，彰显中国共产党的中流砥柱作用，就是要铭记历史、缅怀先烈、珍爱和平、开创未来。

学习宣传贯彻习近平总书记系列重要讲话精神，要充分展示抗日战争时期中国共产党的政治主张、坚定意志、模范行动，引导人们进一步深刻认识中国共产党的中流砥柱作用是中国人民抗日战争胜利的关键，中国共产党的领导是历史的选择、人民的选择，中国走社会主义道路是历史的选择、人民的选择。要深入学习宣传贯彻习近平总书记系列重要讲话精神，把党史国史教育融入纪念抗战胜利宣传，把回

顾历史与展望未来相结合，把阐释抗战史实与开展中国特色社会主义宣传教育相结合。《新闻联播》中的《中流砥柱》系列报道和《根据地启示录》系列节目、《延安》《新四军 1941》等节目和《太行山上》《黄河在咆哮》等影视剧，都展示了中国共产党领导的人民武装和抗日根据地是抗日战争的中坚力量，以无可辩驳的事实说明了中国共产党肩负起中华民族救亡图存的重大历史责任，是全民族抗战的组织者、鼓舞者和坚强政治领导核心。

二、崇尚英雄先烈，进行爱国主义思想洗礼和人生观教育，激发克服艰难险阻、砥砺前行的强大动力

习近平总书记强调，"一个有希望的民族不能没有英雄，一个有前途的国家不能没有先锋"，"要铭记一切为中华民族和中国人民作出贡献的英雄们，崇尚英雄，捍卫英雄，学习英雄，关爱英雄"。在艰苦卓绝的抗日战争中涌现出无数英雄人物，他们是中华民族的脊梁，彰显了民族气节和民族血性。杨靖宇、赵尚志、左权、佟麟阁……一个个在战火硝烟中闪闪发光的名字；"狼牙山五壮士""刘老庄连""杀敌英雄连"……一个个如历史丰碑般的光荣称号，铸就了中华儿女抵抗外来侵略的血肉长城。可以说，抗日战争是中华儿女浴血奋斗的战争史、奋斗史、悲壮史，也是民族精神的发展史、壮大史、弘扬史。血与火的考验、生与死的抗争、光明与黑暗的较量锻造出伟大的抗战精神，是中国人民弥足珍贵的精神财富。

学习宣传贯彻习近平总书记系列重要讲话精神，要缅怀抗战英

烈，讴歌伟大抗战精神，树立英雄丰碑，涵养民族血脉，蓄积全社会文明进步的强大正能量。这就要求新闻宣传报道、类型节目设置、文艺影视作品创作等都必须弘扬英雄铸就的抗战精神，展现天下兴亡、匹夫有责的爱国情怀，视死如归、宁死不屈的民族气节，不畏强暴、血战到底的英雄气概，百折不挠、坚忍不拔的必胜信念；引导人们树立和坚持正确的历史观、民族观、国家观，树立和坚持正确的人生观、价值观，增强做中国人的骨气和底气。中央电视台通过系列报道、专题节目等形式，展示海内外中华儿女以强烈的家国情怀空前团结起来，争先投入保家卫国的伟大斗争，谱写了惊天地、泣鬼神的爱国主义篇章。同时，通过电视剧《东北抗日联军》、特别节目《重访老战士系列》、音乐会《胜利之歌》、网络虚拟众筹《黄河大合唱》、主题公益广告《忠义老兵》等多种形式，进行抗战故事讲述，再现抗战事迹、塑造英雄群像，全方位多角度展现中国人民不屈不挠、浴血奋战的光辉历史，万众一心、救亡图存的坚定信念，以血肉之躯筑起新的长城的无畏精神，揭示了中华民族从黑暗走向光明、从屈辱走向富强的力量所在。

三、捍卫和平正义，宣示中国抗战东方主战场的地位作用，彰显坚持走和平发展道路和负责任大国形象

习近平总书记指出："中国人民以巨大民族牺牲支撑起了世界反法西斯战争的东方主战场，为世界反法西斯战争胜利作出了重大贡献。"这一重要论述是对正确抗战史观和二战史观的有力宣示，是对

中国抗战历史地位的坚定捍卫，提升了我国在第二次世界大战历史问题上的国际话语权。中国人民抗日战争是世界反法西斯战争的重要组成部分，中国的抗战不仅是为中国而战，也是为世界反法西斯而战。战争是一面镜子，能够让人认识到和平的珍贵。尽管和平与发展已成为当今时代的主题，但也要认识到，战争的达摩克利斯之剑依然悬在人类头上。"正义必胜、和平必胜、人民必胜"的庄严宣示掷地有声，道出中国人民的心声，反映世界人民的愿望，占据正义和道义的制高点，为今天的中国乃至世界怎样正确认识昨天、把握今天、开创明天提供了基本遵循，体现了中国人民推进世界和平与发展的美好期盼和不懈努力。

学习宣传贯彻习近平总书记系列重要讲话精神，要以史鉴今，以科学的历史观，以国际视野和战略眼光，传播中国"始终坚持走和平发展道路。中华民族历来爱好和平。无论发展到哪一步，中国都永远不称霸、永远不搞扩张"的理念，塑造负责任大国形象。这就要求我们的宣传报道注重用史实说话，以客观数据和具体事例来大力宣传中国人民抗日战争的历史地位和重大贡献，宣传"三个必胜"的伟大真理和历史启示，努力展示正义的力量、和平的力量、人民的力量。同时，还应运用国际化表达、立体化传播方式，综合使用立体媒体平台，讲好中国故事、传播好中国声音、阐释好中国特色，让世界更多地了解中国抗战历史，赞同中国立场、认同中国模式。中央电视台8集大型纪录片《东方主战场》立足国际视角，真实反映中国人民14年艰苦卓绝的抗日战场是世界反法西斯战争中开始时间最早、持续时间最长的战场，是支撑世界反法西斯战争的东方主战场；纪录片《光明与阴霾——德日二战反思录》以新视角分析德日两国的不同态度及其产生的不同影响，阐释胜利与和平来之不易，必须坚决维护战后国际秩序，坚决捍卫中国人民抗日战争和世界反法西斯战争的胜利成果。

四、振奋民族精神，汇聚起协调推进"四个全面"战略布局的强大正能量，推动实现中华民族伟大复兴中国梦

习近平总书记强调，要把纪念活动中收获的精神财富转化为推动事业发展的强大动力，转化为做好改革发展稳定各项工作的强大力量，转化为协调推进"四个全面"战略布局的强大正能量，转化为实现"两个一百年"奋斗目标、实现中华民族伟大复兴中国梦的实际行动。抗日战争是近代以来中国人民反抗外敌入侵第一次取得完全胜利的伟大民族解放战争，也是中华民族走向复兴的历史转折点。隆重纪念抗日战争胜利意义重大、影响深远，尤其是对于维护战争的历史真相、维护二战胜利成果和战后国际秩序进而维护世界持久和平是十分必要的。举办纪念活动在全国各族人民心中留下深刻的集体记忆，是一次全民意志的大凝聚，是一次奋斗力量的大凝聚，必将对中国发展、对世界和平与发展产生重大影响。

学习宣传贯彻习近平总书记系列重要讲话精神，要坚持和弘扬抗日战争激发出的民族精神、民族力量，提升因胜利而树立的民族自信心和民族自豪感，汇聚起实现中华民族伟大复兴中国梦的磅礴力量。习近平总书记系列重要讲话洞见历史、滋养现实、托举未来，我们的新闻宣传报道以及文艺影视作品创作都要以此为遵循，努力把纪念活

动焕发出的精气神转化为做好自身工作的强大动力，久久为功地开展思想政治教育和爱国主义教育。中央电视台紧紧围绕纪念抗战胜利的重要意义和时代价值，巩固拓展纪念活动的思想成果、理论成果、精神成果，深入宣传中国精神、中国价值、中国力量。例如纪录片《英雄的旗帜》和《开学第一课》《星光大道》及"百名抗战老兵上星光"等节目，以潜移默化、润物无声的方式，激励人们在以习近平同志为核心的党中央坚强领导下，进一步统一思想、凝聚共识，在协调推进"四个全面"战略布局、实现"两个一百年"奋斗目标和中华民族伟大复兴中国梦的征程上奋勇前进，创造更加灿烂美好的明天。

核心价值观宣传的一次有益尝试 *

　　"家风"是个人品德的集合体，是家庭美德的标志物，是职业道德的支撑点，是社会公德的有机体。《家风是什么》有新意、有特色，接地气、抓人心，播出后引起了社会广泛关注。节目为加强社会主义核心价值观宣传教育、传播正能量探索了新途径，给广电节目继承和发扬优秀传统文化、深化拓展社会主义核心价值观宣传带来了有益的启示。

　　广播电视节目"内容为王"，必须从中华优秀传统文化中汲取丰厚营养，增强全社会的文化自信和价值观自信。《家风是什么》节目抓住了"家风"这一集中体现传统文化和风俗习惯的元素，以家庭传承为纽带，让受访者讲述家风的教育影响、自己的思考体会及对子女的言传身教，串起了过去、现在和未来，连接起世世代代中华儿女，激发出生生不息、血浓于水的深厚情感，增进了民族文化认同，推动了民族意识凝聚和健康向上的心理建构。广播电视播出机构应在弘扬

---

　　* 本文系作者在《新春走基层·家风是什么》研讨会上的发言摘要，原载于2014 年 2 月 28 日《光明日报》，收入本书时略有修改。

社会主义核心价值观中，深入挖掘优秀传统文化这一节目创新富矿，生产传播更多具有鲜明中国特色的好节目，用优秀传统文化凝魂聚气。《家风是什么》体现了中国梦的价值认同和价值追求。中国梦基本内涵和"三个倡导"24字核心价值观高度统一，广播电视节目要突出展示中华民族从古至今寻梦、追梦、筑梦、圆梦的历程，展示践行社会主义核心价值观、坚持理想信念的过程，增进广大群众的理解和认同，凝聚实现中华民族伟大复兴中国梦的强大正能量。

广播电视节目"受众为本"，必须深化内涵融合表达，让人们在感知领悟中将社会主义核心价值观内化于心、外化于行。广播电视节目只有抓住受众才能发挥作用，必须善于从百姓视角、用群众语言，与群众平等交流，说理不说教，传输不灌输，才能做到入脑入耳入心，充分发挥教育引导功能。《家风是什么》节目既有身边人、身边事，又有知名人物、典型代表，让百姓真心讲述自己的故事，真情道出自己的心声，使百姓思想上认同，情感上共鸣。一问一答，触及心灵深处，润物细无声，引发深刻思考，纷纷见贤思齐。广播电视播出机构应在弘扬社会主义核心价值观的过程中，顺应发展需要和群众期盼，贴近实际、贴近生活、贴近群众，着力打造思想性、艺术性、观赏性俱佳的优秀原创文化节目。

广播电视节目"服务为要"，必须为传承弘扬先进文化创造更好条件，推动优秀节目不断涌现。近年来，按照中央要求，广电部门大力开展"走转改"活动，出台了一系列鼓励和扶持原创节目的政策措施，为优秀节目的产生创造了良好环境，推动涌现出一大批饱含实践热度、生活温度和情感深度的好节目。《家风是什么》节目就是其中的代表作，节目延续了近年来"走转改"常用的"海采"手法，以平凡生活为素材、以交流互动为平台，抒发百姓情怀，很好地弘扬了社会主义核心价值观和中华传统美德。广播电视行政管理部门应把鼓励扶持传承和弘扬优秀传统文化的原创节目作为重要职责。一是深化"走转改"。二是加大扶持力度。三是加强规范管理。

传播当代中国价值观念的精品力作 *

习近平总书记关于中国梦的重要论述，进一步揭示了中华民族的历史命运和当代中国的发展走向，凝聚了几代中国人的夙愿。实现中华民族伟大复兴的中国梦一经提出，就释放出强大的号召力和感染力。老百姓热议中国梦，国际社会关注中国梦，社会舆论聚焦中国梦。电视政论片《百年潮·中国梦》就是一部讲述阐释中国梦的生动教材，也是传播当代中国价值观念的精品力作。该片追思历史、关注当下、憧憬未来，以广阔的国际视野、深邃的历史眼光，透视中国近代百年以来跌宕起伏、风云激荡的历史命运，从宏观、中观、微观各个层面对亿万中国人民的中国梦进行了详细深入的阐释与解读。该片立意高远、气势恢宏、结构清晰，有时空的广度、思想的高度、艺术的精度，以与时俱进的理念、逻辑严谨的论述和现代"艺术 + 技术"的手法，全景式呈现了中国人民"寻梦、追梦、筑梦、圆梦"的壮阔历程，实现了思想性、艺术性、观赏性相统一，具有很强的现实意义和历史文献价值。

* 原载于《中国电视》2014 年第 7 期，收入本书时略有修改。

一、深入挖掘内涵、提炼精神价值，是中国梦主题精品创作的核心

习近平总书记在十八届中共中央政治局第十二次集体学习时指出，影视作品要努力传播当代中国价值观念，将中国梦的价值观念、价值体验和价值追求与中国道路、中国力量和中国精神相结合，展示中华文化的独特魅力。任何一部成功的影视作品都具有不可或缺的价值内核。《百年潮·中国梦》能够成为电视政论片的精品力作，关键就在于它全面、深刻、艺术地阐释了中国梦。

（一）全方位解读了中国梦的内涵实质

《百年潮·中国梦》围绕什么是中国梦、怎样实现中国梦，阐明了中国梦的基本内涵、实现路径、实践要求，它告诉人们，领会中国梦的精神实质，要把握好国家富强、民族振兴、人民幸福的基本内涵，要把握好坚持中国道路、弘扬中国精神、凝聚中国力量的重要遵循，要把握好中国梦是人民的梦这一本质属性。

（二）立体化拓展了中国梦的价值空间

《百年潮·中国梦》条理清晰、鞭辟入里，将中国的昨天、今天、明天联系起来，将国家、民族、人民联系起来，将中国、世界、人类联系起来，立体化呈现了中国梦这一主题，在多元、多样、多变的时代背景下，有利于通过中国梦这个最大公约数统一思想认识，增强凝

聚力、感召力，有利于让逐步走向世界舞台中心的中国赢得国际社会的尊重和信任。

（三）充分展现了中国梦的情感维度

《百年潮·中国梦》充分展现了国家情感、民族情感和人民情感，既有理论高度，又有情感温度，既在理性上说服受众，又在情绪上感染受众，赢得了群众发自内心的认知和认同。

二、创新理念、创新表达，是增强电视政论片时代魅力的重要保障

《百年潮·中国梦》播出后，受到国内各大媒体、专家、学者和观众、网民的广泛关注和普遍赞誉，在官方主流舆论和民间舆论场都获得了很高的评价。该片创新思维、理念、方法、手段，为增强电视政论片的时代魅力提供了有益借鉴。

（一）故事化细节表达

《百年潮·中国梦》以人物带事件、以事件带历史，寓理于事、融史于事，增强了全片的感染性和吸引力。习近平总书记指出，"讲好故事，事半功倍"。《百年潮·中国梦》正是通过故事化细节表达，润物无声、触及心灵、引发思考，起到了事半功倍的传播效果。

（二）平等化互动交流

《百年潮·中国梦》用通俗易懂的方式解读中国梦。解说词把公文表述转化为百姓语言，把政治理论概念转化为日常伦理，既清新活泼又富有张力，既切合主题又表达得当。从语态上看，它以思想、意境和充满思辨的逻辑力量与人们进行思维互动，而不是以简单的方式说教，这一点十分难得。全片中，这样的语言随处可见。例如，"一个国家处于上升期的标志之一，是这个国家开始拥有她的'造梦'能力"；"沉沦之后的崛起，苦难之后的梦想。无论怎样的逆境，不屈——这个中华民族再度奋起的种子，总会破土而出，坚强成长"。

（三）深邃的历史视角

《百年潮·中国梦》着眼中国当代实际，并把视野拓展到历史深处，阐述中国梦是上下五千年的深厚积淀，是170多年奋斗、60多年探索、30多年发展的结晶。站在这样的时间卷轴上，更能理解中国梦的来之不易与难能可贵。特别是该片没有停留在对一些历史事件的客观描述上，而是细致分析了历史表象之后的情感与智慧。

（四）宏阔的全球意识

《百年潮·中国梦》在中国与世界的对比中，深入探寻了中国道路的历史必然、中国精神的独特魅力、中国力量的不竭源泉。该片还以国际视野引入第三方视角。例如，在评价党的十八届三中全会时，引用了《华盛顿邮报》《每日电讯报》《印度时报》等众多国际媒体的观点。该片第五集《筑梦天下》放眼全球，将中国梦与欧洲梦、非洲梦、美国梦进行比较对照，表达了中国与世界共同发展、合作共赢的态度。

三、精心策划组织、健全扶持引导机制，是中国梦主题影视精品创作的重要保障

《百年潮·中国梦》这部政论片的成功启示我们，一定要把中国梦主题影视精品创作作为一项重要的政治任务，作为广播电视工作的重中之重，精心组织实施。

（一）进一步抓好选题谋划

国家新闻出版广电总局（以下简称总局）经过反复研究和论证，在广泛征求意见的基础上，确定了 50 部体现和弘扬当代中国价值观念的重点影视剧作品，涵盖了历史文化、革命传统、改革开放、农村发展等多个题材。其中，电影 20 部，电视剧 25 部，纪录片和动画片 5 部。截至 2014 年，大部分重点影视剧、动画片和纪录片已开始创作，部分作品已拍摄完成并与观众见面。

（二）加强动态管理

总局建立了中国梦主题重点作品"周报告、月调度"机制，总局领导多次召开重点项目调度会，听取进展情况汇报，督促创作。同时落实专人与重点项目制作团队对接，全程跟踪，了解经费落实、创作

进展情况，把握方向，督促进度，确保按时高质量完成任务。

（三）加大引导扶持

总局从 2013 年开始全面部署中国梦主题影视作品创作，并前所未有地拿出专项资金支持中国梦纪录片、动画片重点项目，对中国梦主题影视作品给予常态化政策引导和资金扶持。

（四）加强推广播出

总局已下发通知，在纪录片、动画片季度推优（每年四批）和年度扶持项目评审中，将中国梦作为一个专项，集中向全国各电视台推荐播出优秀作品。

深入现实生活　讴歌伟大实践[*]

　　电视剧《山海情》既是庆祝中国共产党成立 100 周年的开年大戏，也是国家广播电视总局"理想照耀中国"电视剧展播活动的重头戏。自 2021 年 1 月 12 日开播后，《山海情》高开高走，创造了收视佳绩，传播广度、热议程度都十分出彩。可以说，这为中国共产党成立 100 周年的主题宣传开了一个好头。

　　《山海情》的创作过程，是学习贯彻习近平总书记关于文艺工作重要论述的一次成功实践，也是深入实施新时代广播电视精品工程，充分发挥"全国一盘棋""集中力量办大事"制度优势，以重点项目带动整体创作的一次创新实践。党的十八大以来，习近平总书记关于文艺工作作出一系列重要论述，为电视剧创作生产指明了努力方向、提供了根本遵循。电视剧行业坚持以习近平总书记的重要论述为指导，聚焦主题主线，结合当今中国史诗般的伟大实践，努力找准坐标定位，加强重大选题规划、推进重大题材创作。2019 年年底，广电

　　＊本文系作者在《山海情》创作座谈会上的讲话摘编，原载于《中国电视》2021 年第 3 期，收入本书时略有修改。

总局决定策划组织拍摄《山海情》后，明确提出，以习近平新时代中国特色社会主义思想为魂，围绕全面建成小康社会和中国共产党成立100周年的重要时间节点，集中精力打造反映伟大思想、伟大时代、伟大实践的扛鼎之作。广电总局全方位做好管理服务保障工作，多次召开会议研究部署，加强组织动员、牵头调度，尽最大力量优化资源配置，解决实际困难。《山海情》创作伊始就遇上了突如其来的新冠肺炎疫情，面临很多挑战，创作团队团结一心、攻坚克难，克服了各方面的困难。2020年8月中旬，我和有关同志专程去闽宁镇调研，在剧组复原的"地窝子"、土坯房里同大家交流，看到剧组精益求精、全身心投入创作的拍摄状态，十分欣慰和感动。可以说，最后作品所呈现出的效果不负众望，获得的赞誉也是众望所归。

《山海情》形成热播，充分证明反映新时代是人民群众对文艺作品的热切期许，也是新时代电视剧创作的使命所在。文艺是时代的号角。《山海情》的成功，要感谢伟大的中国人民、感谢伟大的时代，是人民和时代成就了伟大的故事。如果没有习近平总书记精准扶贫思想指引下的闽宁镇的伟大实践，就不会有《山海情》呈现出的史诗般的动人画卷；如果没有闽宁镇发展史上的奋斗者、前行者、牺牲者，也就没有《山海情》中鲜活的人物群像；如果没有闽宁镇东西协作的制度优势，更不会有《山海情》中情深似海、感人至深的闽宁友谊、民族团结。《山海情》深深扎根时代的土壤，从人民的实践中汲取营养，结出了累累硕果，有力地回应了"为时代画像、为时代立传、为时代明德"的创作要求。《山海情》的真诚和真实，得到人民群众的真心赞许。很多观众的留言和点评，发自肺腑、情真意切，大家走入戏中，跟着金滩村村民一起哭一起笑。所以说，正是坚持与时代同呼吸，把人民放在心上，闽宁镇的故事才立得住、传得开，赢得了观众口碑。

《山海情》的成功，还因为有一支优秀的创作团队。正是创作团队用心用情用功，朝着思想和艺术高峰努力攀登，才使作品取得了政治性与艺术性、观赏性的完美结合。正是创作团队的辛苦付出，让作品更加富有吸引力、感染力，让脱贫攻坚历程中的英雄形象鲜活生动、走进人心。还要感谢福建、宁夏各方面，感谢播出的电视台、视频网站以及媒体朋友。《山海情》的创作过程就像闽宁镇的建设，山海相逢、多方协作，福建省和宁夏回族自治区全程都给予了最大限度的支持。正是靠着大家的齐心协力，《山海情》才能够顺利创作播出，获得热烈的反响和广泛的好评。

当前，我们正在深入学习贯彻党的十九届五中全会精神，研究谋划包括电视剧在内的广播电视和网络视听文艺创作。党的十九届五中全会明确提出"实施文艺作品质量提升工程，加强现实题材创作生产，不断推出反映时代新气象、讴歌人民新创造的文艺精品"，这为新时代电视剧创作生产提出了新的更高要求。我们要再接再厉，借鉴发扬《山海情》的成功经验做法，紧紧围绕党和国家重要时间节点，全力抓好中国共产党成立 100 周年以及未来五年的电视剧创作生产，努力推出更多无愧于伟大时代、无愧于伟大国家、无愧于伟大民族的优秀作品。

一、把握时代脉搏，构筑精神家园

习近平总书记指出，文艺是铸造灵魂的工程，强调，实现中华民族伟大复兴，是一场震古烁今的伟大事业，需要坚忍不拔的伟大精神，也需要振奋人心的伟大作品。党的十九届五中全会提出，要促进满足人民文化需求和增强人民精神力量相统一。纵观古今中外的文艺作品，能够称之为经典流传的，关键就在于其蕴含的丰富而又深刻的精神价值。在百姓生活中，电视剧的独特价值，正是在于能够对时代发展、国家力量、民族精神、中国文化进行春风化雨、润物无声的艺术表达。新时代的电视剧创作生产，要把反映新时代作为重中之重，投入信念、投入感情、投入笔墨，生动展现习近平总书记掌舵领航、新时代党和国家事业取得的历史性成就、发生的历史性变革，精心绘就党领导人民进行伟大斗争、建设伟大工程、推进伟大事业、实现伟大梦想的壮丽画卷，精彩展示全党全国人民拥戴核心、维护核心、意气风发奋进新征程的精神风采。

《山海情》之所以获得最广泛的共鸣与共情，其中很重要的一点就在于下功夫做到了生活提炼、精神提纯，既能脚下有泥，还能心中有火、眼里有光，处处彰显博大的家国情怀，蕴含巨大的精神力量和崇高的价值追求。"理想""希望""情怀""奋斗""正能量"，都是观众点评这部剧时的高频词。希望我们的创作者们都能从中得到启迪，进一步强化政治责任和历史担当，举思想旗帜，立精神支柱，树立起抒写新时代史诗的雄心壮志，努力创作出体现历史高度、彰显时代价值的精品佳作。

二、坚持扎根生活，讲好百姓故事

习近平总书记强调，社会主义文艺，从本质上讲，就是人民的文艺。波澜壮阔的中华民族发展史是中国人民书写的，中华民族从站起来、富起来到强起来的伟大飞跃，是中国人民奋斗出来的。人民是真正的英雄，人民群众中蕴藏着创作的伟力。电视剧创作要坚持以人民为中心的创作导向，追随人民的脚步，从人民群众日常生活中挖掘素材、从劳动创造中提炼主题、从拼搏奉献中汲取情感，着力表现人民群众丰富多彩的生活，真情讴歌新时代广大人民群众的新风貌、新奋斗、新精神。

《山海情》用真心呼唤真情，用饱含深情的笔触，展现了黄土地上的人们对美好生活的向往，展示了脱贫攻坚道路上人民的主体地位，靠着真挚、朴实的情怀打动了观众。希望我们的创作者都能走入生活、贴近人民，从最真实的生活出发，从平凡中发现伟大，从质朴中发现崇高，深刻提炼生活，着力塑造好人民群众的丰满形象，表现人民群众丰富多彩的生活，用优秀的作品聚焦时代洪流中的平凡人，用他们的奋斗故事向伟大的人民致敬。

三、遵循创作规律，提高作品质量

电视剧要满足新时代人民群众新期待，电视剧工作者必须把创作生产优秀作品作为中心环节，不断提高创作质量。《山海情》主创对艺术规律的高度尊重，是非常好的示范，起到了正面引领效果。虽然创作时间紧迫，但是剧组没有选择在影视基地一拍到底，扫几个空镜一用到底，而是踏踏实实地选择了实景、实地拍摄，用精彩的画面构图还原了祖国壮美辽阔的大好河山，用生动鲜活的人物形象记录了国家发展道路上的步履烙印，让人物、故事、环境水乳交融，使观众身临其境、深感震撼。参演的演员都深度融入角色，用细腻、接地气的表演打动了观众，代入感很强。虽然闽宁镇在时空上与大多数人距离遥远，但观众反馈在观看《山海情》时，却没有心灵上的隔阂。有网友评论说，看着黄沙漫天，真切感受到了西海固人民的艰辛，更加深刻领会了我们党领导的决战脱贫攻坚事业的伟大意义。《山海情》的成功播出，让我们更加清晰地听到了人民群众的呼声，更加认识到什么样的作品才是人民群众真正需要的好剧。

电视剧创作生产是一个复杂的系统工程，实现思想性、艺术性、观赏性相统一不是一件容易的事情，每一个环节都不可取代、不能马虎。特别是重大题材创作，既要做到提高政治站位，又要注重创新表达，生动鲜活、艺术性地刻画新时代和新奋斗，更要注重在细节上下功夫，摄影、服装、化妆、道具等各方面都要严谨细致，严格把关。希望我们的创作都能像《山海情》这样，牢固树立质量观念和精品意识，注重全流程质量管理，发扬工匠精神，每一个环节都把好关，每一项工作都认真扎实、精益求精，努力打磨出超越性、突破性的精品力作。

四、坚定文化自信，加强中国表达

习近平总书记指出，文化自信，是更基础、更广泛、更深厚的自信，是更基本、更深沉、更持久的力量；没有文化自信，不可能写出有骨气、有个性、有神采的作品。中国共产党、中华人民共和国、中华民族是最有理由自信的。中国的电视剧创作，必须坚定文化自信，大力弘扬中华文明独特的价值与魅力，用中国故事表达中国审美，展现中国人的精神气质。

《山海情》对中国解决贫困的道路和方式充满了表达自信，做到了大巧不工、大象无形。福建和宁夏合作20多年，对口支援西海固地区脱贫致富的历史进程，是习近平总书记精准扶贫思想在中华大地落地生根的伟大实践，为世界减贫事业提供了中国智慧和中国方案。《山海情》剧中勤劳的中国人民、热忱质朴的党员干部、跨越山海的心血交融，是典型的中国人物和中国故事。剧中对乡土中国、人情伦理的着墨，对中国式亲情关系的点染，对体现传统美德和时代精神女性角色的塑造，对知识分子报国为民精神的阐释，唤起了人们对中华民族的文化认同和集体记忆。这种饱含着诗意、美感，以及东方哲学意蕴的故事表达，有着不可替代的文化魅力。希望我们的电视剧创作都能始终坚持不忘本来，讲好中国故事，弘扬中国精神，让中国人民更好地认识中国，也让全世界人民更好地读懂中国，同时让中国电视剧以鲜明的中国特色、中国风格、中国气派屹立于世。重大题材电视剧创作生产，很不容易。广电总局作为中央政府主管部门，将继续发挥好引导、规划、组织、调控作用，并加强对重点项目的跟踪指导和服务。也希望广播电视播出机构、视听平台、制作机构、评论业界和媒体机构，及各方面专家学者，大家心往一处想、劲往一块使，齐心协力支持和推动重大题材创作。各位专家、各位主创有什么好的思路、好的点子，包括好的创作计划，可以随时和我们沟通联系。广大观众朋友，是我们的服务对象，也是电视剧作品的评判者，我们会倍加珍惜大家的每一句点评和每一条意见建议，不断改进提高我们的工作。

伟大时代呼唤伟大作品。让我们坚持以习近平新时代中国特色社会主义思想为指导，奋发有为、开拓进取，努力创作推出更多的新时代史诗之作，为满足人民美好生活新期待，为建设社会主义文化强国，作出新的更大贡献。

坚持创造性转化、创新性发展
用心用情用功做好文化类节目创作播出 *

      党的十八大以来，国家广播电视总局深入贯彻落实习近平总书记关于中华优秀传统文化的重要论述，引导推动广电行业聚焦中国梦主题、贯穿社会主义核心价值观主线、传承中华优秀传统文化根脉、坚持以人民为中心的创作导向，推进文化类节目守正创新、久久为功打造精品力作。近年来，广电总局以"新时代精品工程""中华文化广播电视传播工程""中国经典民间故事动漫创作工程"为牵引，提前规划、主动谋划重点选题；设立专项资金，深入指导、扶持重点作品创作；建立常态化评优奖励机制，加大文艺评奖倾斜力度，鼓励文化题材节目、纪录片、动画片等的创作播出，引导行业平台、各类媒体加大优秀作品宣传推广，努力为文化类节目创作播出创造良好条件。这些年，涌现出《经典咏流传》《国家宝藏》《上新了·故宫》《从长江的尽头回家》《万里走单骑——遗产里的中国》《还有诗和远方》《国乐大

　　＊本文系作者在"中国节日"系列节目暨文化类节目创作播出座谈会上的讲话摘编，原载于《中国广播电视学刊》2021年第8期，收入本书时略有修改。

典》《戏码头》《中国》《大禹治水》等一大批优秀广播电视节目、纪录片、动画片，形成了文化类节目创作生产繁荣发展的良好势头。

河南是中原文化腹地、中华文明的重要发祥地，历史悠久，文化厚重。多年来，在河南省委省政府、省委宣传部的重视和支持下，河南广播电视台坚守文化责任，发挥地域特色，坚持打造《梨园春》等传统戏曲、武术品牌节目，相继推出《汉字英雄》《成语英雄》《老家的味道》《少林英雄》等创新节目，深受观众欢迎、行业认可，多次荣获"星光奖"和广电总局创新创优节目表彰。特别是2021年以来，河南台围绕春节等中国传统节日，连续原创推出《唐宫夜宴》《端午奇妙游》等"中国节日"系列节目，以传统文化的创新呈现、现代表达，引起广泛关注和热议，形成"破圈效应"，得到各方面好评。我们要坚定文化自信，认真总结经验，深入研究谋划，加大工作力度，进一步推动广播电视和网络视听文化类节目做强做优、繁荣发展。

一、深入学习领会习近平总书记重要论述，增强传承弘扬中华优秀传统文化的责任感使命感

党的十八大以来，以习近平同志为核心的党中央高度重视传承弘扬中华优秀传统文化、提高国家文化软实力。习近平总书记发表了一系列重要论述，深刻阐述了弘扬优秀传统文化的重大意义，指出"没有中华文化繁荣兴盛，就没有中华民族伟大复兴"，强调"坚定文化自信，离不开对中华民族历史的认知和运用"，强调"保护好、传承好历史文化遗产是对历史负责、对人民负责"，强调"对中国人民和

中华民族的优秀文化和光荣历史，要加大正面宣传力度"。中共中央、国务院印发的《关于新时代加强和改进思想政治工作的意见》，再次强调要深入实施中华优秀传统文化传承发展工程。我们要深刻学习领会习近平总书记重要论述和中央决策部署，进一步增强推动中华优秀传统文化传承发展的政治自觉、思想自觉、行动自觉。

（一）深刻认识中华优秀传统文化是中华民族的精神命脉

习近平总书记指出，优秀传统文化是一个国家、一个民族传承和发展的根本；抛弃传统、丢掉根本，就等于割断了自己的精神命脉。中华文明记载了中华民族在长期奋斗中开展的精神活动、进行的理性思维、创造的文化成果，积淀着中华民族最深沉的精神追求和最基本的文化基因，是中国精神的根脉，是涵养社会主义核心价值体系的重要源泉。面对当今世界形势的深刻变化、错综复杂的思想文化较量，我们更需要不断加深对中华文明悠久历史和宝贵价值的认识，充分发挥广播电视和网络视听的独特优势，通过丰富的节目形态、创新的表达方式、融合的传播渠道，讲清楚中华文化的历史渊源、发展脉络、基本走向，讲清楚中华文化的独特创造、价值理念、鲜明特色，推动人民增强对中华优秀传统文化的认可、加深对中华民族精神的认同。要坚持正本清源，坚决抵制文化浊流，反对历史虚无主义和文化虚无主义、反对"去思想化""去价值观""去历史化""去中国化""去主流化"、反对"以洋为尊""以洋为美""唯洋是从"，引导人民树立和坚持正确的历史观、民族观、国家观、文化观，不断增强人民群众特别是青少年做中国人的志气、骨气、底气。

（二）深刻认识中华优秀传统文化是中国特色社会主义植根的文化沃土

习近平总书记深刻指出，我们开辟了中国特色社会主义道路不是偶然的，是我国历史传承和文化传统决定的，是在对中华民族五千多年悠久文明的传承中走出来的；独特的文化传统，独特的历史命运，独特的基本国情，注定了我们必然要走适合自己特点的发展道路。我们都体会到，中华民族对天下大同的追求向往，赋予了我们党坚守理想、大公无私的博大胸怀；中国历史上民惟邦本、政得其民、为政以德、居安思危、改易更化等思想智慧，涵养了我们党"以人民为中心"的发展思想；推进治理体系和治理能力现代化，更需要我们对历史和传统文化有深入了解。在"七一"重要讲话中，习近平总书记鲜明提出必须"坚持把马克思主义基本原理同中国具体实际相结合、同中华优秀传统文化相结合"。中国共产党人用马克思主义真理的力量激活了中华民族5000多年创造的伟大文明，中华文明也为马克思主义中国化时代化注入了丰富的养分和深厚的动力。广播电视和网络视听作为党的宣传思想文化阵地，要着力固本培元，坚持马克思主义在意识形态领域的指导地位，坚持马克思主义唯物史观，充分汲取中华民族积累的文化养分和伟大智慧，在继承创新中大力发展社会主义先进文化，更好地构筑中国精神、中国价值、中国力量，更好地承担以文化人的时代任务，努力为坚持和发展中国特色社会主义提供良好思想文化环境，让中华文化展现出永久魅力和时代风采。

（三）深刻认识中华优秀传统文化是我们最深厚的文化软实力

习近平总书记指出，中华民族生生不息绵延发展、饱受挫折又不断浴火重生，都离不开中华文化的有力支撑；中华民族伟大复兴需要以中华文化发展繁荣为条件。越是民族的，就越是世界的。中华优秀传统文化，始终是我们在世界文化激荡中站稳脚跟的坚实根基。在带领人民进行革命、建设、改革的长期实践中，我们党始终是中华优秀传统文化的忠实继承者和弘扬者。进入新时代，以习近平同志为核心的党中央把延续中华文脉、传承优秀传统作为重大战略任务加以推动，使优秀传统文化焕发新的活力，全民族文化创新创造力不断迸发，国家文化软实力不断增强，中华文明呈现出更强大的感召力、影响力。今天，我们比历史上任何时期都更接近中华民族伟大复兴的目标，更需要先进文化的道德滋养和精神力量，更需要文化事业产业的大发展大繁荣。以史为鉴、开创未来，广播电视和网络视听要深深扎根中华优秀传统文化沃土，在延续民族文化血脉中开拓前进，着力开发中华优秀传统文化的"富矿"，打造更多的内容精品、文化品牌，讲好中国故事、传播好中国声音，不断增强中华文化影响力，努力建设社会主义文化强国、铸就中华文化新辉煌。

二、坚持创造性转化、创新性发展，激活优秀传统文化在新时代的生命力

党的十九大明确提出，推动中华优秀传统文化创造性转化、创新

性发展。中办国办印发《关于实施中华优秀传统文化传承发展工程的意见》把"坚持创造性转化、创新性发展"作为重要的指导原则。创造性转化、创新性发展，体现了我们党对文化发展规律的深刻把握，顺应了人民群众对文化的新期待，是新时代弘扬中国文化和中华文明的重要遵循。

河南台"中国节日"系列节目之所以能取得成功，至少有以下几点：一是坚守文化责任，发挥地域文化优势，不断从中原文化宝藏中挖掘与当代文化、时代精神相适应的题材资源，并秉持工匠精神，沉下心来，一心一意搞创作，精益求精攀高峰，创作出了融通古今，思想性、艺术性、观赏性有机统一的作品；二是契合了新时代受众期盼文化创新、渴望文化厚度的审美需要，把多种经典文化符号、多种艺术门类有机融合在一起，构思大胆巧妙，结构精巧灵动，视听手法丰富新奇，创作出了具有强烈艺术感染力的作品；三是充分考虑网络信息时代受众的参与和实践，把文化节目与新媒介、新技术手段充分融合，与文创、文旅等深度融合，创作出了具有"破圈""跨界"效应的融合作品、融合产品；四是深化改革创新，着力破除体制机制障碍，人才创新创造活力充分迸发，成为激发精品创作的内生动力。我们要认真总结推广这些有益经验，强化思维理念创新，抓住关键环节，推动中华优秀传统文化不断创造性转化、创新性发展。

（一）传承文化精髓，巩固团结奋斗的共同思想道德基础

习近平总书记指出，中华优秀传统文化中很多思想理念和道德规范，不论过去还是现在，都有其永不褪色的价值。传承发展中华优

秀传统文化，首要的是把其中具有民族基因、当代价值的思想精华和道德精髓弘扬起来，使之更好地为培育和践行社会主义核心价值观服务，为建设社会主义先进文化服务。近年来，广播电视各类节目、文艺作品深入汲取优秀传统文化精神营养，大力弘扬讲仁爱、守诚信、崇正义、尚和合等思想理念，倡导自强不息、敬业乐群、扶正扬善、见义勇为、扶危济困等传统美德，引导人们形成与新时代要求相适应的思想观念、精神面貌、文明风尚、行为规范，为提高社会文明程度发挥了积极作用。例如，围绕"家风传承"，创作推出了一系列打动人、影响人的专题节目和纪录片。这些做法，要持之以恒地坚持和倡导。中华传统文化极其丰富，必须牢牢把握正确政治方向、宣传导向、价值取向，在弘扬文化精髓的同时，辩证取舍，摒弃封建礼法、人身依附等糟粕和消极内容，扬弃继承、转化创新，使中华民族最基本的文化基因与当代社会相适应、相协调，"以古人之规矩，开自己之生面"。

（二）弘扬美学精神，滋养新时代文艺创作

中华民族历史上创造的文艺经典灿若星河，蕴含着独一无二的中华美学精神。习近平总书记指出，我们要结合新的时代条件传承和弘扬中华优秀传统文化，传承和弘扬中华美学精神。中华美学讲求托物言志、寓情于理，讲求言简意赅、凝练节制，讲求形神兼备、意境深远，讲求知、情、意、行相统一，培育了中国人的审美情趣、审美习惯、审美取向，形成了中国文艺与众不同的风骨、味道和传统。近年来，《中国诗词大会》《邻家诗话》等节目不仅带给观众诗词艺术美的

体验，还引发观众情感共鸣，增进了对美好精神文化的向往与追求；《诗书中华》《西泠印社》《王阳明》等作品富有中华文化底蕴、审美神韵，意境唯美、品味高雅，深受人民群众欢迎。河南台"中国节日"系列节目成功复活"唐宫夜宴""上元灯会""洛神赋"等经典场景和意象，引发了观众和网友"翩若惊鸿、婉若游龙、梦回千年、绕梁三日"等赞叹，是非常有示范价值的创作实践。我们要坚持把讲好中国故事与弘扬中华美学精神结合起来，将中华美学传统深刻融入艺术理念和创作实践中，推动技术与艺术生动融合、相得益彰，更好地满足观众的审美需要，为时代、为人民奉献出更多展现中华审美风范，彰显中国特色、中国风格、中国气派的作品。

（三）融入日常生活，满足人民文化需求

激活传统文化的生命力，必须让其走进当下，深度嵌入到人民群众生产生活中。近年来，广电行业推出的传统文化题材电视剧、节目、纪录片、动画片，各部门开展的系列文化活动、主题展览，将传统文化与现代流行元素相结合，推动形成了诗词热、文物热、非遗热、文旅热、传统节日热，国潮、汉服、国漫、文创等在年轻人中成为生活新追求、新时尚，传统文化正在引领时代潮流。在新的时代条件下，要不断创新传播理念、载体、形式，把沉淀千年的优秀传统文化变成看得见、摸得着的作品和产品，变成大众积极参与、热烈讨论的活动和话题，让收藏在博物馆中的文物、陈列在广阔大地上的遗产、书写在古籍里的文字都"活起来""火起来"。特别是要面向青年人、吸引青年人，运用他们喜爱的传播方式、表现形式、接受渠

道，对传统文化进行年轻化表达，引导他们深入认知传统文化、亲近中华经典，自觉参与到中华优秀传统文化传承发展中来。近些年，我们策划推出《国家宝藏》这个节目，就是力图从博物馆"文物"入手改革文化综艺，通过创新的电视语言呈现和生动的历史故事演绎让文物"活"起来，让文物会说话，让观众在一眼千年中感悟文物所承载的精神内核，感受"生命"的文化传奇，感知优秀传统文化的深厚魅力。

三、用心用情用功做好文化类节目创作播出，为弘扬中国文化、中华文明贡献更大力量

当前，在各方面齐心协力下，中华优秀传统文化传承发展已经形成了良好局面。广电行业要继续担当好传承发展中华优秀传统文化这一重任，既有"功在当代、利在千秋"的使命感和责任感，更要有时不我待的紧迫感和行动力，抓紧抓细抓实，确保不断取得新成效。

（一）抓好扶持引导，形成鲜明导向和长效机制

广播电视行政部门要充分发挥统筹协调、高位推进作用，在政策保障、资金配套、资源协调、评奖评优等方面对文化类节目予以倾斜性扶持，建立健全长效机制，形成鲜明的引导方向。同时，要积极推动、主动争取党委政府和有关部门支持。各类制作播出机构要坚持"公益、文化、原创"的方向，积极创作播出"小成本、大情怀、正能量"的优秀文化节目，卫视黄金时段、网络视听平台首屏首页加大

优秀文化类节目的播出力度，保持文化类节目创作播出的热潮。

（二）抓好重点项目，推出标杆性、时代性作品

精品力作是抓出来的，抓与不抓大不一样，抓多抓少也不一样。要胸怀"国之大者"，立足新发展阶段，贯通历史、现在和未来，认真做好传统文化节目选题规划，精心组织实施推进，讲好中华民族的故事、中华文化的故事、中国精神的故事。要充分挖掘各地传统文化资源，在文化遗产、文物考古、文学艺术、典籍著作、传统节日、人文风俗等方面深耕细作，在长城、大运河、长征、黄河等重大主题上精准发力，在"中华文化广播电视传播工程""中国经典民间故事动漫创作工程"等国家文化工程中再造经典。各级广电行政部门要主动策划、主动出题，完善重点选题项目库，重点项目抓在手上、提早介入、重点扶持，建立台账、跟踪指导，确保不断推出彰显国家高度、地域特色、中华文化魅力的标志性作品。

（三）抓好推广传播，发挥文化节目长尾效应

酒香也怕巷子深，在融合传播、文化"涨粉儿"的形势下，文化类节目既要做得好，更要传播好。要利用各级广播电视信息渠道、例会机制、展会平台，加大文化类节目经验总结推广，扩大优秀作品的引导示范效果。要重视国际传播，加快构建中国话语和中国叙事体系，不断拓展走出去的载体和渠道，在世界范围展现中国文化和中华文明。要加强文艺评论，引导主流媒体和各类新媒体平台、"两微一端"等加大优秀文化类节目宣传推介，注重利用短视频等形式"引

流"，让"破圈"从被动到主动，让"自来水"形成"江河水"。要在确保尊重知识产权的前提下，积极推动相关文化品牌开发，带动文创产品、主题旅游等，充分拓展价值，使文化节目与文化品牌相互带动、良性循环、可持续发展。

（四）抓好人才培育，建设创新型专业型人才队伍

文化类节目拼的是"内功"，人才厚度至关重要。河南台重视青年人才、最大程度释放人才创新活力的做法值得肯定。各级广电机构都要聚焦核心要素，在岗位任用、项目资源、教育培训、薪酬待遇、奖励举措上想办法、出实招，营造鼓励创新、激励人才的浓厚氛围，培育有自信、不浮躁、懂文化、善创新的创作队伍。文化传承需要专家助力。近年来很多文化名家大家对广播电视给予厚爱、亲身参与、倾注心血，极大提升了文化类节目的专业性、影响力。我们欢迎更多文化领域领军人物、专家学者加入进来，为广播电视和网络视听弘扬中华优秀传统文化增添底气和分量。

习近平总书记在"七一"重要讲话中庄严宣告，"实现中华民族伟大复兴进入了不可逆转的历史进程！"文化兴则国运兴，文化强则民族强。我们要坚持以习近平新时代中国特色社会主义思想为指导，增强"四个意识"、坚定"四个自信"、做到"两个维护"，深入贯彻落实习近平总书记关于中华优秀传统文化的重要论述，砥砺初心、践行使命，以扎扎实实的工作推进广播电视和网络视听文化类节目守正创新、繁荣发展，为实现中华民族伟大复兴的中国梦作出新的更大的贡献。

加强重大题材电视剧选题创作
努力打造更多新时代精品力作[*]

按照中宣部的部署要求，国家广播电视总局围绕庆祝中国共产党成立 100 周年，组织开展了"理想照耀中国"主题作品创作展播活动，一批重大主题电视剧接续热播，艺术再现了我们党的百年伟大历程和宝贵经验，突出展示了党和国家事业取得的历史性成就、发生的历史性变革，让荧屏持续闪耀着理想与信仰的光芒。这些作品受到了不同年龄段观众的热追、热议。其中，《功勋》创作模式新颖、艺术品质上乘、社会效益显著，是新时代重大主题电视剧的又一力作。通过指导推进《功勋》这部剧的创作，有许多体会和感悟。

＊本文系作者在《功勋》创作座谈会上的讲话摘编，原载于《中国广播电视学刊》2021 年第 12 期，收入本书时略有修改。

一、习近平新时代中国特色社会主义思想特别是习近平总书记关于文艺工作的重要论述为重大题材电视剧创作指明了努力方向、提供了根本遵循

党的十八大以来，习近平总书记高度重视文艺工作，发表了一系列重要讲话，回答了一系列根本性、方向性的重大问题，引领我们守正创新、加强重大题材精品创作生产。近年来，电视剧行业深入贯彻落实习近平总书记关于文艺工作的重要论述，在习近平新时代中国特色社会主义思想的科学理论体系和丰富实践指南中找坐标定位，聚焦主题主线，围绕重要时间节点，加强选题规划，以高度的责任感使命感，以充沛的热情激情，全力投入重点项目创作，形成了重大题材电视剧创作的热潮。

二、党和国家历程中的重大决策、重大事件、重要人物是电视剧的重要创作之源

习近平总书记指出，一个有希望的民族不能没有英雄，一个有前途的国家不能没有先锋。党的百年征程树立着一座座丰碑，闪耀着无数可歌可泣的英雄事迹，这也是中国共产党人精神谱系中的一个个坐标。2019年9月29日，国家勋章和国家荣誉称号颁授仪式隆重举行，习近平总书记向于敏、申纪兰、孙家栋、李延年、张富清、袁隆平、黄旭华、屠呦呦颁授"共和国勋章"。一位功勋就是一面旗帜，

党和国家功勋荣誉表彰制度体现出了鲜明的价值导向和强大的精神引领，对于推动践行英模精神、凝聚时代力量发挥了重要作用。英雄是文学艺术永恒的主题，讴歌党、讴歌祖国、讴歌人民、讴歌英雄是电视剧创作义不容辞的责任和使命。正是在功勋精神感召下、在功勋事迹启发下，电视剧工作者立志为国家写史、为民族铸魂、为时代立传，努力打造一部扛鼎之作，在全社会营造"崇尚英雄、学习英雄、捍卫英雄、关爱英雄"的浓厚氛围。《功勋》以文艺之光，镌刻历史风貌、激荡家国情怀，绘就平凡生活、涤荡岁月尘埃，再现英雄们艰苦创业、无私奉献的高光时刻，让更多观众尤其是青年人感受到他们"忠诚、执着、朴实"的崇高品格。许多观众直言看剧时频频"泪奔""破防"，深切体会共和国勋章的含金量之高、分量之重，向功勋们以身许国、无私奉献的精神致敬，也为他们的革命浪漫主义情怀而动容。观众用最真实的反馈告诉我们，英雄人物是真正的"顶流"，主旋律正能量是时代的强音。

三、"找准选题、讲好故事、拍出精品"是做好重大题材电视剧创作的基本方法

习近平总书记指出，中国不乏生动的故事，关键要有讲好故事的能力。文艺作品要通过故事、情节、人物的塑造去打动人、说服人，通过春风化雨的方式传递思想和价值。《功勋》以宏大叙事构筑的精神和信仰为筋骨，用微观镜头捕捉的情感和生活为血肉，采用平视视角，让功勋们可信、可亲又可爱，让平凡和伟大两种特质交相辉映、

相得益彰。一个个鲜活生动的形象感染了观众。例如，科技工作者们在饥寒交迫的冬夜慷慨吟诵《出师表》，展现出感天动地的爱国情怀和责任担当；李延年战前动员的那句"要让敌人知道我们的祖国无比强大、不容屈辱"，这些都以不同的方式在网上热传。《功勋》表现伟大英雄人物却没有简单地贴标签、喊口号，而是遵循艺术规律、注重故事细节，主创团队以"工匠精神"，一次次推翻重写，一遍遍精心打磨，最终用思想力量、艺术魅力打动了观众。

四、坚持以人民为中心，深入生活、扎根人民，是做好重大题材电视剧创作的必由之路

习近平总书记指出，文艺创作方法有一百条、一千条，但最根本、最关键、最牢靠的办法是扎根人民、扎根生活。《功勋》团队在近两年的创作时间里，投入真挚情感，克服重重困难，深入采访调研，广泛搜集材料，为创作打下坚实的基础。例如，郑晓龙导演为采访屠呦呦费尽周折，最终周迅的形象与表演得到了屠老及其家人的认可；雷佳音为演好科学家去研读《于敏传》，钻研氢弹技术，笑称现在也成了半个"专家"。刘戈建编剧谈到，之所以能将李延年这个优秀政工干部的形象写得如此鲜活，就是因为有部队生活的真实经历和深厚的情感积淀。观众对扎扎实实深入生活创作出来的"接地气"作品真心点赞，评论提到，"我军指战员最优秀的素养、最热忱的理想、最勇猛的战斗、最温暖的关怀，都在李延年这一形象上投射了出来"。2020年9月，我到《申纪兰》单元的拍摄现场调研，看到剧组深入

农村、脚踏土地，演员们用老纺车学纺线，扛着锄头下地干农活，大家全身心投入、沉浸式创作的状态，十分感动。正是各个单元的创作团队坚持现实主义创作手法，深入人民群众生产生活，走进英雄人物精神世界，最终才能够让作品叫得响、传得开。《功勋》播出期间，同步播出了反映拍摄过程和主创人员感受的纪录片，让观众深入了解到幕后的故事，看到电视剧工作者发扬功勋精神，扎根生活、扎根人民，付出的努力、做出的探索。

五、坚持党的领导，发挥制度优势，是打造重大题材电视剧精品的根本保证

习近平总书记指出，我们最大的优势是我国社会主义制度能够集中力量办大事，这是我们成就事业的重要法宝。集中力量办大事也是重大题材电视剧创作的重要法宝。近年来，广电总局深入实施"新时代精品"工程，着力开展以重点项目带动整体创作的实践。在党和国家功勋荣誉表彰工作委员会办公室、中宣部精心指导下，广电总局在国家勋章和国家荣誉称号颁授仪式结束不久，即确定《功勋》这一选题，并发挥"全国一盘棋""集中力量办大事"的优势，统筹调动优势资源力量，先后组织召开数十次选题论证会、推进调度会、创作策划会、剧本审读会、完成片审看会及宣传协调会，加强创作组织，实行全流程管理。《功勋》的创作全程，党和国家功勋荣誉表彰工作委员会办公室、中宣部给予了大力支持和精心指导，不断加强顶层设计、进行高位协调，优化机制、协同攻关，为作品的创作播出保驾

护航。《功勋》拍摄过程中，还得到了中央军委政治工作部、国防科工局、国家卫健委及相关省市党委宣传部等部门的大力支持和积极配合。总之，大家心往一处想、劲往一处使，形成了强大合力。

习近平总书记在庆祝中国共产党成立100周年大会上庄严宣告，我们实现了第一个百年奋斗目标，正在意气风发向着全面建成社会主义现代化强国的第二个百年奋斗目标迈进。伟大的时代呼唤伟大的作品，伟大的作品映耀伟大的时代。面对史诗般的新时代，我们要坚持以习近平新时代中国特色社会主义思想为指导，深入学习贯彻习近平总书记关于文艺工作的重要论述，不忘初心、牢记使命，聚焦主题主线、找准坐标定位，加强重大题材电视剧选题创作，努力打造更多新时代精品力作。

六、坚持思想精深、艺术精湛、制作精良，不断攀登重大题材电视剧精品创作高峰

习近平总书记指出，衡量一个时代的文艺成就最终要看作品；推动文艺繁荣发展，最根本的是要创作生产出无愧于我们这个伟大民族、伟大时代的优秀作品。电视剧行业要坚持把创作作为中心任务、中心环节，把推出优秀作品作为立业之本，一心一意、聚精会神抓创作、出精品。古往今来，文艺巨制无不是厚积薄发的结晶，文艺魅力无不是内在充实的显现。电视剧是党的宣传思想工作的重要载体，是服务人民群众的精神食粮。电视剧创作特别是重大题材创作必须牢牢把握正确的政治方向，坚持以人民为中心的创作导向，树立正确的历

史观、民族观、国家观、文化观，不断提高作品的思想高度、精神内涵和艺术价值，用主旋律、正能量陶冶情操、启迪心智、引领风尚。

《功勋》这部作品很好地把思想、精神融入故事情节，进行了生动的艺术呈现，显得有魂有神有形。2021年以来的几部重大主题作品也充分证明，创新是文艺的生命。我们要把创新精神贯穿重大题材电视剧创作全过程，充分尊重和遵循艺术创作和传播规律，充分考虑人民群众的欣赏需求和接受习惯，大胆探索、锐意进取，增强原创能力，通过富有吸引力、感染力的人物和故事，展示出思想的力量、理论的魅力、人民的创造、时代的伟业。电视剧工作者要强化政治担当和历史担当，继续在重大题材电视剧创作上聚焦聚力，孜孜以求、精益求精打造传世之作、不朽之作，努力朝着思想和艺术高峰攀登。

七、坚定文化自信，以中国精神、中国风格、中国气派讲好中国故事，讴歌伟大时代

习近平总书记强调，实现中华民族伟大复兴，是一场震古烁今的伟大事业，需要坚忍不拔的伟大精神，也需要振奋人心的伟大作品。习近平总书记号召文艺工作者坚定文化自信，用文艺振奋民族精神。近年来，电视剧行业坚持用中国的视角和立场，展现历史潮流的浩荡大势，歌颂正义的力量，探究"我们为什么能够成功"的底气和勇气。《功勋》这部作品，用中国的话语体系展现中国人的意志与品格，塑造人民英雄群像，让人们由衷体会到作为中国人的底气、骨气和硬气。面对新的历史方位、新的时代潮流、新的生活风尚，电视剧

工作者要增强抒写新时代史诗的雄心壮志，把握时代脉搏、聆听时代声音、勇担时代使命，从当代中国的伟大创造中发现创作的主题、捕捉创新的灵感，深刻反映我们这个时代的历史巨变，描绘我们这个时代的精神图谱，推出更多镌刻中国精神、反映人民呼声、展现民族气质、回答时代课题的优秀作品，彰显电视剧工作的时代价值。

八、强化价值引领，以良好行业风气引领社会风尚、保障行业健康发展

电视剧工作属于培根铸魂的工作，无论是作品，还是从业者，都肩负着这样的责任。习近平总书记强调，广大文艺工作者要做真善美的追求者和传播者，把崇高的价值、美好的情感融入自己的作品，引导人们向高尚的道德聚拢；努力以高尚的职业操守、良好的社会形象、文质兼美的优秀作品赢得人民喜爱和欢迎。电视剧工作者要牢记文化责任，明大德、守公德、严私德，大力弘扬文明道德风尚，做向上向善的表率。不少剧组成立临时党支部，起到了很好的引领作用。广电总局将持之以恒加强引导和管理，把行业风气建设好、呵护好，培育良好发展环境。一方面强化质量观念和精品意识，通过全力打造、重点推出《功勋》这样的作品，形成"头雁效应"，不断提高行业审美水平和专业门槛；另一方面持续发力整治不良倾向、不正之风，不断完善针对性措施，坚决根治天价片酬、"唯流量论"、"注水剧"等顽疾，坚决抵制浮躁之风，切实维护发展生态，确保行业持续健康发展。

自信自强　守正创新
推动电视文艺高质量创新性发展 *

　　40 年前，中国电视艺术委员会（以下简称艺委会）在党中央的亲切关怀下成立。从成立之初艺委会就担负起引领电视文艺创作方向、推动电视文艺繁荣发展的职责使命。

　　40 年来，艺委会始终认真贯彻党的文艺方针政策，与党和国家同心同德、同向同行。特别是党的十八大以来，艺委会深刻领会、坚决贯彻习近平总书记关于文艺工作的重要论述，坚决落实党中央的各项决策部署，始终牢牢把握正确的政治方向、舆论导向、价值取向，坚持围绕中心、服务大局，坚持以人民为中心的创作导向，大力引导电视文艺聚焦党和国家发生的历史性变革、取得的历史性成就，大力引导电视文艺工作者深入生活、扎根人民，推出了一大批讴歌党、讴歌祖国、讴歌人民、讴歌英雄的电视文艺精品力作。

　　40 年来，艺委会始终坚守评奖评论的主责主业，以优秀作品评

　　* 本文系作者在中国电视艺术委员会成立 40 周年座谈会上的讲话摘编，原载于《中国广播电视学刊》2022 年第 2 期，收入本书时略有修改。

选推介有力引领创作。40年间，电视剧"飞天奖"和电视文艺"星光奖"评选出逾千部获奖作品，为我国电视文艺创作标注了价值高度、树立了品质标杆。举办近千场电视文艺作品研讨会、剧本论证会、创作推进会，不断发展《中国电视》文艺评论载体，不断加强与《人民日报》《光明日报》等主流媒体的评论合作，形成了重要的文艺评论阵地，在引导电视文艺多出精品、提高审美、引领风尚等方面发挥了重要作用。

40年来，艺委会始终积极推进创作与评论有效互动，在电视文艺行业建立了纽带、架设了桥梁。通过中国电视艺术创新峰会等品牌活动，通过多种形式的评奖评论平台，把党中央的决策部署精神及时准确传递到业界、学界、媒体，把电视文艺工作的管理者、创作者、评论家汇聚到一起，多渠道、多角度反馈来自创作一线的声音，为行业管理和行业发展搭建了交流平台、提供了智力支持，增强了电视文艺行业的凝聚力和向心力。

中国电视艺术委员会走过的40年，见证了我国电视文艺从小到大、由弱到强的成长历程。在广大电视文艺工作者的共同努力下，我国电视文艺创作百花齐放、精品迭出，电视文艺事业蓬勃发展，有力满足了人民群众的精神文化需求、增进了人民群众的精神力量。

新时代为广播电视和网络视听文艺繁荣发展提供了前所未有的广阔舞台，新时代也对广播电视和网络视听文艺工作和文艺工作者提出了新的期待。习近平总书记在中国文联十一大、中国作协十大开幕式上强调，要增强文化自觉、坚定文化自信，在培根铸魂上展现新担当，在守正创新上实现新作为，在明德修身上焕发新风貌。我们要坚持以习近平新时代中国特色社会主义思想为指导，深入贯彻落实习近平总书记关于文艺工作的重要论述，以弘业培元、立心铸魂为己任，自信自强、守正创新，努力推动广播电视和网络视听文艺事业高质量创新性发展。

一是希望艺委会锚定新时代的历史方位，引导广播电视和网络视听文艺紧跟时代步伐、热忱描绘新时代新征程的恢宏气象。要强化政治引领，站稳人民立场，牢牢把握正确方向导向，充分发挥评奖评论引领创作的重要作用。要把握时代主题，努力提升"飞天奖""星光奖""金声奖"等政府奖的权威性、公信力、影响力，运用历史的、人民的、艺术的、美学的观点增强文艺评论的针对性、引导力，进一步强化主题优秀作品的宣传推荐，引导广播电视和网络视听文艺创作树立大历史观、大时代观，更好地记录新时代、书写新时代、讴歌新时代，打造更多思想精深、艺术精湛、制作精良的精品力作，唱响昂扬的时代主旋律。

二是希望艺委会团结凝聚人才资源和行业力量，不断壮大广播电视和网络视听文艺理论研究和评论阵地。要进一步加强马克思主义文艺理论和新时代广播电视和网络视听文艺创作研究，更好地指导文艺实践。要积极搭建和拓宽有效的平台渠道，精心办好特色品牌活动，打造优质评论载体，推动作品研讨会、论证会等提质增效，不断深化与业界、学界、媒体的交流合作。要完善覆盖传统媒体和新媒体的文艺评论矩阵，进一步培育新的文艺评论品牌。要加强梯次分明、各擅所长的专家队伍建设，坚持实事求是、把好关口导向，在广播电视和网络视听文艺行业树立听党话、跟党走的鲜明导向、维护天朗气清的行业风气。

三是希望艺委会遵循和把握文艺规律，大力推动广播电视和网络视听文艺工作创新。要顺应时代发展、文艺创新和技术革新趋势，切实支持原创、奖励精品，激发创新创造活力，努力开拓广播电视和网络视听文艺创作新境界。要探索把评奖评论工作向网络视听领域延伸，推动网络视听文艺不断提升品质，营造健康向上、充满正能量的网络视听空间。要探索新技术新手段的融合应用，更加有力地支撑和提升评奖评论工作。要注重发挥专家的传帮带作用，不断挖掘和培养青年理论评论人才，多从青年人的视角开展工作，增强文艺评论的朝气和锐气。

这里还要强调的是，迎接宣传贯彻党的二十大是 2022 年我们的工作主线。广大广播电视和网络视听文艺工作者要切实提高政治站位，自觉担当政治责任、文化责任，从时代之变、中国之进、人民之呼中提炼主题、萃取题材，努力抒写中国人民奋斗之志、创造之力、发展之果，努力创作无愧于伟大民族、伟大时代的优秀作品。关于做好党的二十大主题创作工作，广电总局已经进行了系统部署，艺委会要积极主动参与，认真做好指导、服务和推进工作，以优异成绩迎接党的二十大胜利召开！

艺委会走过的 40 年，是与时代同步、与人民同行的 40 年，是与中国电视文艺大发展大繁荣同频共振的 40 年，是与广大电视文艺工作者携手并进、共同成长的 40 年。四十而不惑，新的历史起点、新的奋斗征程赋予艺委会新的更重要的职责和使命。希望艺委会坚持以习近平新时代中国特色社会主义思想为指导，增强"四个意识"、坚定"四个自信"、做到"两个维护"，胸怀"两个大局"、心系"国之大者"，以更加扎实、更有成效的工作，进一步发挥好引导创作、引领风尚、提高审美的作用，不负时代、不负人民，为建设社会主义文化强国作出新的更大贡献！

从「物理反应」到「化学反应」

——推进媒体融合向纵深发展

融合创新　一体发展*

——深入学习贯彻习近平总书记关于媒体融合发展的重要论述

在中央全面深化改革领导小组第四次会议上，习近平总书记就媒体融合发展发表重要讲话，深刻阐述媒体融合的工作理念、实现路径、目标任务和总体要求。这一重要讲话具有很强的战略性、指导性和针对性，是新时期加快媒体融合发展的行动纲领。面对媒体发展新趋势、新格局、新变化，广播影视实现转型升级，必须深入学习贯彻习近平总书记重要讲话精神，把融合发展作为一项长期战略任务，在融合中焕发生机活力，努力构建现代化广播影视立体传播体系。

一、把握"两个规律"，树立广电传统媒体与新兴媒体融合发展高度自觉

习近平总书记指出，推动传统媒体和新兴媒体融合发展，要遵

---

*原载于 2014 年 10 月 9 日《人民日报》，收入本书时略有修改。

循新闻传播规律和新兴媒体发展规律。融合发展是大势所趋，广电转型刻不容缓。我们必须增强问题意识、忧患意识、责任意识，创新理念手段，投身融合实践，尽快在媒体融合发展上见到成效、取得突破。

推动传统媒体与新兴媒体融合发展，是巩固宣传思想文化阵地、壮大主流思想舆论的必然要求。当前，网络和数字技术裂变式发展，云计算、大数据等新一代信息技术广泛应用，不但带来了媒体格局深刻调整，也使舆论生态发生重大变化。互联网特别是微博、微信等新兴媒体，重新定义了人们获取信息的方式和舆论生成的方式，成为影响社会舆论的重要力量。如果我们不有效占领新兴舆论阵地，任凭噪音杂音充斥其间，舆论工作主导权和话语权就会受到挑战。增强新媒体环境下宣传思想工作实效性，必须在巩固发展传统业务基础上，加快数字化、网络化、移动化转型步伐，通过传统媒体与新兴媒体无缝对接、同步壮大，做到宣传思想文化阵地无缝对接、主流思想舆论不断巩固壮大。推动传统媒体与新兴媒体融合发展，是增强主流媒体信息内容传播力、影响力、竞争力的重要途径。对于新闻媒体来说，内容永远是根本，是决定其生存发展的关键所在。然而，在互联网时代，无限丰富的信息稀释了传统媒体的内容价值，"内容为王"的运作逻辑受到挑战。新兴媒体诞生和发展的过程，实际上是网络技术和信息内容结合与发展的过程。推动媒体深度融合，运用云计算、大数据等新的传播技术和社交化、分众化、精准化等新的传播理念，可以有效实现内容与技术相互支撑、内容与渠道有机结合，给传统内容资源带来新附加值，不断提升内容传播的有效性和感染力，增强媒体信息内容的核心竞争力，最大限度将内容优势转化为发展优势。2014年两会期间，广播电视广泛使用云计算、大数据等新媒体技术，用跨界比对、图表模拟、3D演示等方式，解读方针政策、关注百姓需求，取得了良好传播效果。

推动传统媒体与新兴媒体融合发展，是广播影视行业转型升级的必由之路。媒体格局的深刻调整和舆论生态的重大变化，对广电发展格局、发展空间、发展模式产生重大而深远的影响。在新的传播环境下，广播影视生产制作社会化、传输方式多样化、服务形态多元化，形成多元参与、开放融合、多重叠加、价值重构的发展局面。置身风起云涌的互联网时代，广播影视行业已经到了革新图强的重要关口。要以深度融合转变广电传播模式，实现传统媒体与网络媒体、手机媒体、社交媒体等新媒体之间的聚合互动；以深度融合转变广电运营模式，通过跨媒体、跨区域、跨行业的合作运营，促使单一的、分散的运营模式向集约化、规模化方向转变；以深度融合转变广电服务模式，实现由简单服务向精细化服务转变，更好地满足用户多平台、多终端、多样化的文化需求。

二、以先进技术为支撑，在融合发展中打造广播影视行业新优势

习近平总书记指出，推动传统媒体和新兴媒体融合发展，要坚持传统媒体与新兴媒体优势互补、一体发展。当前，传统媒体与新媒体"互补效应"在增强，两者动态聚合特征更加明显，竞合共生关系愈

发凸显。广电传统媒体要顺应互联网传播移动化、社交化、视频化的趋势，瞄准和利用最新最好技术，增强借力发展意识，加快"四个转变"，争创广电媒体发展新优势。

（一）从覆盖优势向受众优势转变

受众是广播影视发展的基础，只有掌握了受众才能占领舆论阵地、抢占信息制高点。近年来，广播影视行业基本构建了技术先进、覆盖广泛的现代传播体系，初步形成统筹有线、无线、卫星的广播电视传输覆盖网，广播电视覆盖率持续攀升。新兴媒体对传统媒体的冲击，最直接地体现在与受众的关系上。传统媒体与新兴媒体融合，不能只追求外在形式的改变，而应强化受众意识，为受众精心服务，与受众共创价值。随着信息技术的演进，广播影视必须坚持"人民至上"的理念，努力增强有效传播能力和抵达受众能力，不断巩固扩大主流思想舆论阵地。要以服务受众为核心，致力于改善受众体验，提升服务用户的质量；以受众为本，时刻关注受众需求变化，做好受众行为习惯分析，做到量身定做、精准传播；加强与受众的互动交流，提高受众的关注度和参与度，在互动中参与、在参与中传播。

（二）从数字化成果优势向传播力优势转变

先进技术是驱动广播影视发展创新的关键要素，必须紧盯技术前沿，瞄准发展趋势，不断以新技术新应用引领和推动媒体融合发展。当前，我国广播影视数字化改造取得了长足进步，节目内容不断丰富，生产效率不断提高，为提升传播力奠定了坚实基础。而以互联网为基础的新兴媒体已从数字化迈向了新的发展阶段，逐步向智能化、万物互联和大数据演进。广播影视要巩固和扩大数字化成果，充分利用新一代信息技术，努力提升面向多终端、多用户、多业务的智能化水平，不断提高广播影视的生产力和传播力。

（三）从媒体优势向平台优势转变

媒体平台化是融合发展的重要趋势。从以新闻传播为主要功能的媒体转变为集信息生产、交换、消费等多功能于一体的服务平台，有利于使广播影视在新的传播格局中不断拓展提升自身价值。要始终坚持"内容为王"，打造一体化、多元化平台，在传统业务基础上开发融合视听节目、社会服务、民生信息、医疗健康、互动游戏等多种业务形态的内容资源，为用户提供个性化多样化的产品和服务。

（四）从内容安全管理优势向全媒体融合管理优势转变

安全播出是广播电视的生命线，广播电视历来高度重视安全播出工作。当前，广播影视业务形态、用户需求、监管对象日趋复杂多样，给科学管理、依法管理带来新课题。在传统媒体和新兴媒体融合过程中，必须一手抓融合，一手抓管理。要加强融合发展中的内容监管和播出安全保障，实现对融合网络、业务、终端、用户的统一监测监管和多层级联动、跨区域协同的监测监管；加强新媒体信息安全风险评估研究，全面掌握信息安全状况，及时发现信息安全隐患，不断强化全行业信息安全风险防控意识，提升信息安全防护水平。

三、以重点项目为抓手，推动形成一体化业务流程、平台渠道、服务方式和管理手段

习近平总书记指出，要坚持一体化发展方向，推动传统媒体和新兴媒体在内容、渠道、平台、经营、管理等方面的深度融合。一体化发展，是媒体融合的内在要求和基本方向。要实施重大项目带动战略，通过流程优化、平台再造，实现各种媒介资源、生产要素的有效整合，实现信息内容、技术应用、平台终端、管理手段的共融互通，不断提升集成服务水平。

（一）优化生产业务流程，加速生产融合

适应"融媒时代"的变革，搭建涵盖采集、制作、加工、共享等环节，实现节目创作技术化、制作流程一体化、资源共享便捷化的内容制作平台。一是改革内容生产方式。使内容生产从粗放单一向高效集约转变，从封闭独立向开放多元转变，从专业化生产向受众参与转变，实现内容产品深度开发和多次增值。二是强化内容共享。进一步提升内容资源的共享利用水平，科学分析应用场景，打通关键环节，构建内容交换接口，形成取用便捷、资源共享的广播影视资源系统。三是优化业务流程。加快推进"采、编、播、存、用"制播流程再造和优化升级，实现从节目创意到技术制作的内容生产全流程一体化，进一步推动业务层面实质性的深度融合。

（二）优化传输业务流程，加速传播融合

适应广电传播和服务体系向双向、协同、智能转变的发展需要，构建支撑全业务集成、全方位运营、全媒体服务的集成播控平台。一是实现协同覆盖。推进有线、无线、卫星传输网络的互联互通和智能协同覆盖，做到全程全网、无缝连接，使用户随时随地接收综合信息服务。二是实现融合播控。适配广电网络与电信网络传输，面向多终端全媒体，集内容集成、服务封装、认证计费、用户管理等多功能于一体，实现内容的碎片化集成、亮点化索取、最优化组合。三是实现智能分发。加强广播电视网与电信网、互联网的业务互联能力建设，更好地满足对交互型业务与多媒体业务的支撑。加快构建宽带、融合、安全、泛在的新一代广电信息化基础设施，提升内容分发智能化水平。

（三）优化管理业务流程，加速管理融合

加快建设集制度规范、运行机制、技术标准、研判分析、及时处置于一体的监测监管平台。一是强化全方位监管。整合优化监管资源，覆盖传播平台、通道和终端等环节，实现对视听节目监测、监管、指挥、调度的有机统一。二是提高分析研判能力。针对监测监管信息的属性结构和内在关联，进行多特征、多维度的分析与研判，提高监测预警、主动发现和辅助决策实效。三是完善技术标准。科学规划融合监测监管平台体系架构，制定规范数据标准和数据交换接口标准，促进广播影视信息安全体系建设和运行维护的系统化、规范化。

（四）优化服务业务流程，加速服务融合

适应新需求、走向服务端，建设面向用户、互动体验、多元智能、内容丰富的服务新体系。一是服务融合化。加强广电与物联网、数字家庭等新技术的融合应用，推广智能家庭、电子支付、民生服务等新业务，提供便捷的多媒体综合服务。二是服务多样化。推进影视内容的多终端、多屏幕传播，并将社交属性引入传统媒体节目以增强互动性，在保障用户多渠道、多选择收看内容的同时做到内容精准投放。三是服务智能化。推进终端智能化，加快研发推广标准化、智能化的终端设备，做到操控简便、反应迅速；推进业务的智能感知，实现自动关联与推荐，更好地满足用户个性化需求。

创新驱动　融合发展
加快推进广播影视信息化 [*]

当前，云计算、大数据等新一代信息技术发展迅猛、应用广泛，以数字化、网络化、智能化为重点的信息化，已成为国家核心竞争力的重要标志，成为推动经济社会文化等持续健康高质量发展的战略选择，实现结构优化升级的强大力量，推动广播影视发展战略转型的必然选择。

一、新一代信息技术对广播影视产生全方位影响

（一）深刻改变着广播影视的制作模式

电台电视台和制作公司在加快推进节目数字化制作的基础上，越来越多地采用云计算和大数据等技术，进行内容处理、存储、检索和管理，传统广播影视制作模式正在由自建系统的集中式流水线制作，

---

*原载于 2013 年 10 月 24 日《光明日报》，收入本书时略有修改。

转变为依靠大数据云计算平台的网络化协同制作，形成"云 + 网"的制作模式，有的自建云平台，有的利用第三方云平台，还有的利用多个云平台以远程网络化协同方式制作节目。这种制作模式可以大幅提高节目制作效率、降低制作成本，并且能够根据用户收视行为和趋势分析，制作符合用户需求的节目。借助新的制作平台，各类企业或个人都能够以灵活参与、柔性生产的方式制作视听节目。

（二）深刻改变着广播影视的传输和服务模式

当前，广播电视传输网已不再是音视频唯一的传输通道和服务平台，电信网、互联网也成为广播影视节目和视听服务的传输载体。随着互联网与云计算、宽带和智能终端等新技术的融合，高质量、智能化、跨屏融合的互联网电视业务迅速扩展。特别是 4G 移动互联网接入带宽高达每秒几十兆，互联网电视、IPTV 均可随时随地提供个性化、体验好的高清电视服务，满足用户"任何时候、任何地点、任何内容、任何设备"看电视的需求。新技术深刻改变着传统电影的胶片拷贝发行放映方式，实现数字拷贝的网络发行传输、卫星发行传输和数字化放映。

（三）深刻改变着广播影视设备的产品形态

新一代信息技术，正在带来广播影视设备业全产业链在产品形态、服务方式、商业模式、工作流程各方面的革命性变化。产业链上各个企业，例如，编码 / 转码、内容管理、推流服务、内容传送与分发、跨屏业务等系统设备商，开发运用大数据、云计算、社交网络等功能聚合，延伸产业链，提升价值链，向电台电视台、电信和广电网络等用户提供相关云服务。目前，广播影视设备业产业链各环节陆续推出相应云服务，形成一个全新的广播影视云服务业。据美国MRG公司（多媒体研究集团）预测，2013年，除电视内容分发云服务外，仅推流、跨屏等电视云服务的营业收入就将达1.13亿美元，2017年将达8亿美元。云服务，将成为改变广播影视传统模式、引发广播影视变革的一张"多米诺骨牌"。

（四）深刻改变着广播影视的发展格局

新一代信息技术促使传统广播影视加快数字化进程，助推广播影视新媒体新业态加速发展，使广播影视呈现传统媒体、新媒体共同发展、融合发展的新格局。从传统广播影视发展来看，广播影视加快由模拟向数字、高清、超高清演进，由单向广播向双向交互演进，实现视听效果新的飞跃。目前，广播电视进入由模拟向数字转换的关键时期，发达国家在基本实现电视高清化基础上，开始进行4K超高清电视的技术测试和制定试播计划，并加快发展4K数字电影。我国地面数字电视信号已覆盖323个地级以上城市，并在全国共开播了30多个数字高清电视频道和一个3D电视试验频道；从广播影视新媒体发展来看，随着宽带网络建设和智能终端应用的日益加速和普及，广播影视新媒体新业态发展明显加速，多媒体综合集成速度明显加快，IPTV、互联网电视、手机电视等视听新媒体业务成为新的增长点。许多系统、终端厂商和互联网企业运用社交网络、大数据、4G和智能终端等技术，开发并提供无处不在的智能互联网电视跨屏融合业务。到 2012 年年底，全球 IPTV 用户达到 8000 万，两年增长了 75%。目前，我国已批准开办 20 家网络广播电视台、608 家互联网视听节目服务机构、7 家互联网电视集成播控平台，移动多媒体广播电视覆盖全国 336 个地级以上城市和 855 个县级城市；IPTV 用户已接近 2500 万，移动多媒体广播电视终端用户超过 4700 万，网络视频用户达到 3.89 亿，手机在线收看或下载视频的网民数达到 1.6 亿，并呈现持续增长的态势。随着广播影视发展格局的变化，广播影视受众分布也呈现出新特点，年轻、高端人群更加青睐网络视频、更加喜欢便携式智能终端，传统电视收视群体显现老龄化趋势。

二、新一代信息技术给我国广播影视发展带来的机遇与挑战

（一）从节目制作看

随着新一代信息技术快速发展和日益广泛应用，一方面，新兴的节目制作公司不仅可以通过购买广播电视云服务，用较少甚至没有制作设备投入的方式，制作广播影视节目，而且可以通过采用互联网"众筹融资"模式，以较少的资本投入来制作节目，从而实现低成本、轻资产和较少资本投入的节目制作运行模式，同时还可以借助大数据技术，通过精确分析用户的收视习惯和行为模式、受欢迎的节目类型和场景等，针对不同收视群体制作个性化节目，大大提高所制作节目的成功率，降低节目制作的失败风险，从而促使新兴节目制作公司加

速进入节目制作领域，进一步加大广播影视制作领域的竞争；另一方面，加快广播影视制作与新一代信息技术融合，广播电视台等广播影视制作机构不仅能够以更高的效率、更低的成本、更灵活的方式，制作出符合不同用户个性化喜好的广播电视节目，而且可以加快广播影视业态创新，促进全媒体业务不断丰富，同时还能以创新的技术手段盘活庞大的存量内容资源，建立起存量内容资源的有效价值增值机制，实现对贯通整个内容产业链的深度资源整合和协同，巩固和增强广播影视行业的节目制作优势。

（二）从网络传输来看

新一代信息技术的快速发展，一方面推动了互联网宽带、光纤到户、4G 网络等工程加快建设和普及，使电信网、互联网传输 IPTV、互联网电视的能力不断增强，从而给广电网络带来愈来愈大的竞争压力；另一方面加快广电网络与新一代信息技术融合，可以使广电网络从传统的简单、单向管道升级为智能化双向管道，既能够智能感知和适配广播电视台播发全媒体内容和业务，实现"网台"联动，又能够智能感知不同用户终端和位置，智能地选择最佳传输手段和通道向用户提供相关服务。

（三）从终端服务来看

新一代信息技术快速发展，使广播电视的终端形态和服务方式加快创新，除传统的电视机、收音机和数字电视机顶盒等外，手机、平板电脑、多媒体游戏机、数字电视一体机和家庭媒体网关等成为越来越重要的广播电视终端形态，交互点播、跨屏收看、家庭共享、个性化推送、社交电视等新的服务方式不断涌现。一方面既提高了对广播电视终端形态和服务方式的要求，促使广电必须加快终端和服务方式创新；另一方面也为广电加快实现用户终端服务智能化，迅速提升用户体验，进一步巩固和发挥广电巨大的用户资源优势提供了重要的技术手段和难得的机遇。

总之，新一代信息技术既给广播影视带来巨大挑战，也给广播影视带来加快转型、实现跨越的难得机遇。加快广播影视与新一代信息技术的深度融合，不仅能够扩展广播影视传播内容，改变和延伸传播形式，而且能够丰富传播空间，改变传统的生产生活方式和消费观念，推动广播影视行业的优化升级。

三、创新发展模式，加快推动广播影视信息化

针对广播影视发展变化趋势，我们必须顺势而为，紧抓发展机遇，聚焦数字化、网络化、智能化，深度整合开发资源，着力创新生产、传输、服务方式，推动广播影视结构优化升级、发展战略转型，加快实现由以数量规模增长为主向以质量效益提高为主的转变。

（一）创新生产方式、再造生产业务流程，增强广播影视节目生产制作能力

以多媒体全媒体为发展重点和方向，着力打造新一代广播影视制播平台。积极采用"平台即服务（PaaS）"和"基础设施即服务

（IaaS）"等云计算技术，运用数据挖掘和分析等大数据技术，加快推进广播影视"采、编、播、存、用"制播流程再造和优化升级，建设广播影视节目生产制作云平台和媒资存储管理云平台，建设面向多个播出系统、多种传播渠道、多类用户终端的广播影视综合制播云平台和 IPTV、互联网电视等新媒体集成播控平台，强力推进传统媒体与新媒体的全方位对接、融合式发展。同时，积极利用新一代制播平台，加快发展高清电视、4K 超高清电视、3D 电视、4K 数字电影和3D 电影，加强数字内容开发和网络视听节目生产，提供高质量、多媒体、全媒体的数字内容服务，满足用户多平台、多终端、多样化的收听收看需求。

（二）创新传输方式、再造传输业务流程，提升广播影视传输覆盖和业务承载能力

以全功能全业务作为发展重点和方向，全面推进传输覆盖网络数字化，统筹构建技术先进、传输快捷、覆盖广泛的现代传播体系。加快有线网络数字化、双向化改造和下一代广播电视网建设步伐，提高广电网络对三网融合业务和跨域型新兴业务的承载能力。加快无线网络数字化进程，建设全国各级电视节目的地面数字电视广播覆盖网络，发展移动多媒体广播电视，推动数字声音广播技术标准制定和试验播出。加快直播卫星技术应用，开发推送点播等新业务，拓展行业服务新领域。增强数字拷贝卫星传输分发技术业务能力，提升电影服务管理技术水平。积极推动有线、无线和卫星传输网络的互联互通和智能协同覆盖，为开展跨网络、跨平台、跨终端服务，满足"随时随

地看电视"的用户需求提供技术支撑。

（三）创新服务方式、再造服务业务流程，提升融合服务能力、全面改善用户体验

围绕丰富广播影视新业态，运用大数据、智能引擎、云计算等信息技术，加快构建"云化、开放、统一、扁平、可管可控"的广播影视业务平台，实现内容集成、需求组合、分析预测、即时互动、监测监管的全流程一体化运行，提供多样化、个性化服务。着眼于全面改善用户体验，积极研究用户终端消费心理和使用偏好，加快推进广播影视服务智能化。一是终端智能化。积极研究突破智能电视操作系统和智能机顶盒等核心技术，创新智能电视终端形态，建立智能电视标准体系，制定智能电视终端标准，研发并推广使用标准化智能化终端机顶盒和电视一体机，实现用一个遥控器简单、便捷地控制机顶盒、电视机等多种终端，改善用户的服务体验。二是家庭服务智能化。基于智能电视终端和广播电视业务平台，推动开展跨屏智能电视融合服务，提供远程视频采集监控、家用电器智能管理等智能家居服务。三是社会服务智能化。推进广电业务平台与政府政务信息平台和交通、医疗、教育等行业信息服务平台对接，实现家庭与社区、社会的互联互通，为智慧城市建设提供有力支撑。

（四）创新管理方式、再造管理流程，进一步提高管理水平和效率，全面增强广播影视监管能力，确保文化和信息安全

积极运用云计算、大数据、移动互联网等新一代信息技术和手

段，面向全新的广播影视生产、传输和服务方式与业务流程，加快构建安全、开放、统一、可重构的综合管理平台，实现跨业务、跨网络、跨平台、跨终端等全流程可视化智能管理；创新监管体制和机制，加快构建传统媒体和新兴媒体统筹兼顾的高效率、高性能监管平台，实现监测、监管、指挥、调度四位一体和内容、机构、运营、效果统一协调；努力掌握应用广播电视网络数字化信息化的核心关键技术，通过原始创新、集成创新、消化吸收再创新，促进广播影视信息安全体系的建设和运维系统化规范化，用新的科技手段加强国家文化和信息安全保障。

创新驱动　转型升级
加快广电传统媒体与新媒体融合发展 *

习近平总书记强调："没有信息化就没有现代化。"当前，宽带中国战略深入实施，云计算、大数据等新一代信息技术发展迅猛、应用广泛，以数字化、网络化、智能化为重点的信息化，已成为国家核心竞争力的重要标志。新一代信息技术既给广播影视业加快转型、跨越发展提供了难得机遇，也带来了前所未有的严峻挑战。对于广播影视业而言，无论是从宏观上谋划发展格局，还是从微观上设计技术路径，都离不开媒体深度融合这个大背景，2014 年中国国际广播电视信息网络展览会以"融合高速网络，领航新媒体时代"为主题，旨在加速推进广电融合网络的宽带化，进一步提高广电聚合化生产效率、立体化传播能力和智能化服务水平，加快广电传统媒体与新媒体的融合发展。

*本文系作者在第 22 届中国国际广播电视信息网络展览会（CCBN2014）上的主题报告摘编，原载于《中国有线电视》2014 年第 4 期，收入本书时略有修改。

一、广电传统媒体与新媒体融合呈现新趋势

"融合"是当今时代传媒变革的一个重要关键词。近年来，受众对融合服务需求越来越强烈，广电传统媒体积极适应新的传播环境和受众需求，不断加快与新媒体的融合，这一进程不是简单的物理连接与组合，而是以"化学反应"的方式加速深度融合。

（一）传统媒体与新媒体的依存渗透日趋紧密

二者此消彼长的"替代效应"在减弱，此长彼长的"融合效应"在增强。新媒体依靠传统媒体获取权威、可信、丰富的内容资源，传统媒体借助新媒体提升传播能力，更好地满足了大众化、个性化需求。传统媒体与新媒体动态聚合特征更加明显，竞合共生关系愈发凸显，催生出兼容并蓄、融合共进的服务新形式。2014 年两会期间，融合传播成为广播电视领域一大亮点。电台、电视台创新传播形式，适应终端移动化、内容可视化、传播分众化的特点，整合网上网下多种资源，运用电视直播、视频在线、微博互动多种形式，进行全景式、多维度、立体化报道，取得了良好传播效果。

（二）传统媒体与新媒体的业态交织日趋广泛

传统媒体与新媒体的界限趋于模糊，呈现"泛视听化"趋势，传统单一的电视接收终端转变为集电视节目接收、娱乐、通信、购物等多功能于一体的视听媒体服务中心。有关预测数据显示，到 2015 年，

全球近 2/3 的智能手机用户将利用手机观看视频，86% 的平板电脑用户将通过平板电脑观看视频。传统媒体与新媒体都在向兼容多渠道、适配多终端的全业务方向发展。在内容形态上，整合视听节目、社会服务、民生信息、医疗健康、互动游戏等多种业务形态；在传播形式上，涵盖固定和移动的应用场景，充分利用广电、电信和互联网等多种传输通道资源；在承载终端上，手机、平板电脑、多媒体游戏机和家庭媒体网关等，也与电视机、数字电视机顶盒一样，加入视听终端行列，在任何时间、任何地点，任何视听终端享受便捷服务成为现实。

（三）传统媒体与新媒体的用户服务日趋智能

传统媒体与新媒体都致力于改善用户体验，加快推进智能化，提升用户服务水平。一是服务内容定制化。运用大数据技术，深度挖掘预测用户需求，实施"受众为本"的内容创作，将数据分析融入节目内容，提升吸引力、感染力。美国奈飞（Netflix）公司拥有超过3600 万用户的观看资料，用户在每个季度通过 1000 多种不同设备收看约 40 亿小时的节目，每天在网站上产生 3000 多万个操作行为，并记录成可供分析的原始资料，用于分析用户不同喜好，有针对性地推荐节目。二是服务推送精准化。随着文化娱乐和信息消费的快速增长，人们思想文化活动的独立性、选择性、差异性不断增强，对视听节目需求日益多元、多变、多样。传统媒体与新媒体都在强化"面向用户"的服务理念，加强信息调研和舆情研判，在受众细分中实现服务的精准化推送。三是服务方式社交化。在未来信息传播格局中，点对点、点对面的传播弱化，像大家所熟悉的微信"朋友圈"、微博

"粉丝群"那样，越来越多的信息沿着关系的通道流动。对于媒体而言，拥有什么样的"信息关系网络"，就拥有什么样的传播力、影响力和竞争力。借助群组化渠道，开展交互性、分享性、渗透性的社交化服务，是传统媒体与新媒体融合发展的一个重要方向。这种社交化服务可实现用户规模裂变式增长、服务内容裂变式传导，同时增加用户黏度，提升用户体验，激发用户创作热情。

二、广电传统媒体与新媒体融合对行业发展产生新影响

新一代信息技术加快了广播影视传统媒体的数字化、网络化、智能化进程，助推新媒体业态加速发展，传统媒体与新媒体的深度融合，对广播影视行业发展的影响重要而深远。

（一）深刻改变广电发展格局

广播影视各环节的参与主体日益增多，产业格局日趋复杂，对广播影视的制作、传输、服务、管理提出了新要求。一是生产制作社会化。服务集成商、网络运营商和终端制造商都在向适应受众需求的内容生产环节积极拓展，民营影视企业、商业网站乃至用户都在成为新的内容生产者，人人都可成为内容的制作者、编辑者、传播者。二是传输方式多样化。卫星、地面、有线电视网、固定通信网、移动通信网等都在承载视听内容的传输，4G 同时具备交互与广播传输方式，视频传输能力显著增强。三是服务形态多元化。在传统广播影视服务的基础上，社交网络、智能搜索、电子商务和电视游戏等新业务快

速发展，截至 2012 年年底，我国网络视频用户达 3.72 亿，网络音乐用户达 4.36 亿，市场规模达到 92.5 亿元，移动音视频业务将成为视听内容产业竞争的新领域。四是监督管理复杂化。"网络安全和信息化是一体之两翼、驱动之双轮"，在传统媒体与新媒体融合发展背景下，业务形态、用户需求、监管对象复杂多样，发展和监管必须统一谋划、统一部署、统一推进、统一实施，不断完善软体功能和硬件建设，提高监测监管科学化水平。

（二）深化拓展广电发展空间

视听媒体形成多元参与、开放融合、多重叠加、价值重构的发展局面，有利于推动广电行业延伸产业链、提升价值链。一是行业创新不断深入。视听新媒体、4K 电视电影、数字家庭与智能终端、立体电影电视等新业态不断涌现，广电行业的潜能不断激发。二是产业规模极大拓展。广电行业加快由数量规模型向质量效益型转变，结构不断优化。融合视听业衍生产品和后续产品开发，涉及互联网业、电子制造业、现代服务业等产业门类，广播影视覆盖用户规模大幅增长。三是行业价值全面提升。用户需求挖掘更加深入和细化，定向广告、定制服务等内容品质和用户体验不断增强，广播影视内容资源得到进一步开发和再利用，价值在重构中不断延伸和提升。

（三）深入转变广电发展模式

数字技术与互联网技术的引入，使广电发展模式正在逐步由封闭单一向开放多元转变。在传播模式方面，传统媒体通过再造传播流程，实现与网络媒体、手机媒体、社交媒体等新媒体的聚合互动，逐渐向多终端、立体化的传播方式转变。在运营模式方面，跨媒体、跨区域、跨行业的合作运营成为趋势，单一的、分散的运营模式正向集约化、规模化方向转变，将带动视听媒体的消费结构优化升级，实现社会效益与经济效益的最大化。在服务模式方面，由简单服务向精细化服务转变，以视听媒体业务为主体的高质量、多媒体、全媒体的综合信息内容服务体系，将更好地满足用户多平台、多终端、多样化的文化娱乐和信息需求。中央电视台把大数据挖掘等先进技术运用于新闻报道，通过多领域数据跨界分析比对，在《新闻联播》《两会解码》等重点栏目中推出两会大数据，带给观众收看两会的全新视觉体验。

三、抢抓新机遇，打造新平台，加快广电传统媒体与新媒体融合发展

面对融合新趋势，我们必须因势而谋，应势而动，顺势而为，进一步创新理念、创新手段、创新工作，实施大数据战略，运用云计算技术，以深度融合为着力点，建设内容制作、集成播控、监测监管"三大平台"，构建新型视听媒体生态系统，推动广电行业的战略转型和可持续发展。

（一）建设内容制作平台，加速生产融合

适应"融媒时代"的变革，搭建涵盖采集、制作、加工、共享等环节的节目创作技术化、制作流程一体化、资源共享便捷化的内容

制作平台。一是改革内容生产方式。建设满足新媒体环境下内容生产的协同性、集约性、开放性要求的内容制作平台，使内容生产从粗放单一向高效集约转变，从封闭独立向开放多元转变，从专业化生产到受众参与转变，实现内容产品深度开发和多次增值。二是强化内容共享。内容资源是广播影视转型发展的核心资源，传统媒体与新媒体融合发展要在技术层面深度融合的同时，进一步提升内容资源的共享利用水平，科学分析应用场景，打通关键环节，构建内容交换接口，形成取用便捷、资源共享的广播影视新型媒资生态系统。三是优化业务流程。以聚合促融合，以多媒体全媒体为重点发展方向，加快推进广播影视"采、编、播、存、用"制播流程再造和优化升级，实现节目创意到技术制作的内容生产全流程一体化，进一步推动业务层面达到实质性的深度融合。

（二）建设集成播控平台，加速传播融合

适应广电传播与服务体系由单向、孤立、简单向双向、协同、智能转变的发展需要，构建支撑全业务集成、全方位运营、全媒体服务的集成播控平台。一是实现有线、无线、卫星智能协同覆盖。推进有线、无线和卫星传输网络的互联互通和智能协同覆盖，实现全程全网、无缝连接，使用户随时随地接收综合信息服务，享受全程全时段的视听节目。二是实现融合播控。将融合播控作为智能协同覆盖的必要支撑，集内容集成、服务封装、认证计费、用户管理等多功能于一体，构建涵盖传统媒体与新媒体业务、适配广电网络与电信网络传输、面向多终端全媒体服务的集成播控平台，实现内容的碎片化集

成、亮点化索取、最优化组合，提升服务质量和播出效率。三是实现智能分发。综合利用有线、无线技术，深化广播电视网与电信网、互联网业务互联能力建设，构建媒体大数据中心、云计算中心等新型业务平台，更好地满足对交互型业务与多媒体业务的支撑。加快建设宽带、融合、安全、泛在的新一代广电信息化基础设施，增强广播影视节目分发能力，提升内容分发智能化水平。

（三）建设监测监管平台，加速管理融合

以推进广播影视治理体系和治理能力现代化为目标，加快建设集制度规范、运行机制、技术标准、研判分析、及时处置于一体的监测监管平台。一是强化全方位监管。通过技术创新和机制创新，整合优化监管资源，覆盖传播平台、通道和终端等环节，实现对在网视听节目的全面监测。统筹兼顾传统媒体与新媒体，努力实现监测、监管、指挥、调度的有机统一，提高效率和能力。二是提高分析研判能力。针对监测监管信息的属性结构和内在关联，进行多特征、多维度的分析与研判，提高监测预警、主动发现和辅助决策实效。三是完善技术标准。加强广播影视监测监管技术标准研究和体系建设，科学规划融合监测监管平台体系架构，制定完整统一的数据标准和数据交换接口标准，引导监测监管系统建设向高效、融合方向发展，促进广播影视信息安全体系建设和运行维护的系统化、规范化。

（四）优化升级服务体系，加速服务融合

以"三大平台"为基础和保障，适应新需求、走向服务端，建

设面向用户、互动体验、多元智能、内容丰富的服务新体系。一是服务多样化。改变单一的播出服务模式，推进影视内容的多终端、多屏幕传播，并将社交属性引入传统媒体节目，增强互动性，在保障用户多渠道、多选择收看内容的同时，做到内容精准投放。二是服务智能化。一方面，推进终端智能化，加快研发推广标准化、智能化的终端设备，做到操控简单、反应迅速，提升用户的操作体验。另一方面，推进业务的智能感知，实现自动关联与推荐，更好地满足用户个性化需求。三是服务融合化。创新服务业态，加强广电与物联网、数字家庭等新技术的融合应用，推广智能家庭、远程医疗、电子支付、民生服务等新业务，提供便捷的多媒体综合服务。

信息传播技术的每一次突破性发展，都会宣告一个充满变革的新时代即将到来。新一代信息技术不仅深刻改变着传媒市场的版图和规则，也深刻改变着人们的生产和生活方式。马克思说："最先朝气蓬勃地投入新生活的人，他们的命运是令人羡慕的。"置身于颠覆与重构交织、传统与现代共生、机遇与挑战并存的传媒大变革时期，掌握发展主动权的永远属于那些顺应技术进步趋势、引领发展潮流的创新者、变革者。让我们在深化融合中加快自我创新、自我变革、自我转型，共同谱写广播影视繁荣发展的新篇章，为实现中华民族伟大复兴的中国梦作出积极贡献。

导向为魂　受众为本　内容为王
加快推进国际一流媒体建设 *

　　中央电视台是党和人民的喉舌，是党的意识形态的重要阵地，担负着对习近平总书记系列重要讲话精神、全面从严治党要求和党的重大方针政策的宣传工作，特别是党的十八大，党的十八届二中、三中、四中全会精神的宣传工作，担负着对"三严三实"专题教育的推动工作。可以说，中央电视台既是宣传者、推动者，更是实践者。教育者必先受教育。为深入学习贯彻习近平总书记系列重要讲话精神，落实全面从严治党和"三严三实"要求，经中央电视台分党组研究决定，在全台范围内开展"严起来、实起来"集中教育，主要目的是正风肃纪、强化管理、凝心聚力，营造从严治台、实干兴台的浓厚氛围，推进全台各项工作再有新发展，再上新台阶。

　　＊本文系作者在中央电视台工作例会上的讲话摘编，原载于《电视研究》2015 年 4 期，收入本书时略有修改。

一、牢牢把握正确的政治方向和舆论导向

我们必须牢固树立政治意识、大局意识、责任意识，自觉同党中央保持高度一致，不折不扣地贯彻中央的各项指示和要求。要深入学习贯彻习近平总书记系列重要讲话精神，用创新理论成果武装头脑、指导实践、推动工作。要严守政治纪律与政治规矩，始终坚持正确的政治立场，不断提升自身政治自觉和政治素养，做到对党绝对忠诚。

（一）要坚持导向为魂的理念

新闻以及文艺、专题等各类节目都要严把电视节目导向关，绷紧"导向"这根弦，深入贯彻中央的宣传精神、口径要求，宣传到位，不打折扣。对涉及中央领导同志的报道，要按规定和程序报批，严格审批把关。对一些敏感和重大问题，拿不准的要及时请示。

（二）要坚持新闻立台的理念

我们必须紧紧抓住新闻宣传这个重点，不断提升新闻报道的质量和水平，打造一批新闻精品专题、专栏。统筹好理论宣传、经济宣传、对外宣传，统筹好主题宣传、成就宣传、典型宣传和形势政策宣传。要加强和改进宣传舆论工作，讲究战略战术和方式方法，把握好时机、掌握好节奏和力度，讲求宣传效果，精准传播，提升中央电视台的传播力、公信力、影响力。

当前和今后一个时期，我们的宣传舆论工作要把握好主题和重点，继续深化习近平总书记系列重要讲话精神的学习、宣传和贯彻，牢牢抓住党的十八大以来党的重大理论观点、重大战略布局和重大工作部署，紧紧围绕中国道路、中国梦、"四个全面"、社会主义核心价值观等重大主题深入开展宣传，集中中央电视台各方面资源进行宣传阐释，唱响时代主旋律，使之入耳、入脑、入心。特别是对重大理论观点的宣传阐释，要深入解读内涵，精准把握外延，防止泛用滥用、乱贴标签。

要把这些宣传主题和重点，作为中央电视台宣传舆论工作的长期聚焦点和着力点，坚持不懈、一以贯之，保持其连续性和稳定性，不断深化、升华。

二、注重把握做好宣传舆论工作的几项原则

（一）坚持人民至上，受众为本

要树立以人民为中心的宣传工作导向，坚持"走转改"，落实"三贴近"，防止碎片化，真正深入生活、扎根人民。坚持"三个统一"、注重"两个一致性"。"三个统一"，即把体现党的主张与反映人民心声统一；把坚持正确导向与通达社情民意统一；把正面宣传为主与加强和改进舆论监督统一。"两个一致性"，即新闻信息与党的宗旨意识、社会主义核心价值观、马克思主义新闻观的一致性；社会主义新闻媒介与人民群众根本利益的一致性。

（二）坚持把社会效益摆在首位，坚守媒体的社会责任

要确保新闻宣传坚持健康向上的格调品位和价值取向，发挥传播信息、凝聚力量、提振信心、陶冶情操、弘扬正气的重要作用。要看收视率，但不能唯收视率；要坚决抵制低俗庸俗媚俗之风，保证中央电视台荧屏上的内容讲的都是好故事，传的都是正能量。

（三）坚持改进创新，努力实现"四个转变"

一是由传统的总结提炼概括为主，向超前策划、突出主题、逻辑链接、亮点聚合并重转变，让电视宣传既全面准确又生动鲜活；二是由传统的说教式、灌输式为主，向渗透式、感召式与菜单式转变，以群众的视角搞宣传，在交流互动中体现正确导向，教育引导群众；三是由传统的以播发为主的单项过程，向多媒体、多元素、新手段、新技术综合运用和全过程展现转变，发挥电视媒体视听兼具的优势，在情景再现、背景链接、互动参与上下功夫，递进式深化、立体式推动，增强冲击力、感召力；四是由传统的单向管理、事后处置为主，向双向互动、超前引导、过程控制转变，对突发事件报道做到快速反应、及时引导，争夺话语权，赢得主动权。

三、推动中央电视台各项工作再有新发展，再上新台阶

（一）坚持内容为王，不断提升电视作品的质量水平

对中央电视台来说，内容是根本，是生存发展的关键所在。在媒体融合的大趋势下，优质内容的稀缺性进一步凸显。我们一定要把内容生产作为全台工作的重心，精心打造主题内容新、制作水平高、社会影响大、群众口碑好的精品力作。首先要聚焦"中国梦"主题弘扬社会主义核心价值观主线、传承中华优秀传统文化根脉，促使中央电视台的节目栏目、电视作品社会效益和经济效益俱佳。然后要着力推进节目栏目的创新创优，从适于内容创新的运作机制入手，破除一切不利于内容生产、节目制作的条条框框，重点解决经费保障、用人机制、播出窗口、资源调配等配套问题，提高效率和效益，形成干事创业、创新创优的机制和氛围。

（二）改善经营管理，推动转型升级、提质增效

经营管理工作，是全台的重要工作任务，是改革发展的重要支撑。面对国家经济转型和新媒体冲击，我们的经营管理工作要顺应经济发展新常态，充分发挥中央电视台自身优势，寻找新的增长点，打造发展新引擎。一要把内容生产、技术保障、体制机制创新等工作和经营管理工作齐头并进抓起来，统筹用好版权和新媒体资源，推进台属企业的优化整合，打造有影响力的内容产业和新媒体产业集群，实

现由规模数量型向质量效益型的转变，由粗放型向集约型的转变。二要围绕节目经费、合同运行、广告经营、财务管理等工作中的全局性问题，完善制度，理顺机制，优化流程，公开透明，提高行政、人事、财务管理的整体效能。三要结合中央电视台实际，稳妥推进体制机制创新。找准市场与事业体制的结合点、切入点，聚焦最需要改革、最可能突破、最容易见效的领域，加大改革力度，一个一个加以研究，一项一项加以破解。

（三）加强规划、统筹推进，应用新媒体和新技术推动融合创新、一体发展

推动传统媒体与新兴媒体融合发展，这是大方向、大战略、大任务，我们要强化互联网思维，突出重点、抓住关键，攻坚克难，持续发力。中央电视台在这方面做了一些探索，但面临的形势还很严峻，任务也很重。一要树立一体化发展理念，在内容、渠道、平台、运营、管理等方面深度融合，优化内容创作、播出分发、宣传推广、版权管理、广告营销等流程。二要进一步研究和明确融合发展的总体目标和工作思路，加强对新媒体的统一规划，对内容资源的有效整合，对新技术的自主应用和创新，做到超前思考、主动应对、注重实效、形成合力，达到综合效果。三要以建设新型主流媒体和新型媒体集团为总目标，加快实现从传统视听媒体传播服务模式向"多媒体形态、多信息服务、多网络传播、多终端展现"的全业务服务模式演进，以视频为重点，以新闻为龙头，以用户为对象，以一批媒体融合工程为抓手，探索出一条具有央视特色、体现国际水准的媒体融合发展之路。

四、加强管理，全面"严起来、实起来"

（一）要认真落实习近平总书记关于全面从严治党和"三严三实"要求

从严管理，规范管理，严守政治纪律，严守政治规矩，严守宣传纪律，严格财经纪律，落实责任，严格监督。各级领导干部不仅要对自己严格要求，对分管部门、人员也要严格要求。

（二）要守好阵地、把好关口

一级抓一级，层层负责、履职尽责，确保工作连续、动作不乱、线条不乱、优质高效，确保干部职工思想稳定、高度统一。各级领导干部要立即对分管部门进行调度督导，层层传导压力、给予动力、激发活力，确保每个岗位职责到位、每个环节无缝对接，切实做细、做实、做深、做好各项工作。

（三）要高度重视安全工作

安全是底线，在任何时候和任何情况下，对安全问题都不能有一丝一毫的松懈，绝不能出现任何纰漏。对安全播出工作要健全机制、落实责任、工作到位、排除隐患，确保安全优质播出。同时，重视做好生产安全、消防安全等相关工作，决不允许出现任何问题。

（四）要加强党的建设

要按照中央的统一要求，切实加强中央电视台思想建设、组织建设、作风建设、制度建设和党风廉政建设，认真践行马克思主义新闻观和社会主义核心价值观，认真落实守纪律、讲规矩的要求，认真落实中央八项规定，坚决反对"四风"；认真落实"一岗双责"和"两个责任"。要内强素质、外树形象，树一流作风、建一流队伍、创一流业绩，提升全体央视人的荣誉感、自豪感和归属感，提升服务党和国家工作大局、服务广大人民群众的能力和水平。

我们要以习近平总书记系列重要讲话精神为指导，以全体央视人的团结奋斗为支撑，认真落实中央和中宣部、国家新闻出版广电总局党组的部署要求，以更加饱满的工作热情、奋发有为的精神状态、求真务实的工作作风，全力做好中央电视台的各项工作，加快推进国际一流媒体建设，为实现中华民族伟大复兴的中国梦作出贡献。

以重点工程为抓手 打造"智慧融媒体"*

——中央电视台媒体融合实践

当前，网络和数字技术裂变式发展，云计算、大数据等新一代信息技术广泛应用，不但带来了媒体格局的深刻调整，也使舆论生态发生了重大变化。2014 年 8 月 18 日，习近平总书记发表重要讲话，对新形势下如何推动媒体融合发展提出明确要求、作出战略部署。推动传统媒体和新兴媒体融合发展是党中央作出的重大战略部署，是当前宣传思想文化领域深化改革的重要任务，是巩固宣传思想文化阵地、壮大主流思想舆论的必然要求，也是传统媒体适应媒体格局和舆论生态深刻变革的重要举措。

中央电视台深入贯彻落实习近平总书记系列重要讲话精神，以建设新型主流媒体和新型媒体集团为总目标，以视频为重点，以新闻为龙头，以用户为中心，以一批媒体融合工程为抓手，探索"电视 +"与"互联网 +"的契合点，从覆盖优势向用户优势转变，从数字化成果优势向传播力优势转变，从媒体优势向平台优势转变，从内容安全

＊原载于《中国广播电视学刊》2015 年第 11 期。

管理优势向全媒体融合管理优势转变，融合创新、一体发展、转型升级，打造"智慧融媒体"，努力走出一条具有央视特色、体现国际水平的媒体融合发展之路。

一、综述

推动传统媒体与新兴媒体融合发展，是增强主流媒体传播力、影响力、竞争力的重要途径。中央电视台以强烈的紧迫感、责任感和使命感，顺应互联网传播移动化、社交化、视频化、互动化趋势，积极探索传统媒体与新兴媒体融合发展的路径。

（一）生产理念之变：面向全媒体做节目

当前，电视受众的独立性、选择性、差异性日益增强，用户观看电视与视频的方式与习惯正在发生深刻的变化，倒逼电视生产必须面向新媒体、树立新思维。中央电视台积极运用云计算、大数据等新的传播技术和社交化、分众化、精准化等新的传播理念，努力实现内容与技术相互支撑、内容与渠道有机结合，给传统内容资源带来新附加值，不断提升内容传播的有效性和感染力，最大限度地将内容优势转化为发展优势。

面向新媒体制作节目已经成为央视新闻生产的新趋势。2014年，央视网与央视新闻中心合作，首次大规模尝试时政新闻的微视频"V观"报道，特别开发了"V观APEC""V观G20"和"V观习主席出访"3个系列的独家微视频产品，通过央视网、"央视新闻"新媒体平台进行传播，累计阅读量达 8.2 亿次。

CCTV 网络春晚是专门面向网络打造的一个原创节目，在网络首播，而后在电视重播。2011 年至今，CCTV 网络春晚已成功举办 5 届，形态从传统综艺晚会逐渐演变成主题晚会，表现方式更加注重网络元素、科技元素、时尚元素、青春元素和国际元素，深受国内外网友好评。5 年间，网络春晚均于春节期间黄金时间段，通过中央电视台综合、财经、综艺、中文国际等多个频道和中国网络电视台多终端播出，成为春节期间深受观众欢迎的"节目盛宴"。

2015 年 2 月 11 日晚，中央电视台 2015 网络春晚在中国网络电视台多终端及百家网站同步进行网络直播，2 月 17 —23 日，在中央电视台综合频道、财经频道、综艺频道、中文国际频道累计播出 7 次，网络端、电视端播出均取得圆满成功。据统计，2015 年网络春晚新媒体多终端独立用户 3780 万，电视受众用户达到 1.76 亿，微博主话题阅读量达到 5.1 亿次。

下一步，中央电视台还将积极探索重点节目新媒体首发首播机制，将央视新媒体平台作为重大新闻、综艺节目、体育赛事、热点影视等重点节目传播的"第一平台"。

（二）表达方式之变：着力推进"四个转变"

中央电视台把握规律、创新方法，积极推进"四个转变"，即由传统的总结提炼概括为主，向超前策划、突出主题、逻辑链接、亮点聚合并重转变；由传统的以说教式、灌输式为主，向渗透式、感召式与菜单式转变；由传统的以播发为主的单项过程，向多媒体、多元素、新手段、新技术综合运用和全过程展现转变；由传统的单向管理、事后处置为主，向双向互动、超前引导、过程控制转变，最大限度地满足用户多平台、多终端、多样化的新闻信息和文化需求。

中央电视台充分利用云计算、大数据等新媒体技术，不断创新方法载体、丰富表达手段、转变话语体系，把互联网思维运用到内容制作中，取得了良好传播效果。

央视网大规模运用"两微一端"开展2015年两会报道，新媒体多终端累计用户规模达4.58亿人。着力打造适于"两微一端"传播的《漫话两会》可视化报道创新产品，运用手绘漫画、动画视频等互联网特色表达，精选政府工作报告、提案议案、立法法等重点内容，对两会核心信息进行故事加工、漫画演绎、数据归炼。该产品应用HTML5技术进行制作，适应移动互联网传播快、互动强等特点，同时在网页端和移动终端上线，传播效果良好。《一份提案议案是怎么形成的》《听总理的政府工作报告》《李克强总理是怎么开会的》《立法法，这部法律管任性》《总理报告20个新词词典》等9期内容被中央重点新闻网站、地方重点新闻网站、各大商业网站在网页端、客户端或微信端广泛转发。

2015年的网络春晚以"万福送万家、共享中国年"为主题，通过丰富多彩的活动和线上线下的互动，极大地调动了现场观众和网友的参与度。由钢琴家郎朗演奏、音乐爱好者合唱的网络虚拟创意歌曲《茉莉花》成为一大亮点。这是充分运用虚拟技术，以"众筹"概念为核心，通过网络发起活动，并整合处理网友上传内容（UGC），最终打造的独具网络特色的原创节目。网络春晚通过独特的视角，挖掘出互联网科技的人性化特征，并以最具感染力的艺术形式让受众获得愉悦。《人民日报》报道《网上年味足传统也留香》称，春节期间，除了大年三十的央视春晚，央视的网络春晚也成了一道盛宴，吸引了众多眼球。《中国青年报》刊文《2015CCTV网络春晚打造"全球网民盛大狂欢"》称，这些线下活动与晚会现场隔空互动，不同的时间与空间的穿插互动，传统与现代气息的水乳交融，拉近了网络与现实的距离，使得多维度、全方位互动的网络春晚成为一场真正的"全球网民盛大狂欢"。

在纪念中国人民抗日战争暨世界反法西斯战争胜利70周年报道中，中央电视台借鉴《茉莉花》的成功经验，以虚拟演唱会的形式，以"众筹"的理念和模式，创作推出全球华人网络大合唱《黄河大合唱》，邀请郎朗、吕思清、戴玉强、魏松、莫华伦、秦立巍、雷佳、宋飞、冯满天等国内外著名演奏家、歌唱家担任领奏、领唱工作，同时以线上众筹的方式，征集来自全球华人上传的演唱、演奏作品，并通过3D虚拟等技术全新演绎，力争将其打造成发起于网络端、传播于全媒体，被全世界媒体共同关注的新媒体传播事件，以唤起民族情感，唱响中国力量。

（三）传播方式之变：电视与受众双向互动传播

为满足用户多平台、多终端、多样化的文化需求。中央电视台通过社交互动、多屏呈现、跨媒传播，加强电视与受众的互动交流，提高受众的关注度和参与度，在互动中参与、在参与中传播。

连续两年热播的《中国谜语大会》，在节目直播过程中，电视观众通过下载"央视悦动"手机客户端、用手机扫描二维码等方式，与场上选手同步竞猜谜语，竞猜结果在电视屏幕上及时呈现，手机小屏和电视大屏互动互通，真正实现全民参与、实时互动，实现电视与新媒体的有机融合，由单向传播向电视和新媒体双向互动传播的转变，不仅将电视观众转化为新媒体用户，还将年轻的新媒体用户拉回到电视机前。

《中国谜语大会》第二季互动参与更为便捷，央视网运用先进的HTML5 技术搭建同步猜谜平台，拓展全民参与渠道。在节目直播期间，观众可以通过节目官网、"央视悦动"客户端、电视二维码、微信、微博等多个渠道，进入同步猜谜的 HTML5 页面，参与实时同步答题，还可分享到社交平台。观众参与互动的大数据在电视端实时呈现，增强观众参与感。中国网络电视台上线实时大数据系统，实时统计、汇总、分析用户参与互动情况的数据，通过现场设置的新媒体互动区，输送到电视直播发布呈现。在节目直播中，猜谜互动参与人数、地区分布、答题正确率、谜语难易度等大数据，以图表、主持人口播等形式实时直观地呈现，增强了观众的参与感。2015 年《中国谜语大会》第二季创造直播节目台网互动新纪录，参与直播互动总人次达7889 万。

（四）传播平台之变：努力实现"央视无处不在"

传播力决定影响力，中央电视台积极在新兴媒体传播领域探索多媒体发展，努力构建技术先进、形态多样、渠道多元、覆盖广泛、传播快捷、多屏互动的新型传播体系，形成"任何用户（Any One）在任何时间（Any Time）、任何地点（Any Where）、以任何方式（Any Way）、在任何终端（Any Terminal）上"都可收看自己喜欢的节目内容并进行互动分享的"5A"效应，实现用户在哪里，央视的服务就在哪里，央视的覆盖就在哪里。

中央电视台一直在加快建设电视屏幕以外的新媒体播出渠道，已经初步构建起覆盖桌面电脑、手机、平板电脑、智能电视、户外电视、社交平台等多屏幕、多平台、多终端的"一云多屏"传播体系。央视影音客户端累计下载 3.7 亿次，覆盖 PC、手机、IPAD、智能手表四屏，提供央视及地方电视台 140 多路电视频道直播和 2700 多个电视栏目点播服务，在移动视频业界首次推出直播"时移"技术，获得"最受用户欢迎移动音视频应用"、2014 互联盛典"跨界融合创新奖"等多项奖项。"央视新闻"客户端下载量突破 2577 万，荣获"最佳新闻客户端奖""最具影响力广播电视客户端"等奖项，2015 年广告招标总成交价 1.38 亿元。目前，"央视新闻"新媒体各平台用户总数已经超过 1.6 亿。中国网络电视台多终端、多语种全球直播中央电视台 2015 年春节联欢晚会，直播观看独立用户数为 5785 万人。多终端点播独立用户达 1.4 亿人，点播收视次数达 1.7 亿次。

中央电视台还利用新媒体加快国际传播新渠道新平台建设。央视网目前提供英、西、法、俄、阿、韩 6 种外语和朝、蒙、藏、维、哈萨克 5 种少数民族语言的服务，用户覆盖 210 多个国家和地区。2013 年 8 月，央视网推出全球唯一的 24 小时多路直播大熊猫平台"熊猫频道"，在全球掀起了一股"熊猫之风"。2014 年 10 月 31 日，央视网在 Facebook 上运营的"CCTV 中文"账号粉丝突破 100 万，

Facebook 创始人扎克伯格第一时间用中文回复"恭喜"。

中央电视台还紧盯技术前沿，瞄准发展趋势，加强科技创新和新兴技术、关键技术的研发应用。2015 年 4 月 24 日，美国苹果公司的首款智能手表 Apple Watch 正式发售。中央电视台综合视频客户端"CBox 央视影音"作为首批为数不多向 Apple Watch 提供服务的中国客户端也正式亮相，第一时间对全球用户提供服务。Apple Watch 版是"CBox 央视影音"客户端产品的重要延伸，包括展示直播内容、查看比赛比分、节目预约和定制节目倒计时提醒等核心功能，充分利用了手表和手机的交互来提升"CBox 央视影音"手机客户端的用户活跃度。同时，通过"CBox 央视影音"客户端还可以把 Apple Watch 变为遥控器，在用户使用听电视功能和电视屏幕投射功能时提供更为便捷的转换方式。"CBox 央视影音"Apple Watch 版，利用智能可穿戴设备的随身性将电视观众和中央电视台庞大的电视直播资源、优质体育赛事资源更有效连接起来。

打造"智慧融媒体"，融合创新谋未来。中央电视台总体谋划、系统设计、一体运行，推动传统媒体和新媒体资源互联互通、共享共融。紧紧抓住"云端"和"终端"，建立全媒体制播平台，利用新媒体新技术，扩大覆盖面和用户数，掌握主导权和话语权。找准"电视 +"与"互联网 +"的契合点，推动内容、技术、平台、渠道、经营、管理的深度融合，打造形成台网融合发展的核心竞争力。下一步，中央电视台将扬己之长、主动作为，将央视的内容优势与新媒体的渠道优势紧密结合，谋划建设一批形成央视独特优势的重点项目。

1. 对"央视影音"进行升级改造，打造网络视频主入口。充分发挥中央电视台在视频领域无可比拟的独特优势，把传统电视的优质节目与互联网先进技术结合起来。第一，统合建设"央视影音"PC端、移动端、智能电视端以及可穿戴设备端。第二，加强软件开发，通过API接口，连接一切入口，适配尽可能多的终端，实现最大化传播。第三，统合"央视悦动"建设台网互动平台，实现数字化传播向社交化、互动化传播转变。"央视影音"最终将建成具有强大直播点播功能、丰富海量内容资源、多屏互动便捷服务"三位一体"的超级视频客户端，成为具有超大用户规模和影响力的网络视听核心产品和品牌，成为中央电视台电视平台之外的新型传播应用平台。

2. 打造台网一体化运作的"央视新闻"多媒体集成平台。将央视新闻中心专业采编和信息资源优势，与央视网的先进技术和传播平台优势相结合，建设台网一体化运作的"央视新闻"多媒体集成平台。建设全台层面的综合设备（包括手机等移动设备）新闻素材上传系统；借鉴CNN"iReport"模式，建立可管可控的短视频新闻征集平台和新闻拍客队伍，汇集各类新闻素材，向央视新闻频道、央视新媒体分发。最终实现央视新闻"多媒体采集、共平台生产、多渠道分发"的流程再造，形成跨终端、跨渠道的新闻传播格局，为全台树立"优化业务流程，加速生产融合"的范本。

3. 建设4G视频主入口。进一步深化与电信运营商的合作，建设4G手机电视内容聚合与集成播控平台。把央视丰富海量的优质内容在世界目前最大的4G网络上进行广泛传播，同时通过与中国移动已有庞大用户群体的数据共享和数据挖掘，根据用户需求和收视行为推出更具吸引力的视频产品和个性化的定制服务，尽快赢得市场并树立核心竞争力，迅速抢占 4G 时代移动视频入口。与有关单位合作，共同建设手机视频原创基地。

4. 规划建设"央视云和大数据平台"。建设"视频数据库""用户数据库""社交互动电视平台"以及"全球视频分发平台"等基础设施。"用户数据库"对多平台、多终端的用户体系进行整合，实现一次注册、多屏登陆，并为下一步与有线电视网用户的统合打下基础，从而将电视观众转化为央视用户，最终积淀形成全台统一的央视用户体系。"社交互动电视平台"将台网互动平台，微博、微信等社交媒体同电视节目进行结合，加强电视与受众的互动交流。"视频数据库"聚合海量的视频内容，"全球视频分发平台"在内容和用户之间建立连接。4 个基础设施共同构建成全流程一体化的新型传播体系，实现量身定做、精准传播、互动分享。

在加强基础设施建设的基础上，着手规划"央视云和大数据平台"，推动实现中央电视台传统广电制播系统与央视网新媒体集成播控平台、传播平台的技术融合、业务融合、渠道融合。"央视云和大数据平台"将构建支撑全业务集成、全方位运营、全媒体服务的新媒体集成播控平台，确保三网融合条件下的内容播出可管可控。同时也是央视智能化生产运营、分发传播的开放平台，提供视频制作、存储、传输、运营管理、数据分析等功能，聚合广电全行业视频服务并建立"共享经济"模式，形成多元参与、开放融合、价值重构的局面。建成后的"央视云和大数据平台"将集采集、编辑、播出、存储、审核、共享、视频应用、统一运营和管理、公共 API 接口、大数据分析于一体，提供个性化多样化的产品和服务，实现央视新的云生态系统及智慧广电的目标，引领广电行业创新发展。

二、案例："央视新闻"

2009 年，中央电视台启动大新闻中心改革，整合新闻报道资源，加强国内、海外记者站布局，逐步建成遍布全球的 70 个海外分台、记者站和 31 个国内记者站，已形成强大的新闻采集网络，央视新闻的"持续报道能力、编辑思想能力、主动创新能力、多渠道传播能力、有效管理能力"持续提升，新闻频道的收视率、影响力、舆论引导力稳步提升。截至 2014 年，新闻频道的收视份额比改版前增长了 160%，中央电视台也毫无争议地成为中国最权威、报道实力最强、公信力最高、影响力最大的电视媒体。

互联网的蓬勃发展尤其是移动互联网的崛起，使人们获取信息的渠道和方式发生了颠覆性的变化。进军新媒体，拓展传播渠道，是央视新闻升级转型的必由之路，也是央视新闻增强主流媒体信息内容传播力、影响力、竞争力的必然要求。

近年来，"央视新闻"新媒体建设取得了显著成效。自 2012 年 11 月起，"央视新闻"微博、微信、客户端陆续上线运营，2012 年年底各平台的用户总数为 150 万，2013 年年底达到 4953 万，2014 年年底过亿，截至 2015 年上半年，多平台用户总数已近 1.7 亿。"央视新闻"微信自 2013 年 4 月上线以来，连续保持微信公众号用户量第一名；"央视新闻"微博粉丝数分别占腾讯、新浪媒体微博的第一位、第二位；"央视新闻"客户端下载量在媒体客户端中位居前列。

在 2014 年 11 月 APEC 北京会议、G20 峰会时政活动中，"央视新闻"首次大规模应用微视频的形式报道时政新闻，两项时政活动在全国的总阅读量突破 8.2 亿人次。习近平总书记对此给予肯定，特别指出："微视频很好。解决了时效问题，新闻就是要在把握好一个基本基调的前提下，以不同话语方式报道给不同的人群。"

继 2014 年年初获得"微博年度影响力奖"及"最佳新媒体影响力奖"之后，2014 年"央视新闻"新媒体又赢得多项荣誉：在人民网研究院编制的《中国媒体移动传播指数报告》中，"央视新闻"位列电视频道移动传播 30 强榜单第一名；在中山大学传播与设计学院发布的"2014 中国新媒体影响力指数榜 20 强"榜单中，"央视新闻"微博微信客户端荣居榜首；在复旦大学新闻学院及学界业界知名人士共同发布的"新媒体排行榜"中，"央视新闻"连续稳居"中国微信 500 强"榜首，被评为 2014 微信优秀媒体案例，且是唯一入选的电视媒体；连续数月稳居"中国微信 500 强"榜首，并荣获新媒体排行榜"融合媒体最有价值大奖"。2014 年，中央电视台年度节目大奖颁发给了"央视新闻"微博微信客户端。在央视 2015 年广告招标中，仅"央视新闻"客户端开机 3 秒广告就拍出 1.38 亿多元的价格。

"央视新闻"新媒体建设的主要经验有以下几点。

（一）坚持正确舆论导向，不断改进新媒体语境下的舆论引导方式

1. 创新报道语态，改进报道方式。"央视新闻"新媒体在坚持正确舆论导向的前提下，根据受众特点和传播规律，以差异化的思路创

新表达语态。例如在 APEC 报道中，对"APEC 对市民生活有什么影响""APEC 商旅卡说走就走""400 亿美元丝路基金钱谁出"等社会关注的热点问题进行了解读分析。制作播发的《澳大利亚儿童用中文问候习近平彭丽媛》《习近平彭丽媛与毛利人行碰鼻礼》《习近平身着斐济传统"布拉衫"饮卡瓦汁》等生动鲜活的微视频，使时政新闻有了故事和细节，被媒体和网站大量转载推荐，单个平台最高播放 70 多万次。

2. 开展公益活动，持续传播正能量。新媒体运行以来，央视新闻坚守权威性和公信力，在众声喧哗的新媒体舆论场"唱响主旋律，传播正能量"，获得了社会公众的广泛认同。发起一系列公益行动，例如"我的父亲母亲""就业有位来"活动；邀请人民日报，互换资源，深度合作，推出"世界读书日"系列报道，并提出设立"全民读书周"的倡议；与多家基金会和公益组织合作，开展了一系列微公益募捐活动。例如，与团中央合作推广了"我和国旗合个影"活动，与商务印书馆合作推广了"2014 汉语盘点"，与中国人口福利基金会合作发起了"10 元送安心为独居老人捐赠防跌倒辅具包"活动。这些公益活动有效提升了央视新闻知名度和美誉度。

（二）拓展互动形式和产品样态，不断改善用户体验

央视新闻坚持创新引领、技术驱动的发展理念，将互动渗透到采编播各环节，使新闻报道动起来、活起来，从可读到可视，从静态到动态，从一维到多维，满足多终端传播和多种体验的需求，促进社交平台与新闻传播平台的对接融合。

1."两微一端"持续创新。通过持续的技术攻关，央视新闻率先

实现了多平台联动，微信关键词索取、自动匹配新闻、微信导入新闻频道直播等技术，大大改善了用户体验。"央视新闻"客户端对直播和互动进行了颠覆性的升级，记者、主持人和网友只需要借助智能手机，就可发送语音、文字、图片和视频，同步在线交流。

2. "摇一摇"实现多屏互动。2014 年 12 月 31 日，央视新闻频道首次用"摇一摇"的方式引导观众关注"央视新闻"微信，参与年终互动。这种双屏联动的全新设计为观众提供了新鲜的互动体验，显著提高了微信用户量。

3. "云直播"改变两会报道方式。2015 年两会期间，新媒体推出云直播概念，将惯常的会议新闻做成了"议政 2015"，把媒体开放日放在 3 个端口——微博、微信客户端和央视网，实现"一云多屏"的云直播。

（三）发挥原创优势，增加用户黏性

央视新闻把"自主策划"和"原创独家"作为战略任务，持续推出精品，打造原创品牌。

1. 微视频放大独家资源优势。视频是央视独家优势，也是"央视新闻"新媒体长远发展的战略支点。央视新闻在视频产品创新方面不断探索，形成了特有的核心竞争力。APEC 北京会议期间，原创《V 观 APEC》微视频在新媒体平台的总阅读量达 8.1 亿次。2014 年两会期间，新媒体对政府工作报告的独家图文报道使央视新闻成为网络媒体的主要新闻源。

2. 持续推出精品栏目。微博平台、微信平台每日以"央视评论""一图解读""今日速议"3个栏目的原创稿件组版,一方面在网络舆论场树立了央视新闻的权威属性,另一方面在观点"视觉化"和解析"图形化"上实现了创新突破。除此之外,微信2015年着力打造了"夜读"栏目。在时令节气、重大活动报道中,敬一丹、郎永淳等主持人的语音夜读,带来的微信互动量都超过了10万次。以2014年12月13日国家公祭日当晚的《夜读·窒息的金陵城》为例,阅读量两小时即超过10万次。

(四)以用户思维为引领,推进新闻生产全流程变革

1. 落实新媒体首发制,在时效竞争中保持领先。央视将新媒体发稿纳入新闻采编、制作、评价全流程,明确要求新闻中心本部、驻国内记者站和各海外分台、中心站的近千名记者变身全媒体记者,优先为新媒体平台供稿。在时政报道方面,"央视新闻"打破传统的电视报道模式,大大提升了报道时效。例如,2014年11月9日,习近平主席在北京举行的APEC工商领导人峰会开幕式上发表重要演讲。"央视新闻"微博根据电视直播,第一时间提炼亮点,分段播发精彩视频,在所有媒体账号中独家、最快播发图文报道,微博阅读量达3000万次,话题阅读量近亿次。又如,2014年3月1日,昆明火车站严重暴力恐怖事件发生后,央视新闻先于电视屏幕发稿,在客户端首发消息,3月3日全网首发"全国政协为昆明严重暴恐事件遇难群众默哀"的消息。

2. 建立全新通稿机制。目前,新闻中心已建立专业化、标准化的通稿制度,改播后共享为播前共享,打通新媒体与电视频道的新闻资源池,有利于充分挖掘新闻素材的价值,减少不同平台的重复劳动和

资源浪费，提升新闻频道和新媒体各平台的整体时效。

3. 推动内部资源整合，形成媒体融合发展合力。央视新闻与台内各频道建立了良好的合作关系，各频道的精品节目也成为央视新闻可资利用的重要资源。2014 年春节期间，新媒体与春晚剧组沟通合作，获准提前探班，第一时间发布节目单，提前梳理发布"十大看点""收看攻略"等观众关切的信息，有效提升了春晚的网络人气，单条微博互动最高达 28 万次，手机客户端直播间同时在线网友最高达 328 万。2014 世界杯期间，央视新闻主动发起跨频道合作，为 CCTV-5 加油助威，"微观世界杯"话题以 17.5 亿的阅读量，在新闻类媒体微博话题中高居榜首。

4. 发挥全国、全球记者站新闻采集优势。央视在全国、全球建设的记者站，保障了中央电视台突发事件现场到达能力、热点地区持续报道能力、获取独家报道能力提供了重要保障，这一资源优势在新媒体发展中得到进一步释放。目前，央视记者给新媒体平台供稿总数平均每月达到 1000 条左右。

（五）推进台网深度融合，探索一体化运行

央视网组建新媒体派驻团队，派驻新闻中心，与策划部融合办公，以"一体化策划、一体化制作、一体化呈现"作为新媒体融合目标开展实践和探索。2013 年年底，新闻中心成立虚拟运行的网络新闻部，将派驻人员纳入统一管理，在行政管理方面实现一定程度的融合。2015 年，经主管部门批准，新闻中心将虚拟的网络新闻部实体化运行，成立新媒体新闻部，为央视新闻融合发展战略有效贯彻提供

了组织保障。新媒体新闻部将实现新闻内容多平台生产分发的统一、人财物管理体制的统一、技术开发的统一、版权管理和标识的统一、品牌推广的统一、广告运营的统一，改变新闻发稿流程，充分保证新媒体的时效要求，加速推进央视新闻向新媒体全面进化。

深化媒体融合发展　壮大宣传文化阵地 *

　　党的十八大以来，以习近平同志为核心的党中央高度重视媒体融合发展，着眼巩固宣传思想文化阵地、壮大主流思想舆论，作出一系列重要决策部署。习近平总书记多次对媒体融合发展作出重要指示，并亲自部署、亲自推动。2016 年 2 月 19 日，习近平总书记在党的新闻舆论工作座谈会上强调推动融合发展，尽快从相"加"阶段迈向相"融"阶段，从"你是你、我是我"变成"你中有我、我中有你"，进而变成"你就是我、我就是你"，着力打造一批新型主流媒体。习近平总书记的重要讲话既为我们提供了根本遵循和行动指南，又是对我们的巨大鞭策和有力推动。

　　全国新闻出版广电系统深入学习贯彻习近平总书记关于媒体融合发展的重要论述，牢固树立政治意识、大局意识、核心意识、看齐意识，把媒体融合作为事关全局的战略工程加大力度、加快速度推进。国家新闻出版广电总局（以下简称总局）根据不同领域、不同类型媒

　　* 原载于人民日报社编《融合平台：中国媒体融合发展年度报告（2016—2017 ）》，收入本书时略有修改。

体的特点和规律，坚持分类指导，完善顶层设计，2015 年印发《关于推动传统出版和新兴出版融合发展的指导意见》，2016 年印发《关于进一步加快广播电视媒体与新兴媒体融合发展的意见》，明确了新闻出版广电媒体融合发展的路线图、时间表、任务书和政策举措。要求各级新闻出版广电媒体强化融合发展理念，把融合作为台长工程、社长工程，在思想认识上再深化，在资源配置上再倾斜，在工作推进上再抓紧，在方法举措上再创新，以自我革命的精神打造融媒体服务、智慧化传播的新型主流媒体。

一、坚持党媒姓党、导向为魂，努力壮大主流舆论

习近平总书记强调，党和政府主办的媒体是党和政府的宣传阵地，必须姓党。按照习近平总书记要求，我们在推进媒体融合、打造新型主流媒体的过程中，要求任何时候主流媒体作为党和人民喉舌的性质不会改变，必须始终牢记党的新闻舆论工作"48 字"职责使命，坚持政治家办报、办刊、办台、办网，牢牢把握正确政治方向和舆论导向；必须始终坚持把社会效益放首位，牢牢坚持正面宣传为主，弘扬主旋律、传播正能量；必须始终坚持守土有责、守土负责、守土尽责，确保意识形态和文化安全，更好地服务党和国家工作大局。

坚持把深入宣传阐释习近平总书记系列重要讲话精神和治国理政新理念新思想新战略作为首要政治任务，让党的主张成为时代最强音。不断强化各级党报党刊、电台电视台的"四个意识"，引导推进传统媒体和新媒体"头条""首页首屏首条"建设。中央电视台深化"新闻联播

头条"工程，并向新媒体延伸拓展，打造"头条·头图"等重点内容，做到习近平总书记重要思想和时政活动报道"天天见、天天新、天天深"且24小时呈现。打造"V观"系列微视频，《习近平总书记的一天》微视频全程展示习近平总书记出席G20杭州峰会一天15小时、19场活动，全网视频播放量超过1.2亿；集中优势资源、历时百天打造的原创时政微视频《初心》(《梁家河篇》《正定篇》《宁德篇》) 24小时内阅读量突破4.1亿，10天阅读量近13亿，创全网时政微视频传播新纪录。

建立融合媒体重大宣传报道一体化统筹机制，努力做亮做响主题主线宣传。推动传统媒体与新媒体同频共振，不断深化中国道路、中国梦、"五位一体"总体布局、"四个全面"战略布局、新发展理念、社会主义核心价值观和中华优秀传统文化等宣传，深化经济发展新常态、推进供给侧结构性改革宣传，开展"一带一路"建设、京津冀协同发展、长江经济带建设等重大战略宣传。2016年，庆祝中国共产党成立95周年、G20杭州峰会、纪念红军长征胜利80周年、党的十八届六中全会等重要会议、重大活动和元旦、春节、清明、五一、国庆等重要时间节点，统一调度传统媒体和新兴媒体报道力量，大屏带小屏、小屏回大屏、多屏联受众，形成了齐唱主旋律的强大声势，为党和国家工作大局营造了良好舆论氛围。

二、坚持内容为王、受众为本，加强融合型优质内容产品创作传播

习近平总书记强调，内容永远是根本，融合发展必须坚持内容为

王，以内容优势赢得发展优势。内容创作生产是新闻出版广播影视的传统优势。在推进媒体融合过程中，高度重视巩固和提升这一传统优势，坚持以人民为中心的创作导向，创新创优出精品，探索"一体策划、一体运行、一体呈现"的融合制播模式，开展大众化、社交化、分众化、精准化传播，以内容优势赢得融合发展优势。

积极扶持适应网络传播特点、具有互联网特质的融媒体内容生产。总局设立网络视听节目内容建设专项资金，举办"弘扬社会主义核心价值观 共筑中国梦"主题原创网络视听节目征集推选和展播活动，引导和鼓励优秀网络视听节目制作传播；组织开展优秀网络文学原创作品评选推介、重点网络文学网站作品阅评，引导创作传播更多网络文学精品佳作。鼓励支持应用云计算、大数据、VR、无人机航拍、移动直播、机器人写作等最新技术手段，为融媒内容创作增添特色和活力。在全国两会等重要会议报道和主题专题片纪录片等制作中，中央三台和不少地方媒体运用视频直播、"无人机拍摄 + 虚拟现实技术"等新技术，增强了新闻报道、内容产品的现场感、互动感，富有表现力感染力，提升了用户体验。2017 年两会期间，中央电视台推出实时互动节目《两会有啥事 我们帮你问》，邀请代表委员在线解答，全网阅读量超过 1.5 亿次，被观众网民誉为"很接地气"的"两会聊天室"。

积极推进传统形态优质内容融媒传播、跨屏互动。新闻出版广播影视海量的存量内容资源和持续增长的增量内容资源，通过融合发展得到二次及多次开发利用。特别是优秀出版和影视作品借助网络传播互动、体验、分享的优势，有效扩大了覆盖面影响力，突出价值引领，传播先进文化。中央电视台《中国诗词大会》（第二季）强化大小屏联动，观众和场上选手同步答题，互动人次超过 4000 万，用户点播次数超过 7500 万，引发全民诗词热；文化类节目《朗读者》到 2017 年 3 月底全网视频播放总量近 5 亿次，手机客户端收听量近 1.8 亿次。湖南广电实施"芒果独播"战略，并对独播内容再加工，大大提升了芒果 TV 平台价值。

三、坚持科技引领、技术支撑，加快构建采编播发新体系

习近平总书记指出，"坚持先进技术为支撑"，"充分运用新技术新应用创新媒体传播方式"。当前，新闻出版广电媒体对高新技术特别是信息网络技术的依存度越来越高，内容与技术越来越密不可分。深化融合必须借助新技术、应用新技术，聚焦构建融媒型采编播发新体系，加快打通制作生产和传播分发环节，推进制作流程一体化、资源共享便捷化，推进内容的碎片化集成、亮点化索取、最优化组合，实现内容产品、传播分发融媒化，满足需求应用个性化。

优化新闻出版广电媒体采编播发流程，建设功能完备的"中央厨房"。指导推动报刊单位加强融媒体"平台创新"，2016 年度"全国报刊媒体融合创新 30 佳案例"中平台创新选项达 63%。指导推动电台电视台建设融合制播云平台和基于用户互动的制播大数据系统，2016 年 2 月，总局发布《电视台融合媒体平台建设技术白皮书》和《广播电台融合媒体平台建设白皮书》。中央人民广播电台、中国国际

广播电台、中央电视台和北京、上海、江苏、浙江、湖南等省级广播电视台优化采编播流程，推广"中央厨房"生产模式，初步建成一批技术先进、结构合理、功能完善的融媒体平台，实现全媒体制作、全媒体汇聚、全资源调度、多平台分发，为加速深度融合提供了有力支撑。除了加快社内、台内融媒体平台建设外，一些有条件的媒体还运用云计算、大数据等技术加快区域平台建设。湖北广播电视台面向全省发起组建"长江云——湖北新媒体云平台"，打造了采编融合、内容汇聚、多渠道传播、多终端一体化的区域新媒体运营和管理平台。

坚持移动优先，积极布局移动传播。移动优先、重在社交的意识进一步增强，新媒体产品和应用加快向移动化专业化分众化发展，通过移动客户端、微博、微信拓展渠道，初步形成了载体多样、渠道丰富、覆盖广泛的立体化传播矩阵，向着满足用户"任何时间、任何地点、任何终端"享受新闻出版广播影视服务需求的方向迈进。中国国际广播电台开设了28种语言的47个移动客户端，其中重点打造China News、China Radio、China TV3个面向全球的多语种移动新媒体产品。中央电视台构建覆盖多屏幕、多平台、多终端的"一云多屏、全球传播"体系，形成"央视新闻"客户端和"央视影音"等系列品牌。2017年2月19日，在习近平总书记"2·19"重要讲话发表一周年之际，中央电视台正式上线"央视新闻移动网"，作为自主创新研发的项目，是观众获取信息的资讯平台、专业记者直播的首发平台，也是电视机构汇聚的共享平台、用户参与生产的交互平台，入驻矩阵号超过110家，形成全国性电视新闻机构融媒体内容聚合平台。截至2017年2月底，央视新媒体总用户达到11.42亿，其中"央视新闻"新媒体用户总数突破 3.18 亿，"央视影音"客户端全球累计下载量达到 5.66 亿。中国国际电视台（中国环球电视网 CGTN）的英语主账号粉丝数 4691 万，在脸书的媒体粉丝数量最多，被脸书确认为"全球最快增长和享有最大影响力"，并授予 2016 年度全球唯一"杰出新闻媒体主页"。央视网 CCTV 全球页账号 2016 年以来贴文互动总量超过 1.9 亿，点赞数突破 1.16 亿，两项指标均居国际主流媒体前列。上海、江苏、浙江、湖南等省级新闻出版广电媒体"一云、多屏、全链"媒体融合发展生态系统也已初具规模。

加快推进智慧广电建设和新闻出版转型升级，夯实融合发展物质技术基础。积极构建宽带、融合、安全、泛在的新一代广电信息化基础设施和现代传播体系，大力推进省级地市级广播电视台高清制播能力建设、"融合云"平台建设和全国有线电视互联互通平台建设、移动多媒体交互广播电视网建设，推进有线无线卫星传输网络互联互通和智能协同覆盖。2016 年 5 月 31 日，全国有线电视网络互联互通平台正式开通上线调试，打造全国广电互联互通一张网迈出重要步伐。我们提出，全国省级以上广播电视台基本建立"融合云"平台，地市级以上广播电视基本实现高清化，县级广播电视实现数字化网络化。加快新闻出版转型升级，推动出版单位数字化改造和技术变革，积极推进新闻出版业大数据中心、知识资源服务中心、出版发行数据服务中心、出版融合发展重点实验室等建设，引导数字印刷、智慧印厂等发展。截至目前，在全国已遴选确定 170 家数字化转型示范单位，确定 20 家出版融合发展重点实验室。强化自主创新，重点加强交互融合传输覆盖网、智能媒体网关、移动多媒体等关键技术和标准研发应用，加强智能电视操作系统、数字版权保护技术等标准的应用推广，通过技术进步融通媒体介质。

四、坚持体制机制创新，增强融合发展动力活力

习近平总书记强调，融合发展关键在融为一体、合而为一。推进传统媒体和新媒体融为一体、合而为一，必须强化互联网思维，兼顾内部外部，打破壁垒、突破瓶颈，努力建立融合型体制机制，形成一盘棋工作格局。

加快主流媒体内部资源聚合。中央和一些省级媒体积极尝试打破原有内部架构，创新运行管理机制，加快组织结构、管理体制和配置资源一体化。中央人民广播电台整合央广网、中国民族广播网、国家应急广播网和你好台湾网四网资源，广播和网络开始共用一个名字——"中央人民广播电台"，并且原台内管理的四家节目制作公司整合并入央广网，实现了内容团队的深度整合。中央电视台建立"融媒体编辑部"，改"播后共享"为"播前共享"，多端点采集、个性化生产、多平台分发，频道和PC端、移动端24小时动态响应，形成了同时为频道和新媒体供稿的有效机制。

加快新闻出版广播影视行业资源整合。深化媒体融合，迫切需要以创新融合的理念、发展共赢的思路，改变传统运营模式，冲破固有利益藩篱，打破层级和区域限制。总局积极推动出版传媒企业跨地区、跨行业、跨所有制兼并重组，集聚行业竞争优势，培育核心竞争力强的骨干传媒集团。加快全国有线电视网络整合，提升跨域服务能

力、跨网传输能力和整体竞争能力，促进规模化、集约化发展。加快图书、报刊、广播、电影、电视资源聚合、产业融合，努力为深化媒体融合增加新的助力。

加强融媒体人才队伍建设。随着融合进程加快，融媒型人才需求越来越大，人才队伍建设问题越来越突出。总局提出探索人才激励措施，建立科学合理、适应新媒体特点的人才激励机制。中央和省级媒体在重视人才引进的同时，纷纷加大培训力度，推动现有业务人员向融合型媒体人才转型，并在完善选人用人、考核激励等制度方面进行了积极探索。例如，中央电视台要求各中心（频道）及部门通过考核工作促进媒体融合发展，将网络传播力指标纳入节目综合评价考核，制定了多屏收视测量、新媒体产品传播效果评估等办法。

总体上看，新闻出版广电媒体融合取得了一定成绩，但与中央要求和行业发展面临的挑战相比还存在不小差距。我们一定深入学习贯彻习近平总书记系列重要讲话精神和中央决策部署，进一步增强责任感紧迫感，全面加大深度融合一体发展力度，争取取得更深层次突破和全方位进展，早日打造一批形态多样、手段先进、具有竞争力的新型主流媒体，建成几家拥有强大实力和传播力公信力影响力的新型媒体集团，不断巩固壮大宣传文化阵地，为实现中华民族伟大复兴的中国梦作出新的更大贡献。

深化媒体融合　推动广播电视高质量发展*

　　党的十八大以来，以习近平同志为核心的党中央高度重视媒体融合发展，习近平总书记作出一系列重要论述。习近平总书记在党的十九大报告中强调："坚持正确舆论导向，高度重视传播手段建设和创新，提高新闻舆论传播力、引导力、影响力、公信力。"进一步为深化融合发展指明了方向、明确了任务、提出了要求。国家广播电视总局深入学习贯彻习近平新时代中国特色社会主义思想特别是习近平总书记关于媒体融合发展的重要论述，深入贯彻党的十九大精神，牢固树立"四个意识"，把媒体融合作为关系广播电视前途命运的战略工程，牢牢把握高质量发展的根本要求，推进全国广播电视媒体增强危机感紧迫感，在思想认识上再深化，在资源配置上再倾斜，在工作推进上再抓紧，在方法举措上再创新，尽快从"相加"迈向"相融"。2017 年 6 月，广电总局发布行业"十三五"发展规划，把融合发展作为"十三五"广播电视全面转型升级的突破口，对融合发展项

---

　　* 原载于人民日报社编《深度融合：中国媒体融合发展年度报告（2017—2018）》，收入本书时略有修改。

目给予重点支持。2018年，广电总局以机构改革为契机，更加聚焦广播电视高质量发展和融媒体发展，坚持分类指导，完善顶层设计，加大融合项目建设力度，强化融媒体内容创作生产传播。当前，广播电视媒体融合发展的基础更加扎实、机制更加完善、效果更加显著，广播电视主流媒体的传播力、引导力、影响力、公信力进一步增强。

一、坚持正确方向，增强习近平新时代中国特色社会主义思想的融合传播能力

习近平总书记强调，构建网上网下同心圆，巩固全党全国人民团结奋斗的共同思想基础。把握习近平总书记的重要要求，广电总局在指导推进广播电视媒体融合进程中提出，无论媒体格局如何变化，都必须坚持党性原则，坚持党媒姓党，坚持喉舌性质，切实履行党的新闻舆论工作"48字"职责使命，让习近平新时代中国特色社会主义思想和党的十九大精神深入人心，确保主流舆论阵地不断壮大、主旋律正能量更加强劲。

（一）坚决维护核心、深入宣传核心，始终让党的主张成为时代最强音

这是各类广播电视媒体的首要政治任务。广电总局推进各级广播电视把习近平总书记核心地位宣传放在首位，强化广播电视媒体"头条"建设和视听新媒体"首页首屏首条"建设，全媒体展现习近平总

书记的领袖风范、雄才大略、为民情怀和非凡魅力。全网推送的原创时政微视频《初心》总阅读量达 12.36 亿次，创下时政微视频传播新纪录。新媒体品牌栏目《习声回响》全媒体开展总书记相关报道，在海内外广泛传播。

（二）深化主题主线融合宣传，唱响时代主旋律

媒体融合极大拓展了广播电视重大宣传报道的平台和渠道。2017 年以来，广电总局围绕迎接宣传贯彻党的十九大这一主线，贯穿全国两会、香港回归 20 周年、建军 90 周年、金砖国家领导人会晤等党和国家重大宣传节点，实施融媒体宣传报道一体化统筹，推动各级广播电视传统媒体和新媒体同频共振，全方位、多层次、多媒体开展重大主题宣传。例如，党的十九大期间，全国有 5.62 亿观众通过电视和视听新媒体等多种方式收看开幕会直播，4.07 亿用户收看新一届中央政治局常委记者见面会直播，均创收视新纪录；广东台融媒体产品"触电新闻"的"十九大频道"发布 6234 条相关内容，点击量达 2.2 亿次。2018 年，中央广播电视总台以全媒体形态开展博鳌亚洲论坛和上合组织青岛峰会宣传报道，产生了良好传播效果。

（三）采取多样化表达，提升正面宣传吸引力感染力

强化广播电视融合思维，适应分众化需求，丰富宣传手段，形成多层次、多声部、差异化、特色化的主流舆论矩阵。2017 年以来，全国广播电视运用丰富多样、感染力强的节目形态和技术手段，掀起学习宣传习近平新时代中国特色社会主义思想和党的十九大精神的热

潮。中央三台推出了《新时代》《党代表的圆桌会》《中国大格局》等一批有特色有创意的融媒体主题报道，反响热烈。上海台"阿基米德FM"推出《听总书记讲故事》《同心圆》等短音频，在"学习同心圆"社区中投放，营造了基层学习党的十九大精神的良好氛围。河北台"冀时云"推出《十九大代表来电话了》等15个系列H5原创作品，总点击量近4000万次。观众普遍反映，融合报道更接地气、更好看了。

二、坚持创新为要，加快打造广播电视智慧融媒体

习近平总书记指出，做好宣传思想工作比以往任何时候都更加需要创新，强调要坚持先进技术为支撑、内容建设为根本，打造一批新型主流媒体。广电总局贯彻落实习近平总书记重要指示，围绕打造智慧融媒体，践行新发展理念，推动内容创新、产品创新、手段创新，努力增强广播电视媒体内生动力、释放发展活力、壮大整体实力。

（一）内容创新就是围绕提升核心竞争力，打造融媒体传播内容精品

内容是深化融合的基础，媒体融合成果最终也要通过内容体现出来。广电总局坚持"内容为王"，推动广播电视发挥传统优势，创新运用微视频、移动直播、互动产品、动画、H5等多种表现形式，不断推出适合融媒体传播的优质内容。时政微视频《习近平为你描

绘"新时代"》以习近平总书记原声、三维抠像、三维包装、航拍等多种艺术技术表现形式，让网民 300 秒看懂党的十九大报告。创意 H5《习近平的运动手环》，以动画呈现习近平总书记 5 年来领导改革攻坚和开创大国外交的"路线图"，两天便获得网民点赞 850 万次。《老外在中国》系列微视频，以独特国际视角展现中国发展成就。浙江台"中国蓝新闻"以热点新闻、热门事件为主要内容，在"准""新""微""快"上下功夫，打造与主流媒体品格和气质相一致的移动新闻精品。

（二）产品创新就是围绕扩大新闻传播覆盖面，打造特色融媒体产品

指导各级广播电视媒体坚持移动优先战略，顺应多元化、碎片化传播趋势，从"两微一端"迈向"三微一端"，打造移动化、立体化传播矩阵，创新推出具有广电特色的融媒体产品。湖南台上线新闻类客户端"芒果云"，推出 20 余个内容丰富的视频版块，开展 100 多场直播。山东台上线"闪电新闻"客户端，以权威发布、视听直播、可视化表达为特色，突出资讯发布的快速、准确、权威、多样，积极占领移动互联网舆论阵地。广东台上线移动音频应用"粤听"，致力打造全球最大的粤语移动电台。各级广播电视各类"三微一端"产品或立足本地化垂直服务，或提供分众化视频服务，或开展社区化运营，已逐渐成为新闻传播的重要平台。例如，广东花都台微信公众号粉丝量超过 25 万，成为当地群众掌握本地资讯的第一渠道。

（三）手段创新就是围绕提高融媒制播能力，加快融媒体平台建设

鼓励支持有条件的广电机构建设融合媒体制播云平台和服务云平台，提升平台建设、内容生产、分发传播、协同覆盖、智能终端、优质服务全流程智能化水平。2018 年 1 月，广电总局发布《广播电视台融合媒体互动技术平台白皮书》，加强技术领域的顶层设计。全国各级广播电视制播机构因地制宜，融媒体平台建设明显提速。以中央人民广播电台"中国广播云采编系统"、中国国际广播电台"中华云"系列和中央电视台"央视新闻移动网"为代表的"国家队"融媒体建设成效显著。融媒体中心建设在大部分省份全面铺开，北京、上海、浙江等具有先发优势的省（市）级融媒体中心不断完善升级，例如江苏台推进"荔枝云"常态化应用，公有云和私有云产品服务更加丰富；其他省份例如四川"云里"、吉林"天池云"、江西"赣江云"等一些特色鲜明的融媒体中心也逐步落成。

三、坚持以科技进步为支撑，加快"智慧广电"建设

习近平总书记强调，要把握数字化、网络化、智能化融合发展的契机，以信息化、智能化为杠杆培育新动能。广播电视媒体融合根植于科技创新，新形势下必须坚持以科技创新引领行业融合发展、优化升级。广电总局深入实施"智慧广电战略"，推动互联网、大数据、云计算、人工智能与广播电视有机融合，打造全媒体全功能服务，实

现存量转型、增量更新、质变重塑，努力夯实广播电视融合发展的物质技术基础。

（一）着眼提高融合业务承载能力，加快下一代广播电视融合网建设

广播电视网络是融合发展的基础设施。广电总局统筹有线、无线、卫星，向天地一体、互联互通、宽带交互、智能协同方向发展，加快建设宽带、融合、安全、泛在的新一代广电信息基础设施。全国有线数字电视双向网络覆盖用户已超过 1.59 亿，下一代广播电视网（NGB）覆盖用户超过 5500 万，双向业务用户超过 1500 万。扎实推进全国有线电视网络整合和有线电视互联互通平台建设，加速全国有线电视网络业务、内容、平台、网络、终端共融互通，开展有线无线融合网试验，提升跨域服务能力、跨网传输能力和整体竞争能力。

（二）着眼提供更高端更优质视听体验，加快高清、超高清电视制播能力建设

高清及超高清视频是广播电视的发展方向。广电总局把握趋势，加大电视高清化推进力度，力争使高清频道尽快成为主流播出模式；鼓励有实力有条件的电视台开展 4K 超高清试验和服务，鼓励支持 4K 超高清内容制作生产，同时加快技术标准体系建设，夯实 4K 超高清电视发展基础。目前全国已批准开办 151 个高清电视频道，广东等地广电机构积极推进 4K 超高清电视研发与应用，已建成支持 4K 超高清电视播出的直播与点播平台，具备全程全网 4K 超高清电视播出与传输能力。高品质数字电视、双向交互高清电视逐步成为电视服务主流。

（三）着眼拥抱万物互联和智慧社会，加快广电智慧生态圈建设

在信息技术和社会生活融合度越来越高的今天，广播电视已经从信息的生产者、传播者转型升级为生活方式的倡导者、组织者、提供者。广电总局鼓励支持广电机构探索推进广电特色新型家庭信息中心建设，既发挥电视终端大屏优势、提升视听体验、占领客厅阵地，又积极开发基于电视机顶盒、广电智能操作系统、广电智慧家庭 App 等的智慧家庭服务，通过大数据、物联网、VR（虚拟现实）、AR（增强现实）、人工智能等新技术实现科技沉浸、产品创新、智能交互，以丰富的业务、多样化的服务满足群众智慧家庭美好生活需求。同时，推动广电系统开发智慧社区、智慧城市服务，致力于打造"无时无疆"的智慧广电愿景，拓展新空间、形成新增长点。

四、坚持以改革促发展，推动媒体融合向纵深发展

媒体融合是广播电视行业的重大改革，必须坚持以改革精神来推进落实。广电总局认真贯彻习近平总书记关于全面深化改革的重要思想，以深化行业供给侧结构性改革为主线，以提升质量、提高效率、转换动能为重点，推动体制机制改革创新，为媒体融合向更深层次推进提供支持。

（一）推进媒体内部架构流程再造。媒体融合发展，更重要的是实现生产方式上的融合

广电总局推动各级广播电视媒体强化互联网思维，打通制作生产、传播分发、内部管理各环节，努力实现制作流程一体化、资源共享便捷化、内容产品融媒化、传播推送个性化。中央电视台推进节目采集、制作、播出和分发流程再造，逐步构建一体化协同制作、多渠道协同分发、多终端互动呈现、全媒体精准传播的新媒体传播体系。北京电台部分频率采编业务平台已实现全网全终端全媒体移动采编审、资源云存储、内容生产管理等功能。河南、山东、贵州等地的融媒体中心探索提供集中指挥、采编调度、高效协调、信息沟通等功能，实现了广电媒体管理扁平化、功能集成化和产品全媒化。

（二）推进联合发展、互利共赢

引导支持广播电视媒体把握互联网传播规律，跨界跨地区开展合作，拓展融合方式和渠道。在广电系统内，既有"央媒搭台、大家唱戏"——"央视新闻移动网"吸引入驻矩阵号 244 家；也有省级范围内的联合发展，浙江广电以"中国蓝云"为依托构建全省县市融合传播体系，"视听甘肃"面向省内 17 个市县广电单位、省级职能部门提供内容发布平台；还有以市县为主体的地方广电跨区域联合发展，例如山东台旗下的"轻快"手机台为基层特别是中西部地（市）县广电媒体融合发展、转型升级提供解决方案、技术支撑和服务平台。此外，广电媒体积极与其他类型媒体以及商业平台加强联动，例如，山西台和山西日报社共同组建"山西媒体智慧云"平台；广电媒体在新闻直播、短视频等领域与腾讯、微博以及优酷等视频网站开展合作，加强全覆盖的矩阵式直播报道。

（三）推动管理改革创新

习近平总书记在党的十九大报告中强调，落实意识形态工作责任制，加强阵地建设和管理。深化媒体融合，既要加强管理，又要改进管理。广电总局着眼于管得到、管得住、管得好，深入实施管理创新工程，坚持网上网下一把尺子、一个标准，坚持日常监管和专项治理相结合、行政管理和行业自律相结合，确保融媒体导向正确、内容安全。2018年上半年，严厉整治微视频等网络视听节目低俗之风，对"今日头条""快手"等进行了查处，维护风清气正的网络视听空间。广电总局加快融合监管系统建设，推进"全方位、全过程、全覆盖、全天候"监测监管，努力提高管理网络化、协同化、智能化水平，为融合发展提供保障。

总的来说，2017年以来广播电视媒体融合取得了新进展新成绩，但必须看到，与中央的要求相比，与新媒体发展日新月异的速度相比，广播电视融合发展不平衡不充分的问题还比较突出。全国广播电视系统必须进一步增强责任感和紧迫感，以时不我待的精神加大融合力度，加快广播电视高质量发展，不断壮大主流舆论阵地，为服务党和国家工作大局作出新的更大的贡献。

认真贯彻实施《中华人民共和国
电影产业促进法》
加快推动中国电影繁荣发展 *

《中华人民共和国电影产业促进法》（以下简称《电影产业促进法》）已于 2017 年 3 月 1 日起施行。作为文化产业领域的第一部法律，《电影产业促进法》的颁布实施，是我国文化立法领域的一次突破，是文化体制改革的一座里程碑，标志着中国电影产业法治水平的极大提升。《电影产业促进法》以习近平总书记系列重要讲话精神为根本遵循，深入贯彻中央关于宣传思想文化工作的政策方针，在深入研究我国电影产业发展现状、全面总结产业发展规律及存在问题的基础上，充分吸纳了在改革创新过程中形成的一系列好做法、好经验、好举措，从法律层面明确了电影产业的重要地位、发展方针、指导原则和扶持措施，用法治思维突破发展瓶颈，用法治手段解决突出问题，彰显社会主义核心价值观的价值引领和以人民为中心的创作导向，对于激活电影市场主体、规范电影市场秩序、促进电影事业产业繁荣发

---

* 原载于《现代电影技术》2017 年第 4 期，收入本书时略有修改。

展具有十分重要的意义，必将更加有力地推动电影产业进入科学化、现代化发展轨道，开创中国电影产业繁荣发展新局面。

国家新闻出版广电总局（以下简称总局）以全面实施《电影产业促进法》为契机，坚持深入学习宣传贯彻习近平总书记系列重要讲话精神和治国理政新理念新思想新战略，特别是在文艺工作座谈会和中国文联十大、中国作协九大开幕式上的重要讲话精神，牢固树立政治意识、大局意识、核心意识、看齐意识，抓质量、强产业、重管理、促交流，推动电影事业产业发展迈上新台阶。

一、围绕重点，打造亮点，催生"三性统一"的优秀电影作品

习近平总书记指出："推动文艺繁荣发展，最根本的是要创作生产出无愧于我们这个伟大民族、伟大时代的优秀作品。"衡量电影繁荣发展成就最终也要体现在优秀作品上。《电影产业促进法》首次将"以人民为中心的创作导向"写入法律条文，倡导"贴近实际、贴近生活、贴近群众"的创作原则和"思想性、艺术性、观赏性相统一"的创作标准，充分表明了党和政府对繁荣电影创作的殷切期望，体现了广大人民群众对加大优秀作品供给的强烈愿望。繁荣创作，是壮大产业的基础环节和内生动力。贯彻实施《电影产业促进法》的一个重要任务，就是要不断推动中国电影创作繁荣，提升创作质量、力攀文艺"高峰"，创作生产更多传得开、留得下，为人民群众所喜爱的优秀电影作品。

　　繁荣创作、提升质量，要紧扣时代脉搏、突出主题主线。电影创作要始终围绕中心、服务大局，推出一批讴歌党、讴歌祖国、讴歌人民、讴歌英雄的标志性作品，推出一批贯穿中国梦主题、传承中华优秀传统文化、弘扬社会主义核心价值观的标志性作品。2017 年要集中力量抓好迎接党的十九大重点作品创作，努力反映党的十八大以来，在以习近平同志为核心的党中央领导下，全国人民奋勇争先、创新创业的澎湃激情，生动体现人民群众的幸福感和获得感，为党的十九大胜利召开营造良好氛围。同时，我们还要着眼于 2017 年和未来几年重大时间节点，例如，庆祝建军 90 周年、庆祝香港回归 20 周年、庆祝新中国成立 70 周年、庆祝改革开放 40 周年等，大力实施新时代精品工程，抓好创作规划和项目实施，推动优质创作资源向重点项目倾斜，把精品力作作为资源配置、资金扶持、评奖评优的重要方向。

　　繁荣创作、提升质量，要不断架构和完善多样化、多类型、多品种的创作格局。文艺创作是观念和手段相结合、内容和形式相融合的深度创新，是各种艺术要素和技术要素的集成。在这一点上，电影表现得尤为突出。"二为"方向、"双百"方针，是我们党长期以来坚持的文艺工作指针，是勇攀"高峰"的重要途径，《电影产业促进法》将此作为一项发展原则写入法律总则。时代发展和技术进步，带来电影创作观念和创作实践的深刻变化，必须坚持"二为"方向、"双百"方针，把创新精神贯穿电影创作生产全过程。电影创作要更加深刻地融入社会主义核心价值观，更加自觉地体现以人民为中心的创作导向，用不同的题材、意境、风格、样式、手段，全方位地表现丰富多彩的现实生活和博大精深的传统文化，多层次、多角度地刻画民族精神和时代精神，开辟更加广阔的表现空间，形成均衡、良性的电影生态。

繁荣创作、提升质量，还要加强队伍建设，挖掘和培养中国电影新力量，打造一支德艺双馨的电影人才队伍。事业成败，关键在人。《电影产业促进法》明确提出要实施电影人才扶持计划，我们要站在从电影大国向电影强国迈进的历史坐标上，着力推动人才队伍建设。要坚持德艺双馨的标准，引导广大电影创作者加强思想道德修养，自觉践行社会主义核心价值观，增强社会责任感，把实现个人艺术追求和推动社会进步相融合，更好地传播正能量、弘扬人间正气、塑造美好心灵。要加强重点人才培养，以名编剧、名导演、名演员及其他方面的高层次专业技术人才为龙头，形成一批拔尖和领军人物，切实提高电影创作水平。要高度重视青年人才，总结和推广近年来"中国电影新力量"的成功经验，探索建立有利于创新型青年人才脱颖而出的体制机制，不断推出思想强、作风硬、专业精的电影新人。

二、增强文化自信，做强电影产业，提升核心竞争力

习近平总书记在庆祝中国共产党成立 95 周年大会上的重要讲话中指出："文化自信，是更基础、更广泛、更深厚的自信。"自信取决于实力，与我国举世公认的物质硬实力相比，提高文化软实力的要求更高。电影作为文化领域具有代表性的门类，在 10 多年来的文化体制改革中成绩显著。《电影产业促进法》规定各级政府将电影产业发

展纳入本级国民经济和社会发展规划，既是对电影产业改革的充分肯定，也体现国家将文化产业作为国民经济支柱性产业，培育壮大发展新动能的信心和决心。面临如此难得的机遇，中国电影理应增强文化自信和文化自觉，作出新的更大贡献。

做大做强电影市场。繁荣而充满活力的市场是电影强国的重要标志。虽然我国自 2010 年已跃居世界第二大电影市场，2016 年年底电影银幕数已位居全球第一，但短板依然存在，例如采用高工业规格和技术标准的影片数量仍然稀少，中小成本影片销路不畅，部分区域影院覆盖不足，人均票房及观影次数与发达国家存在较大差距，电影收入结构单一等。贯彻实施《电影产业促进法》，做大做强电影市场，要推动电影科研创新，助推国产大片的创作生产；用好用足财税、金融扶持政策，完善电影投融资体制，降低市场风险；科学规划影院建设，有效扩大人口覆盖，夯实产业基础；鼓励开发衍生业务，创新回收模式，丰富收入来源，多措并举，推动我国电影产业在现有规模基础上进一步提质增效。

培育扶持电影企业。强大的产业离不开优秀的企业，必须着力打造一批世界领先的中国电影企业。要继续推进国有电影企业特别是国有龙头企业的深度改革，坚持将社会效益放在首位，在整体产业格局中担纲领军角色。要一如既往地扶持优秀民营电影企业，在准入制度和产业政策的落实方面一视同仁。要鼓励差异化、特色化经营，鼓励混合所有制发展，鼓励电影企业之间开展并购重组。优秀的企业需要杰出的经营管理人才，要将企业家和经理人的培养一并纳入电影人才扶持计划。

三、简政放权，规范秩序，营造良好产业环境

《电影产业促进法》的立法指导思想之一，是坚持市场在资源配置中发挥决定性作用的同时，更好地发挥政府的规范、引导、扶持和保障作用。简而言之，政府部门要进一步转变职能，告别"办电影"的角色，更好地履行"管电影"的职能。

简政放权是《电影产业促进法》的重要亮点，也是今后推动电影改革发展的重要着力点。《电影产业促进法》取消了多项行政审批项目，还将多项由总局行使的权限，下放到省、自治区、直辖市新闻出版广电行政管理部门。为了贯彻法律规定，优化行政服务，总局已于 2017 年 2 月 27 日正式发出通知，取消摄制电影许可证和摄制电影许可证（单片），不再单独发放电影技术合格证。总局还从行业全局出发，密切关注以互联网为代表的新技术革命所引发的产业融合与创新，认真研究新业态的规律与可能影响，在《电影产业促进法》规定的制度框架内，积极探索、审慎监管，为电影产业开拓更为广阔的发展空间。

引导形成统一开放、公平竞争的电影市场，是《电影产业促进法》提出的明确要求。《电影产业促进法》在减少审批项目、降低准入门槛的同时，注重加强事中和事后的监管，有效规范市场秩序，引导形成统一开放、公平竞争的产业发展环境。针对各种破坏市场秩序的违法行为，总局将按照《电影产业促进法》的规定，加大打击力度，推动市场规范。一是严格执行票务软件产品标准，实行退出机

制，强力封堵票房"截流、篡改"软件。二是严格规范影院经营行为，严厉整治偷漏瞒报票房收入、虚假排场、注水票房等现象，同时强化院线的经营管理责任。三是严格规范互联网售票行为，电商须切实履行票纸兑换、票价标识、合规预售等责任。四是保护电影版权，依法防范、打击盗录盗播，进一步推动数字电影水印检测技术的应用，指导影院行使反盗录权力，堵塞管理漏洞。2017 年，将重点深化电影院线制改革，解决我国电影院线数量过多，小、散、乱现象突出，经营缺乏差异化，亟待进行整合的问题。

四、讲好中国故事，促进交流合作，有效传播中国文化

习近平总书记指出："当今世界是开放的世界，艺术也要在国际市场上竞争，没有竞争就没有生命力。"文艺因交流而多彩，因互鉴而丰富。这是文艺繁荣的规律，也是世界各国文化共融发展的重要体现。中国电影承载着讲述中国故事、塑造中国形象、弘扬中国精神、传播中国文化的重要使命，需要扩大国际交流合作，不断加快走出去步伐。《电影产业促进法》鼓励开展平等、互利的电影国际合作，支持中国电影走出国门，积极参与国际竞争。

从 2016 年开始，总局组织实施"中国电影，普天同映"放映计划，打破了长期以来制约中国电影海外同步放映的坚冰，开始了以市场化运作方式推广中国电影的新实践。经过一年来的精心实施，目前已经与北美、欧洲、澳大利亚、新西兰的主流院线和重点影院达成合作协议，开辟了中国电影走向国际市场的新渠道。2017 年，我们将

继续拓展"普天同映"的覆盖面，积极开拓中东欧和东盟地区、南美洲市场。

随着中国电影产业的迅猛发展，中国电影在海外的受关注程度也日益提高，这为进一步提升中国电影海外交流的规模和水平创造了机遇。目前，我们紧密围绕"一带一路"建设，配合金砖国家合作机制，正在着力打造十大品牌电影节，在友好往来中深化文化交流机制，充分发挥电影作为文化大使的特殊功能，不断拓展中国电影的国际发展空间，努力将十大电影节打造成展示中国文化的亮丽名片。

中外合拍片享受国产片待遇，是《电影产业促进法》确定的重要制度。近年来，中外合拍电影模式逐渐发展成熟。我们已同 14 个国家签署了电影合拍协议，2016 年合拍影片创历史新高。中国电影与美国好莱坞六大公司先后建立了密切、畅通的合作渠道，多个以我为主的合拍项目正在酝酿筹备中。2017 年，我们还将同更多国家磋商签署合拍协议，继续深化与好莱坞的人才交流机制，并将按照《电影产业促进法》的要求，进一步完善中外合拍电影的管理规定，充分发挥合拍电影吸引海外观众、促成人文互动、传播中国文化的积极作用，在世界文化艺术交流融合的大背景下，不断提升中国电影的影响力和竞争力。

坚持广电为民惠民

——推动广播电视服务优化升级

深入学习贯彻习近平总书记重要讲话精神 加快推动广播电视公共服务标准化均等化 *

习近平总书记在全国宣传思想工作会议上强调，要推动公共文化服务标准化、均等化，坚持政府主导、社会参与、重心下移、共建共享，完善公共文化服务体系，提高基本公共文化服务的覆盖面和适用性。习近平总书记的这一重要指示，深刻阐释了新时代公共文化服务体系建设的方针原则、目标任务，充分反映了人民群众美好生活新期待，为新时代广播电视公共服务体系建设指明了前进方向、提供了根本遵循。

广播电视行业要深入学习贯彻习近平总书记重要讲话精神，坚持以习近平新时代中国特色社会主义思想为统领，主动顺应我国社会主要矛盾已经转化为人民日益增长的美好生活需要和不平衡不充分的发展之间的矛盾这一关系全局的历史性变化，把推动广播电视公共服务标准化均等化、完善广播电视公共服务体系，作为确保把党的声音及时准确传入千家万户的必然要求，作为保障人民群众广播电视基本权

* 原载于《求是》2018 年第 20 期，收入本书时略有修改。

益的根本途径，作为建设社会主义文化强国的重要任务，坚持以人民为中心的工作导向，深入研究把握人民群众广播电视新期待，创新思路举措，以更大力度推进广播电视公共服务提质增效，切实增强人民群众精神文化获得感、幸福感。当前要着重抓好以下工作。

一、紧紧围绕全面建成小康社会目标，完善新时代广播电视公共服务规划设计

以习近平同志为核心的党中央高度重视文化建设在全面建成小康社会中的地位作用。党中央把公共文化服务体系建设作为全面建成小康社会的重要内容，明确提出到 2020 年"公共文化服务体系基本建成"的战略目标，并颁布实施《中华人民共和国公共文化服务保障法》等重要法律法规和《关于加快构建现代公共文化服务体系的意见》等一系列政策文件，形成了新时期加强和完善公共文化服务体系的顶层设计。从法律制度层面明确了广播电视公共服务的基本定位、基本责任、基本标准，也提出了与全面建成小康社会目标相适应的广播电视公共服务体系建设目标任务。

贯彻落实习近平总书记重要讲话精神，贯彻落实党中央决策部署，广播电视行业必须坚持围绕中心、服务大局，整体布局、科学规划。要深入贯彻新发展理念，适应经济社会发展阶段，顺应科学技术发展趋势，统筹东部、中部和西部，统筹不同受众需求，增强广播电视公共服务体系建设的科学性、前瞻性。坚持立足当前、着眼长远，把"硬件"建设和"软件"建设结合起来，把"输血"和"造血"结

合起来，增强广播电视公共服务可持续发展能力。坚持从实际出发、因地制宜，进一步把国家指导标准明确细化为各地区的实施标准、质量要求、实施机制和保障措施，增强广播电视公共服务的适用性、实效性。国家广播电视总局将进一步完善广播电视公共服务项目、技术标准、工程规范和管理制度，推动广播电视公共服务逐步进入法制化约束、标准化推进、规范化运行轨道。

二、坚持以基层特别是农村为重点，提高广播电视公共服务能力

习近平总书记强调，要以基层特别是农村为重点，深入实施重点文化惠民工程，进一步提高公共服务能力。基层特别是农村，是广播电视公共服务的基础。目前，我国仍然有约6亿人口居住在农村，农村地区占全国土地总面积的94%以上，广播电视城乡发展不平衡特别是传输覆盖不平衡的问题仍然比较突出。必须坚持"重心下移"，积极对接和服务乡村振兴战略，继续把农村作为广播电视传输覆盖能力建设的重点，努力畅通"最后一公里"。

深入实施重点工程，加强农村广播电视覆盖。在实现广播电视村村通的基础上，在有线电视网络未通达的农村地区加快推进直播卫星公共服务户户通工程。目前，直播卫星公共服务区域已覆盖59.5万个村，全国直播卫星用户达1.3亿户，新疆、宁夏、内蒙古、贵州、海南、西藏等实现本省（区）或地市节目上星传输、定向覆盖，浙江、福建、广东、海南等省基本实现直播卫星"渔船通"。加快实施

高山无线发射台站基础设施建设、地面数字电视无线覆盖和中央广播电视节目无线数字化覆盖等重点工程，支持转播中央广播电视节目、直接服务农村地区的无线发射台站基础设施更新改造，加强中央广播电视节目无线数字化覆盖的运行维护，进一步提高无线广播电视覆盖能力和水平。截至 2017 年年底，全国广播、电视节目综合人口覆盖率分别达到 98.7%、99.1%，全国广播、电视节目无线覆盖率分别达到 97.48%、96.99%。到 2020 年，全国广播、电视节目综合人口覆盖率要分别达到 99% 以上，广播电视基本公共服务得到充分保障。

综合利用多种手段，完善农村广播电视现代传输覆盖体系。按照"技术先进、安全可靠、经济可行、保证长效"原则，统筹有线、无线、卫星 3 种方式，因地制宜、因户制宜推进数字广播电视覆盖和入户接收，加快实现广播电视公共服务由粗放式覆盖向精细化入户服务升级，由模拟信号覆盖向数字化清晰接收升级，由传统视听服务向多层次多方式多业态服务升级。目前，已有超过三成的农村家庭享受到高质量的有线广播电视服务，农村有线广播电视实际用户数已达 0.75 亿户。到 2020 年，要基本实现数字广播电视户户通，形成覆盖城乡、便捷高效、功能完备、服务到户的新型广播电视覆盖服务体系。

三、聚焦老少边穷地区，加快补齐广播电视公共服务短板

习近平总书记指出，全面小康一个也不能少，基本公共服务要更多向老少边穷地区倾斜。老少边穷地区广播电视公共服务设施条件相

对滞后、基础建设难度相对较大，是推进广播电视公共服务标准化、均等化的难点。要坚持从政策、资金等各方面加大支持和倾斜力度，努力使广播电视改革发展成果普惠各族人民，确保文化小康的路上"一个也不能少"。

坚持分类施策，让边疆少数民族地区群众听好广播、看好电视。加强边疆民族地区广播电视基础设施和译制制作能力建设，近年来广电总局积极落实中央财政资金，对边疆民族地区广播电视节目发射台站、广播电视中心、译制中心等基础设施建设和设施设备运行维护给予补助，有效改善了这些地区广播电视发展条件。为解决少数民族语种节目匮乏、覆盖范围小、少数民族群众"听不懂""看不懂"问题，在 13 个民族地区县（市）台增开广播或电视节目，通过直播卫星平台传输覆盖 13 套电视、11 套广播少数民族语言节目。同时，加强对少数民族地区节目供给，广电总局每年组织推荐 2000 集电视剧、1.8 万分钟电视动画片供新疆、西藏等民族地区译制播出。2017 年，全国少数民族语言广播、电视节目制作译制时间分别达到约 12.2 万小时、4.2 万小时。

助力精准扶贫，加强行业扶贫、定点扶贫和对口支援工作。围绕提升贫困地区广播电视基础设施和设备水平，推进制播能力建设和应急广播能力建设工程项目。实施贫困县播出机构制播能力建设工程，"十三五"以来，落实中央投资支持符合条件的贫困县广播电视台购置采编播设备，着力解决设备老化、制播能力不足、数字化高清化水平不高等问题。配合中宣部实施百县万村综合文化服务中心示范工程和贫困地区民族自治县、边境县村综合文化服务中心覆盖工程，为全国 2.85 万个行政村配置了广播器材，提高了基层信息发布能力。深入推进基层应急广播体系建设，争取中央财政资金在"十三五"后三年对深度贫困县的应急广播设施建设给予支持，2018 年补助 48 个深度贫困县应急广播平台、传输覆盖物及大喇叭系统建设。精准对接贫困户精神文化生活需求，2018 年广电总局配合中宣部向中西部 22 个省（区、市）建档立卡 10 万贫困户赠送电视机并组织采购 2 万多套直播卫星接收设备。充分发挥广播电视媒体优势和节目、电视剧、纪录片、网络视听等内容特色，开展广告精准扶贫和加强脱贫攻坚宣传。广电总局在对山西平顺、四川德格两个定点扶贫县和江西大余、青海囊谦两个对口援助县的帮扶工作中，协调拍摄了多部专题片、广告片，宣传报道当地旅游文化资源，产生了很好的宣传效果。

四、适应人民群众新期待，加强广播电视内容供给

习近平总书记指出，满足人民过上美好生活的新期待，必须提供丰富的精神食粮。现在广播电视内容供给主要矛盾已经不是"缺不缺、够不够"的问题，必须把重心放在"好不好、精不精"上。要深化供给侧结构性改革，不断提高内容质量，同时注重针对性、贴近性，用丰富优质的内容构筑人民群众精神家园。

坚持以人民为中心创作导向，繁荣创作生产、多出精品力作。深化广播电视节目创新创优，坚持"小成本、大情怀、正能量"创作方向，大力扶持"公益、文化、原创"节目，推动各类节目在思想上有新开掘、艺术上有新突破。深入实施广播电视"记录新时代工程"，

以 2018 年改革开放 40 周年、2019 年新中国成立 70 周年、2020 年全面建成小康社会、2021 年中国共产党成立 100 周年等重要时间节点为坐标，加强主题项目规划，聚焦现实题材创作，在电视剧、纪录片、动画片等方面，源源不断打造主旋律标志性扛鼎之作。深入实施网络视听节目精品创作传播工程，开展原创网络视听节目征选展播活动，加强对短视频的引导利用，努力推出更多正能量、有热度、接地气的网络视听作品。

积极对接重点群体需求，让内容供给更加精准。针对不同地区、不同人群，加快建立内容需求反馈机制，推动"菜单式""订单式"服务。围绕服务"三农"，指导各级广播电视播出机构播出更多贴近农村生产生活的好节目，解读惠农政策、提供农资信息、介绍致富经验、普及农业技术、丰富农村群众生活。2017 年，全国农村广播节目播出时间 435.36 万小时，占公共广播节目播出总时长 29.18%；农村电视节目播出时间 405.88 万小时，占公共电视节目播出总时长 21.58%。围绕服务弱势群体，指导广播电视播出机构加强为残疾人、少年儿童、老年人、农民工等群体的公益节目制作播出。

五、深化改革创新，增强广播电视公共服务动力活力

习近平总书记强调，要坚定不移将文化体制改革引向深入，不断激发文化创新创造活力。完善广播电视公共服务体系，必须深化改革、深入创新，让公共服务充满生机活力、跟上时代步伐，真正"用得起来、用得方便、用得长久"。

　　强化科技创新。现代科技是广播电视公共服务提质增效的引领和支撑。要顺应人工智能、云计算、大数据、区块链等新技术趋势，深入实施智慧广电建设工程，着眼于提供无所不在、无时不在的广播电视服务，加快广播电视智慧融媒体建设；着眼于提供更高端更优质视听体验，加快高清、超高清电视制播能力建设；着眼于提高综合服务承载能力，加快下一代广播电视融合网建设；着眼于拥抱万物互联和智慧社会，加快开发网络化、移动化趋势下的广播电视新业态新应用，全方位参与智慧城市、智慧社区、智慧乡村、智慧家庭建设，推动广播电视公共服务由户户通向人人通、移动通提升，努力满足人民群众数字化、高清化、移动化、社交化的收听收看需求。

　　强化运行和管理创新。坚持"政府主导、社会参与、重心下移、共建共享"，认真总结推广各地的有益经验，采取政府购买、项目补贴、定向资助、贷款贴息等政策措施，支持各类社会组织和机构参与广播电视公共服务，探索财政补助＋市场运作、契约有偿服务等不同特点的服务模式，提高公共服务效能。完善运行管理和监督考核制度，按照标准化、规范化思路，推动各级运行维护机构和人员队伍建设，确保广播电视公共服务长期通、优质通。

　　全国广播电视行业一定深入学习贯彻习近平总书记在全国宣传思想工作会议上的重要讲话精神，坚持把广播电视公共服务体系建设作为基础性战略性工作，抓重点、补短板、强弱项，加快推动广播电视公共服务标准化、均等化，为决胜全面建成小康社会、实现人民对美好生活的向往作贡献。

打造智慧广电　畅享数字生活[*]

当前，新一轮信息技术革命正在向智能化方向发展，大数据、云计算、物联网、移动互联和人工智能技术引发的"智慧浪潮"，深刻改变了人们的生产生活方式，构建起数字生活的美好图景。信息技术与社会生活的融合度越来越高。广播影视不但是信息的生产者、传播者，更应成为新的生活方式的发起者、组织者、提供者，成为社会生活的中心枢纽之一。面对智慧化的新浪潮，广播影视要把加快构建"智慧广电"作为转型升级的重要目标。智慧广电的本质是新兴信息技术与广播影视既有优势的高度融合，是广播影视数字化、网络化、智能化的新发展。2015 年 CCBN 以"融合智能网络、畅享数字生活"为主题，就是要加快广电传统媒体与新媒体的融合发展，加快推进广电融合网络的数字化、智能化，为人们提供更加优质高效的数字生活服务。

＊本文系作者在第 23 届中国国际广播电视信息网络展览会（CCBN2015）上的主题报告摘编，原载于《广播与电视技术》2015 年第 4 期，收入本书时略有修改。

> **一、打造智慧广电，是适应经济发展新常态、满足人民数字生活新期待、顺应信息技术新发展的必然要求**

第一，打造智慧广电是推动广播影视转型升级的重要引擎。经济发展进入新常态，发展动力从传统增长点转向新的增长点，整个经济正在向分工更复杂、结构更合理的高级阶段和高端形态演化。广播影视应顺势而为、乘势而上，努力将自身发展融入经济社会发展的内生需求，实施创新驱动，加快转型升级，提升在经济社会发展中的地位和作用。国家提出实施"互联网＋"行动计划，"互联网＋"就是要让互联网与传统行业进行深度融合，创造新的发展生态，这将深刻改变广播影视行业的内在结构和人们的消费习惯，激发广播影视数字消费新意愿。互联网与广播影视领域的深度融合将带来重大发展机遇，推动广播影视全业务、全流程、全网络从数字化向智能化、智慧化创新转变，进而催生"智慧广电"。

第二，打造智慧广电是广播影视惠民利民的责任担当。生活数字化已经成为一种趋势和潮流，人们对数字生活服务提出了新的更高要求。智慧广电的内在要求是转型升级，出发点和落脚点是惠民利民，它以满足人民数字生活新期待为己任，把科技创新与服务创新有机结合，有效提升民生领域信息服务水平，最大限度地满足人民群众多元多样多变的精神文化和信息需求，让人们共享广播影视创新成果。

第三，打造智慧广电是顺应技术发展趋势、壮大自身优势的战略选择。信息技术创新日新月异，科技成果转化周期越来越短，技术产品更新速度越来越快，以云计算、大数据为核心的新业态、新产品、新服务大量涌现，拓展延伸着广播影视的发展空间。打造智慧广电，从"功能"向"智能"升级，是广播影视发展新趋势，也将成为新常态，要树立全球视野、战略眼光、开放思维、市场意识，紧盯科技前沿，围绕国家和行业发展战略，围绕群众数字生活需求，加强科技创新和新兴技术、关键技术的研发应用，加快广播影视融合发展，不断提高自身实力、活力、竞争力，进一步增强内容优势、网络优势、用户优势、管理优势。

二、打造智慧广电、畅享数字生活，要坚持受众为本、内容为王，加快智能化生产运营、分发传播

一是平台智能化。在媒体融合发展的进程中，由智能化平台主导媒体生态的特征愈加明显。广播影视要从广电专网向互联互通的 IT 架构转变，从单纯的"内容制作机构"升级为内容制作、运营、分发的智能化平台，整合汇聚不同种类的媒介资源和生产要素，实现内容加工、内容汇聚、内容经营、内容管理的全流程一体化，打造智能适配互联的数据链、新媒体和传统媒体智能协同的生产链、社会效益与经济效益兼顾的价值链。

二是生产智能化。推进广播影视"采、编、播、存、用"流程集约化、数字化、智能化改造，兼顾多种业务形态、多种传输网络、多种服务模式、多种终端制式和跨网联动、多屏互动需求，实现开放协同、弹性高效、安全绿色的全流程网络化智能化生产，以及开放、融

合、协同的可持续创新；兼顾传统媒体与新媒体的终端呈现特点，利用大数据分析，开发适应数字生活需要的智慧产品。

三是传播智能化。智慧媒体，不仅能使受众获得信息，还能通过对信息的筛选分析进行重新组合，并将准确信息传递给特定人，为人们提供有效、即时、个性化的信息服务。广播影视要改变"重发端不重收端、重覆盖不重受众"的现象，真正以受众为本，充分利用数据分析、情景感知等先进技术以及社交媒体手段，在统一用户数据和内容数据管理的基础上，形成"随需而变"的传播方式，提供精准化内容、满足个性化需求。

三、打造智慧广电、畅享数字生活，要坚持融合创新、协同覆盖，打造无处不在、数字智能的广电网络

一是加快网络互联互通、智能协同覆盖。加强顶层设计，统筹有线、无线、卫星、互联网等网络传输资源，实现网络间的互联互通、无缝切换和可管可控，加强移动互联网技术的研发应用，深化广播电视网的移动互联能力建设，着力构建特色更加鲜明、覆盖更加广泛、传播更加快捷的融合智能网络，实现任何时间、任何地点、任何终端为受众提供便捷、高速、智能的接入广播电视服务，为广大人民群众泛在化的内容获取提供渠道支撑。

二是加快广电网络业务能力升级。着力提高广播电视网的业务承载能力，加快网络传输速度、系统处理效率的能力升级，实现天地一体、智能协同、宽带交互，使未来广播电视网成为"物联网""智

慧城市"的核心承载网络，充分发挥广播电视网作为国家基础信息网络的作用和效能。建立网络数据中心和智能分发网络，提供信息云服务，形成"一云多屏、多屏互动"的传播体系，提升内容分发智能化水平，更好地满足对交互型业务与全媒体业务发展需求。

三是加快提升广电网的智能化管理水平。顺应以用户为中心、全业务运营的发展方向，以现有广电网络为基础，集成应用新兴网络管理和传播技术，优化管理流程，加快智能化建设，实现用户识别、业务区分、流量调控、资源调配、网络管理的智能化，为智慧广电的全业务服务提供高速协同接入、资源自助指配、速率有效保障。

四、打造智慧广电、畅享数字生活，要坚持人民至上、服务为要，提供以视听为核心的全业务优质服务

一是提升服务品质。强化服务意识、质量意识、品牌意识，推进广电服务标准化、规范化、精细化、专业化，建立以用户为中心的评价体系，不断提升面向市场需求、面向受众需要的服务能力，打造智慧广电数字生活服务品牌。

二是拓展服务内容。优化资源、集聚要素，实现广播电视从传统视听媒体传播服务模式向"多媒体形态、多信息服务、多网络传播、多终端展现"的全业务服务模式演进，为用户提供融合新闻资讯、视听节目、社会服务、医疗健康、数字娱乐、智能家居等多功能于一体的智慧广电数字生活服务。

三是优化服务生态。数字生活的兴起使互联跨界的产业生态圈加

速形成。智慧广电将加快产业整合，形成多元参与、开放融合、多重叠加、价值重构的发展局面；要推动服务产品化，实现深度开发，延展数据链、提升价值链，形成创意研发、内容制作、播出发行、网络传输、终端服务以及衍生产品开发应用的完整产业链。

> **五、打造智慧广电、畅享数字生活，要坚持安全为基、创新驱动，以法治思维和法治方式，不断提升监管的智能化水平**

一是加强融合业务管理。智慧广电数字生活带给人们极大便利性的同时，对安全性也提出更高要求。广播影视要明确融合业务的安全边界，健全完善安全保障体系，加强对融合业务的安全审核、智能终端的安全管理，切实增强广播影视服务的安全防护能力，保障群众安全可靠地享受多元化的数字生活服务。

二是确保广电融合网络安全可靠。时刻牢记总体国家安全观，将安全作为智慧广电融合网络发展的前提和基础，加强网络监测监管、安全防护等方面关键技术和系统的研发应用，切实保障数据安全、技术安全、渠道安全、应用安全，筑牢"堤坝"，把好"关口"，堵住"后门"。

三是完善现代监管体系。数字生活需要内容、业务、终端等全方位安全来保障，要强化全方位监管，建立集制度规范、运行机制、技术标准、研判分析、及时处置于一体的智慧广电监测监管平台。加强监管部门之间的协同配合，建立完善智能化的监管网络和信息数据库，实现先进的监管技术、有效的监管信息和重要的技术成果共享应用，促进广播影视治理体系和治理能力现代化。

　　数字生活前景可期，智慧广电空间无限。让我们以习近平总书记系列重要讲话精神为指导，深入贯彻落实"四个全面"战略布局，携手打造"智慧广电"，为让人们畅享数字生活，为实现中华民族伟大复兴的中国梦作出新贡献！

不断加强新闻出版广播影视
公共文化产品和服务供给 *

　　党的十八大以来，以习近平同志为核心的党中央高度重视公共文化服务体系建设。习近平总书记强调，构建现代公共文化服务体系是保障人民群众基本文化权益、建设社会主义文化强国的重要制度设计。党的十八大和十八届三中、四中、五中全会都对公共文化服务体系建设作出重要部署。国家颁布出台了《中华人民共和国公共文化服务保障法》《"十三五"推进基本公共服务均等化规划》《关于加快构建现代公共文化服务体系的意见》等重要法律和文件。这些都为我们加强公共文化产品和服务供给指明了前进方向、提供了根本遵循。

　　新闻出版广播影视部门深入学习宣传贯彻习近平总书记系列重要讲话精神和治国理政新理念新思想新战略，坚持发展为了人民、发展依靠人民、发展成果由人民共享，紧紧围绕标准化、均等化目标，统筹实施新闻出版广播影视重点惠民工程，不断提高公共文化产品和服

　　* 原载于《求是》2017 年第 13 期，收入本书时略有修改。

务供给能力与水平，努力保障和维护人民群众读书看报、听广播看电视看电影等基本文化权益，切实增强人民群众的文化获得感。

一、完善设施网络、提升服务能力，新闻出版广播影视惠民工程建设取得显著成就

坚持以农村和基层为重点，以惠民工程项目为载体，努力打通"最后一公里"，初步建成覆盖城乡、较为完备的新闻出版广播影视公共服务体系。

综合运用有线、无线、卫星等方式，加快广播电视由村村通向户户通、优质通、长期通升级。"十二五"时期广播电视村村通工程共完成82万个20户以下通电自然村"盲村"建设任务，到"十二五"末村村通工程顺利收官，惠及全国1.5亿农村群众。在有线网络未通达的农村地区实施直播卫星公共服务户户通工程，全国直播卫星用户达1.15亿，其中户户通用户近1亿，户户通地区农村群众能够免费接收中央和地方上百套高质量的广播电视节目。拓展直播卫星服务，实施"渔船通""海岛通"，1.88万艘渔船、20余万渔民在海上也可以收听收看广播电视。实施中央广播电视节目无线数字化覆盖工程，推进广播电视高山无线发射台站基础设施建设，大幅提升了无线广播电视覆盖质量和水平。实施国家应急广播体系建设工程，在应急抢险救灾等方面发挥了独特作用。目前，我国已建成有线、无线、卫星混合覆盖且技术先进的广播电视现代传输覆盖体系，广播、电视人口综合覆盖率分别达到98.37%、98.88%。

实施农村数字电影放映工程和县级城市数字影院建设工程，努力让基层群众看到看好电影。重点在农村、乡镇、县城3个层面着力，为基层群众提供更加优质便捷的电影公共服务。目前有245条农村数字院线、约5万余支放映队活跃在全国农村、厂矿、学校，实现了流动电影公共服务全覆盖，确保了"一村一月放映一场电影"目标。在此基础上，鼓励各地因地制宜开展固定放映、改善观影条件，加快由露天向室内固定场所放映转变；扩大覆盖范围，放映活动逐步向外来务工人员工地、市民休闲广场及部分地区寺庙、养老院等拓展。2015年年底实现全国县级城市数字放映场所全覆盖，2016年年底全国已有县城影院4373家、银幕17507块，有效解决了县城群众看电影难的问题，目前正在推进乡镇影院建设试点工作。

深入推进全民阅读活动和农家书屋、城乡阅报栏（屏）、出版物发行网点等重点项目，努力打造"书香中国"。全民阅读活动2006年启动。2016年全国31个省（区、市）开展了"2016书香中国"全民阅读系列活动，200多个地市和1000多个区县开展了群众性阅读活动，全国8亿多人次读者积极参与，共同打造了一场全民阅读的文化盛宴。已建成农家书屋60万家，覆盖全国有基本条件的行政村，累计向农民配送图书10亿册，成为服务农村群众文化需求的重要平台。在车站、商场、广场、社区、学校、医院等人流密集地点建设了一大批阅报栏（屏）和数字阅读屏。支持城乡出版物发行网点建设，绝大部分地区实现了"市市有书城、县县有书店、乡乡有网点、村村有书屋"，全民阅读硬件基础更加坚实，共建共享的生动局面已经形成。

二、精准帮扶、补齐短板，促进文化资源共享

补短板是提高公共服务均等化水平的关键，也是实现文化小康目标的攻坚重点。我们坚持问题导向，在政策、资金和项目上向老少边穷地区和特殊人群倾斜，尽快缩小差距、促进均衡，努力使文化改革发展成果普惠全国各族人民。

瞄准贫困地区，助力精准扶贫。实施贫困地区县级广播电视播出机构制播能力建设工程，支持补助全国符合条件的广播电视台等播出机构购置采编播设备，努力解决贫困地区县级播出机构采编播设备老化、制播能力不足等问题。2016年，落实"贫困地区百县万村综合文化服务中心示范工程"广播器材资金1.04亿元，为5000多个村配置了广播器材。为解决边远地区报刊投送难等问题，推动建成2.2万家卫星数字农家书屋，有效服务了20个省区的数千万农民群众。

瞄准边疆少数民族地区，提升供给能力。以实施新闻出版"东风工程"和广播影视"西新工程"为抓手，努力让少数民族群众听懂看懂、听好看好。新闻出版"东风工程"涵盖民文出版基地建设、党报党刊和民族文字出版单位建设、流动售书车配备、扩大数字出版和出版物赠阅等多个项目，有效提升了民族文字新闻出版生产供给能力和服务水平。广播影视"西新工程"覆盖9个少数民族人口较多的省区，西藏、新疆等边疆少数民族地区广播影视发展基础条件大大改善，少数民族语言节目译制制作和传输覆盖能力大大增强。这些重点工程的实施，丰富了边疆少数民族地区人民群众精神文化生活，发挥

了促进经济社会发展、民族团结进步、社会和谐稳定的积极作用。

瞄准重点人群，保障基本权益。始终把面向未成年人的公共服务放在突出位置，扶持少儿精品图书和影视作品创作生产传播。全国开办的广播电视少儿频道频率已经达到 46 个。全民阅读坚持少儿优先原则，开展优秀出版物、优秀报刊推荐活动；组织百家出版单位与各地千所中小学共同开展多种形式的"百社千校"读书活动；开展"书香·童年"阅读工程试点，向甘肃省、青海省部分地区的 5.5 万名 1—3 岁学龄前儿童发放儿童书包。实施盲文和无障碍影像音像制品出版项目，引导音像电子出版制作单位面向大众和特殊群体制作内容生动、形式多样，具有较高艺术水准和制作水平的有声读物。鼓励支持有条件的电视台增加手语节目和加配字幕，保障特殊群体获取公共信息的基本权益。

三、丰富内容、提升质量，为人民群众提供更加多样化、高品质的精神食粮

坚持以人民为中心的工作导向，坚持以社会主义核心价值观为引领，坚持把社会效益放在首位，面向基层、服务群众，加强内容产品的创作、生产、传播，让群众共享内容丰富、形式多样、健康向上、品质优良的精神文化产品。

繁荣创作生产，丰富文化产品供给。坚持"二为"方向和"双百"方针，调动和激发创作活力，促进创作生产蓬勃发展。2016 年，全国出版图书 50 万种，期刊总印数 27.4 亿册，报纸总印数 394.4 亿

份；生产电影故事片 772 部、动画电影 49 部、纪录电影 32 部、科教电影 67 部、特种电影 24 部，国产电视剧 330 部 14768 集，电视动画片近 12 万分钟。我国已经成为名副其实的新闻出版广播影视内容生产大国，满足了人民群众多层次多样化的精神文化需求。

打造精品力作，顺应高品质文化期待。深化新闻出版广播影视供给侧结构性改革，实施精品工程和图书电影电视剧动画片纪录片"五个一百部"创作规划，提高品质质量，力攀文艺高峰，努力推出更多思想性、艺术性、观赏性有机统一的优秀作品。近年来，《习近平谈治国理政》《抗日战争》《望春风》等图书，《百团大战》《狼图腾》《智取威虎山》《湄公河行动》等电影，《历史转折中的邓小平》《海棠依旧》《彭德怀元帅》《平凡的世界》等电视剧，《戚继光》《最可爱的人》等动画片，《筑梦路上》《东方主战场》等纪录片赢得读者观众广泛好评，树立了新时期文化建设的丰碑。2017 年，我们将突出中国梦主题，贯穿迎接宣传贯彻党的十九大这条主线，以实施"五个一"（即 1 本图书、1 部电影、1 部电视剧、1 部纪录片、1 部动画片）精品工程为抓手，聚焦重点项目，力争推出更多叫得响、传得开、留得住的精品力作。

坚持以人为本，促进供需有效对接。为增强产品服务的贴近性实效性，一方面大力扶持面向基层的公益性图书、影视内容创作生产，另一方面努力搭建平台，促进了有效供给。目前，全国已开办对农专业频道频率 58 套，同时明确要求上星综合频道文化、科教、对农等 8 类公益性节目播出量不得低于 30%。积极探索"自下而上、以需定供"的"菜单式""订单式"公共服务，每年制定农家书屋重点出版物推荐目录，各地农家书屋根据农民需求补充更新读物，2016 年评选出 1066 种图书、299 种音像制品和电子出版物、210 种少数民族文字出版物、180 种报刊；农村电影放映设立"片目库"，目前，供农村流动放映按需订购的影片已达 3511 部，群众"点菜"、政府"买单"模式进一步增强了公共服务的实效性。

四、坚持改革创新，切实增强服务活力

适应新形势新任务，更新思想观念，创新思路举措，优化顶层设计，促进公共服务可持续发展，让人民群众长期受益。

建立健全公共财政保障机制。各级政府不断完善公共财政保障机制，公共财政投入力度不断加大。党的十八大以来，中央已投入新闻出版广播影视公共服务建设和运行维护资金 272 亿元。在加强财政保障的同时，积极转变投入方式，由以直接拨款为主变为工程采购、项目补贴等多种方式相结合，提高了财政资金使用效益。

形成社会力量参与的有效机制。积极简政放权，吸引社会资本投入，鼓励引导社会力量以多种方式参与户户通、全民阅读、农村电影放映等多个领域服务项目建设。农村电影放映形成"企业运营、市场运作、政府购买、群众受惠"的成功模式，"书香中国 e 阅读"推广工程向移动、联通、电信三大运营商购买数字阅读服务免费供给城市务工人员，提高了服务效能。

完善运行维护长效机制。按照标准化、规范化的思路，推动各级运行维护机构和人员队伍建设，不断规范服务标准，制定严格的运行

管理和监督考核制度，推动建立以用户为中心的评价体系和运营维护监管体系。《中华人民共和国公共文化服务保障法》从 2017 年 3 月 1 日起开始实施，对公共文化设施经常性维护管理、使用效能考评等作出明确规定。今后一个时期，国家新闻出版广电总局将坚决贯彻落实《中华人民共和国公共文化服务保障法》《中华人民共和国电影产业促进法》，积极推动《全民阅读促进条例》等立法工作，通过法律法规为新闻出版广播影视公共服务长效化保驾护航。

在实践中，我们坚持把加强公共文化产品和服务供给作为践行"创新、协调、绿色、开放、共享"新发展理念，落实以人民为中心工作导向的实际行动，积极探索、改革创新，进一步深化了思想认识、积累了有益经验。一是坚持硬件建设与软件建设相结合，在加强基础设施建设的同时，注重精品力作生产、优质内容提供，不断完善工作格局。二是坚持政府主导与社会参与相结合，在政府增加投入、履行主体责任的同时，通过购买服务等方式引导社会力量积极参与，努力形成强大合力。三是坚持整体推进与重点突破相结合，在实现基本服务全覆盖的同时，面向重点地区、重点群体和薄弱环节加大倾斜力度，真正做到惠及全民。四是坚持重在建设与优化管理相结合，在推进工程建设的同时，不断提高运行、维护、管理水平，促进提质、增效、升级，积极完善长效机制。

党的十八大以来，新闻出版广播影视公共服务体系建设取得了显著成效，同时我们也清醒认识到，与党和国家的要求相比，与人民群众日益增长的精神文化需求相比，还有不小差距，做好今后工作任重道远。我们将牢记职责使命，更加紧密地团结在以习近平同志为核心的党中央周围，统筹实施新闻出版广播影视"公共服务提质增效工程"，整合优势资源、优化资源配置，充分运用高新科技手段，不断提高公共服务能力和水平，推进新闻出版广播影视公共服务体系建设再上新台阶。

坚决履行广电行业职责使命
全力服务决战决胜脱贫攻坚 *

　　2020 年是脱贫攻坚战收官之年。习近平总书记在决战决胜脱贫攻坚座谈会上发表重要讲话，向全党全国人民发起总攻号令，为一鼓作气决战决胜脱贫攻坚指明了努力方向，提供了根本遵循。广电总局坚持以习近平新时代中国特色社会主义思想为指导，增强"四个意识"、坚定"四个自信"、做到"两个维护"，始终把服务脱贫攻坚放在重要位置，履职尽责、主动作为，统筹广播电视和网络视听资源力量，带动全行业同心协力服务脱贫攻坚，以实际成效践行初心使命。

一、深入做好脱贫攻坚主题宣传，营造良好舆论氛围

　　开展脱贫攻坚宣传，是促进全社会了解扶贫、认识扶贫、参与扶贫的重要手段，是统一思想、凝聚力量的有效途径，是广电行业的职责所在。广电总局坚持围绕中心、服务大局，深入实施舆论引导能力

＊原载于 2020 年 6 月 12 日《学习时报》，收入本书时略有修改。

提升工程，深化广播电视媒体"头条"建设和视听新媒体"首页首屏首条"建设，深入宣传习近平总书记关于脱贫攻坚的重要论述，深入宣传党中央脱贫攻坚决策部署，深入宣传脱贫攻坚取得的重大成就和典型经验，唱响时代主旋律。精心指导组织各级广播电视媒体和主要视听网站开设脱贫攻坚专题专栏，集中优势资源，构建全平台联动、全媒体覆盖、专题化聚合、立体化呈现、多样化输出的宣传矩阵，分批次、有节奏地做好节目排播，做到主题鲜明、高潮迭起、氛围浓厚。当前，适应疫情防控形势变化，指导推动宣传各地统筹推进疫情防控和脱贫攻坚工作的新举措、好办法，努力为打赢脱贫攻坚战注入精神动力。加强理论节目创作播出，广电总局指导全国卫视策划制作的大型电视理论节目《思想的田野》，深入田间地头，以群众喜闻乐见、通俗易懂的方式阐释习近平总书记关于脱贫攻坚的重要论述，推动精准扶贫、精准脱贫的理念深入人心，取得了良好反响。

二、精心组织脱贫攻坚主题精品创作生产，记录新时代历史伟业

习近平总书记强调，书写中华民族新史诗。如期完成脱贫攻坚目标任务，这是中国历史上、人类历史上彪炳史册的辉煌壮举，以优秀作品记录好、呈现好这一历史性时刻，是广电行业的光荣使命。近年来，广电总局指导行业围绕脱贫攻坚主题，推出了《黄土高天》《索玛花开》《苦乐村官》《一个都不能少》《绿水青山带笑颜》《在桃花盛开的地方》《麦香》等电视剧、《伊犁河》《落地生根》《希望的田野》

《不负青春不负村》等纪录片、《脱贫大决战》《扶贫第一线》《益起追光吧》《最是一年春好处》等扶贫节目、《毛驴上树》《李扯火脱贫》等网络剧和网络电影，充分发挥了正向引领作用。2020年，广电总局把打造脱贫攻坚主题精品作为重中之重，加强创作规划，多次以视频会议的形式召开创作策划会、推进会，并印发《关于做好脱贫攻坚题材电视剧创作播出工作的通知》，号召全行业聚焦聚力，加快脱贫攻坚题材电视剧推进力度，用心用情用功推出精品力作。目前，广电总局深入指导的《山海情》《石头开花》等重点电视剧正在抓紧创作生产。这些重点作品，有的"以大见大"，全面展现中国人民打赢脱贫攻坚战、全面建成小康社会的时代影像，反映中华儿女真实鲜活、振奋人心的伟大实践；有的"以小见大"，通过讲述脱贫攻坚一线的故事彰显中国方案，用普通人物、普通家庭反映时代变迁，用小事件表现大主题，用小落点体现大格局，展现中国精神、中国力量，描绘中华民族具有里程碑意义的历史伟业。广电总局建立了重点项目台账，加强跟踪指导和服务，力争推出重量级、标杆性的作品。

三、大力提升贫困地区广播电视公共服务水平，满足人民群众美好生活新期待

习近平总书记指出，扶贫必扶智，扶贫必先扶志。广电总局对接贫困地区群众精神文化生活需求，推动资源向基层延伸、向农村覆盖、向老少边贫地区，特别是深度贫困地区倾斜，着力促进广播电视公共服务提质增效。持续推进广播电视户户通、优质通，深入实施贫

困地区县级广播电视播出机构直播能力和深度贫困县应急广播体系建设等重点惠民工程，"十三五"期间已落实资金 106.18 亿元，有效提升了贫困地区广播电视公共服务水平。在此次抗击新冠肺炎疫情和之前抗震救灾等关键时期，基层应急广播发挥了积极作用，有效实现基层"最后一公里"的覆盖。全国农村广播电视现代传输覆盖体系初步形成，农村有线广播电视实际用户数已达 0.74 亿户，直播卫星公共服务已覆盖全国 59.8 万个行政村，服务用户达 1.42 亿户，全国广播、电视节目综合覆盖率分别达到 99.13%、99.39%。坚持传输覆盖与内容建设并重，加强节目内容供给，全国农村广播、电视节目制作播出时长保持稳定增长，播出时间年均超过 400 万小时，全国少数民族广播电视节目制作译制时长年均超过 15 万小时。广电总局每年还向贫困地区、革命老区、少数民族地区等县级广播电视机构协调提供优质电视剧和节目。在疫情防控期间，特别协调向全国县级广播电视机构免费提供了抗疫公益宣传片、优秀电视节目和电视剧，有力服务了工作大局。目前，广电总局正大力推进智慧广电建设，积极策划实施"智慧广电乡村工程"，加快人工智能、大数据、云计算、区块链等高新技术应用，推进广播电视和网络视听与在线教育、在线医疗融合发展，为贫困地区提供更高质量的视听服务和"空中课堂"、远程会诊义诊等多形态产品，努力在脱贫攻坚中发挥更大作用。

四、充分发挥行业特色优势，积极推进产业扶贫

习近平总书记强调，发展产业是实现脱贫的根本之策。全国广电

行业紧紧围绕"精准扶贫",坚持"输血"与"造血"结合,探索可复制、可持续的产业扶贫举措,助力贫困地区产业发展。指导各级广播电视播出机构积极打造"媒体＋精准扶贫"模式,探索广告扶贫新路子,把贫困地区产品宣传与当地特色推介结合起来,提升扶贫产品的品牌知名度。协调知名网络视听机构参与扶贫工作,举办"创新扶贫模式赋能持续发展——视听＋精准扶贫"论坛,打造"公益广告、节目＋消费扶贫""短视频、直播＋消费扶贫"模式,拓宽贫困地区农产品流通和销售的资源平台和信息渠道。从黄土高坡到雪域高原,从革命老区到民族地区,广播电视和网络视听充分发挥传播覆盖、平台整合和品牌影响等优势,努力开拓消费扶贫、产业扶贫新渠道,实现了广播电视和网络视听内容传播与贫困地区经济发展有机融合、相互促进。

五、扎实做好定点扶贫工作,精准发力见成效

四川省德格县、山西省平顺县是广电总局定点扶贫县。广电总局认真落实中央关于定点扶贫的决策部署,加强组织领导,健全工作机制,广电总局党组同志多次带队深入定点扶贫县调研指导,全力以赴推进定点扶贫工作。指导推动广播电视和网络视听媒体开展形式多样的扶志扶智帮扶活动,组织业务骨干、艺术家到定点扶贫县开展宣传报道、慰问演出和文化交流,协调网络视听平台与定点扶贫县签订帮扶合作协议,实施定向扶贫培训计划,推动当地电商产业、旅游产业实现快速发展,有力提升定点扶贫县的自我发展能力。充分发挥党

支部的战斗堡垒和先锋模范作用，组织机关部门和直属单位与贫困村建立结对帮扶关系，实现结对共建全覆盖。深入结对村走访慰问调研34批次，累计投入帮扶资金和物资600多万元，购买农产品1120余万元，落实帮扶举措200余项，培训基层干部和技术人员3000余名，资助贫困学生6000余名，义务就诊贫困群众500余名，德格县和平顺县顺利实现脱贫摘帽。

决战脱贫攻坚，是以习近平同志为核心的党中央站在全面建成小康社会、实现中华民族伟大复兴中国梦的历史维度作出的重大战略部署，越到最后阶段越要绷紧弦、加把劲。全国广电行业一定要更加紧密地团结在以习近平同志为核心的党中央周围，不忘初心、牢记使命，认真履行职责使命，坚定不移做好服务脱贫攻坚各项工作，为全面建成小康社会、实现"两个一百年"奋斗目标作出新的更大贡献。

坚定方向　凝聚力量
展现新时代网络视听新气象新作为[*]

党的十八大以来，以习近平同志为核心的党中央高度重视、积极发展、科学治理互联网，习近平总书记发表系列重要讲话、作出系列重大决策、部署系列重大举措，推动走出了一条中国特色治网之道，谱写了网络强国建设时代新篇章。2018 年以来，中央先后召开全国网络安全和信息化工作会议、全国宣传思想工作会议，习近平总书记发表重要讲话，为我们在新形势下做好网络视听工作指明了前进方向、提供了根本遵循。在这样的背景下，第六届中国网络视听大会围绕"凝心聚力，创造美好新视界"的主题，共同研商网络视听履行新使命、增强新动能、实现新发展，相信思想认识会更加聚焦，方向定位会更加明确，思路举措会更加清晰。

在以习近平同志为核心的党中央坚强领导下，在习近平新时代中国特色社会主义思想科学指引下，在管理部门、行业企事业单位和网

---

　　*本文系作者在第六届中国网络视听大会上的主旨演讲摘编，原载于《有线电视技术》2018 年第 12 期，收入本书时略有修改。

络视听工作者共同努力下，我国网络视听业取得了显著成绩，主要体现在以下 4 个方面。

一是服务大局能力显著增强。全行业更加深刻地认识到新时代网络视听工作的价值所在、责任所在、担当所在，自觉围绕中心、服务大局，坚持正确的政治方向、舆论导向、价值取向，主旋律更加高昂、正能量更加强劲。在宣传党的十九大等重大宣传节点，网络视听媒体与传统媒体同频共振，全方位、多角度开展报道，形成了主题宣传的舆论强势，构建了融合传播舆论新格局。《那天总书记来我家》等重点网络视听节目深受观众欢迎，重点视听网站纷纷开设"党的十九大"专区，节目总播放量达 24.5 亿次，访问人数达 4.8 亿人次。

二是节目数量质量不断提升。全行业聚焦优质内容创作生产的热情空前高涨，2017 年备案的网络剧、网络电影、网络动画片、网络纪录片达 8400 多部。广电总局连续几年实施"网络视听节目精品创作传播工程"，举办"弘扬社会主义核心价值观共筑中国梦"主题原创网络视听节目征集推选和展播活动，推优扶持了 765 部作品；各地也加大优秀作品创作播出扶持力度，树立了推进网络视听节目高质量发展的鲜明导向。弘扬社会主义核心价值观和中华优秀传统文化日益成为创作的核心要素，并且题材类型、艺术风格、叙事方法等有了更多创新和扩展，涌现出《公仆之路》《红色气质》《新时代新家乡》《我的青春在丝路》等一批优秀作品。

三是产业规模不断壮大。中国网络视频用户规模已达 6.09 亿，占网民总数的 76%，5 年累计增幅 74.5%；手机网络视频用户规模达 5.78 亿，5 年累计增长 345%；网络短视频呈爆发性增长，用户数量快速攀升至 5.94 亿，占网民总数的 74%。2017 年，在线视频市场规模已接近千亿元关口，在线视频广告市场规模近 500 亿元，网络视听节目服务收入达到 142.98 亿元，出现了一批网络视听领军企业。

四是发展秩序日益规范。以党中央网络强国战略顶层设计和总体架构基本确立为标志，网络视听业全面纳入互联网管理全国"一盘棋"工作格局，进一步走向科学发展、规范发展的轨道。各级管理部门认真落实网络意识形态工作责任制，坚持科学、依法、有效管理，坚持协调联动、相互配合治理。广电总局陆续出台 20 多个规范性文件，机构准入管理、公网和专网管理、节目内容备案审核传播管理更加科学精细、注重实效。2018 年以来，有关部门紧密联动，常态化加强对持证和非持证网站的协同管理，坚决果断处置违规制作转载节目问题，坚决打击政治有害、内容三俗、血腥暴力等节目，坚决整治诋毁英烈、追星炒星、泛娱乐化、炫富享乐、恶搞文艺经典等群众深恶痛绝的节目问题，对造成恶劣影响的短视频网站，采取通知、约谈、整改、下架、关停等"组合重拳"，带动了一批视听网站自查自纠，深度清理了大量网络空间的精神毒品、垃圾和糟粕，网络视听传播生态进一步改善。

党的十八大以来，我国网络视听发展走过的道路很不平凡，成绩来之不易，经验弥足珍贵，良好局面需要大家共同维护。同时，也要清醒地看到，网络视听领域还存在着不足和薄弱环节，面临着许多困难和挑战。例如，网络视听节目良莠不齐，有数量缺质量、有"高原"缺"高峰"；关注现实的新作少、精品更少；跟风模仿、题材同质扎堆的问题十分突出。例如，片面强调点击率、逐利违规的情况时有发生，个别机构热衷制作传播娱乐至上、追星炒星、炫富享乐，甚至低俗庸俗媚俗的节目；有的创作者、把关者导向意识不强，非主流、亚文化甚至扭曲价值观的内容元素夹杂于节目中传播。例如，管理中的新问题不断涌现，不同地区、不同平台审核标准不一致，有的审核水平不高、技术手段不强。例如，良性的、可持续的发展能力建设还需要在实践中探索和检验等。这些问题和挑战，我们要高度重视、勇于面对，在发展中寻求破解，在解决中推动发展。

习近平总书记在党的十九大上指出，中国特色社会主义进入了新时代。我们进入了一个点燃梦想、砥砺奋进的伟大时代，网络视听业正乘着党和国家各项事业蓬勃发展的东风破浪前行。全行业要坚持以习近平新时代中国特色社会主义思想为指导，把人民对美好视听生活的向往作为奋斗目标，坚定前行方向，强化责任担当，坚持守正创新，奋力完成新的使命任务，不断谱写美好"新视界"的辉煌篇章。

第一，要强导向，努力做主流思想文化建设者。习近平总书记强调，中国特色社会主义进入新时代，必须把统一思想、凝聚力量作为宣传思想工作的中心环节，要求我们建设具有强大凝聚力和引领力的社会主义意识形态。互联网日益成为意识形态主阵地，网络视听已经成为网民参与度最活跃的宣传文化新空间。据统计，网络视听已占据互联网数据访问总流量的 80% 以上。网络视听生产传播的是影响人思想的精神产品，影响越大，责任越大。网络视听业界必须深化思想认识、提高政治站位，坚持从政治的、全局的、战略的高度审视行业发展，自觉把个体发展融入党和国家事业大局中，牢牢把握正确政治方向、舆论导向、价值取向，肩负起应尽的责任。

要强化政治责任，始终旗帜鲜明讲政治，铸牢"四个意识"、坚定"四个自信"、做到"两个维护"，把党的领导体现到网络视听各领域、各环节。要加强网上正面宣传，突出思想引领，持续开展"首页首屏首条"建设，用习近平新时代中国特色社会主义思想和党的十九大精神团结、凝聚亿万网民。要发挥视听特色，常态化聚合传播党的声音，构建网上网下同心圆，使网络视听成为党开展宣传思想工作的重要增量，巩固全党全国人民团结奋斗的共同思想基础。

要担当文化责任，始终保持高度的文化自信，坚持社会主义先进文化的前进方向，既做中国先进文化的积极引领者和践行者，又做中华优秀传统文化的忠实传承者和弘扬者。我们提出，建设讲导向、有文化的平台，就是希望网络视听服务机构坚持以文化人，强化价值引领，自觉抵制腐朽落后文化侵蚀，通过生动的实践让中华文化的精神宝藏展现出永久魅力和时代风采。

要坚守社会责任，始终把社会效益放在首位，努力做到经济效益与社会效益相统一。要以培养担当民族复兴大任的时代新人为着眼点，坚持培育和弘扬社会主义核心价值观，讲品位、讲格调、讲责任，自觉向低俗庸俗媚俗说"不"。一举一动，首先都应该想一想社会效果，决不能为了流量和点击率制造文化垃圾、败坏社会风气，决不能沾满铜臭气，不让廉价的笑声、无底线的娱乐、无节操的垃圾掩埋我们的生活。

第二，要强作品，努力做优质精神食粮提供者。习近平总书记强调，文艺是铸造灵魂的工程，不能当市场的奴隶。要求我们推出更多健康优质的网络文艺作品，以高质量文化供给增强人们的文化获得感、幸福感。落实习近平总书记要求，我们还需要加倍努力。网络视听节目创作要"铸魂魄、接地气、聚人气"。铸魂魄，就是要坚持以习近平新时代中国特色社会主义思想为灵魂，着力提升网络视听作品的思想内涵和审美价值，更好地举精神之旗、立精神支柱、建精神家园。网络视听作品既要有意思，又要有意义。如果没有正确的思想和审美，就只剩下了躯壳，再新颖的形式、再娴熟的技巧，也难留下长久的回味和深刻的印记。接地气，就是坚持以人民为中心的创作导向，在深入生活、扎根人民中进行现实主义创作。创作根子在生活、在人民，离开了这个根，就只是无源之水、无土之木。网络视听节目创作者要多到火热生活的现实中挖掘素材、提炼主题、汲取养料，生动鲜活展示新时代人民群众追梦、筑梦、圆梦的多彩画卷。聚人气，就是要以创作生产优秀作品为中心环节，以过硬品质吸引人、赢得口碑，让群众满意，努力做到叫得响、传得开、留得下。

为进一步加强精品创作生产、促进网络视听节目提质升级，广电总局计划实施"网络视听节目提升工程"，既抓日常、抓经常，日积月累、久久为功，又抓主题创作，以重点带整体。特别是要以当前和未来5年党和国家重要时间节点为工作坐标，围绕改革开放40周年、新中国成立70周年、全面建成小康社会、中国共产党成立100周年等，组织推进重大主题创作，用心用情用功反映伟大时代、书写中华民族新史诗。希望网络视听行业能够提前谋划，在主题创作上拿出扛鼎之作，出新出彩出亮点。节目制作机构、网络视听平台、专网平台、移动视频客户端、视频上传用户、传输运营商要共同努力，使电视上、电脑上、手机上传播的每一部网络剧、网络电影、纪录片、少儿节目、网络综艺节目、短视频节目，都能蕴含社会主义核心价值观的闪亮元素。

第三，要强创新，努力做新业态新服务开拓者。习近平总书记多次强调，创新是引领发展的第一动力，创新决胜未来。要求更好释放各类创新主体创新活力。网络视听本身就是技术创新的产物，天生具有创新的基因，理应在践行新发展理念上先行一步，在坚持方向、坚守正道的前提下，更加注重创造性转化、创新性发展，始终走在时代前沿、引领风气之先。作为政府管理部门，我们将加强引导、优化环境，以最大力度鼓励支持网络视听行业的创新创造。

我们鼓励支持服务创新。网络视听行业竞争日益激烈，群众开始用"指尖"投票，差异化、优质化的服务已成为赢得受众的关键一环。希望网络视听服务机构坚持以人为本、服务至上，深度挖掘受众需求，强化专业化、精细化运作，丰富内容样式、服务模式，提供更优质、更贴心、更人性化的视听体验，努力开辟新的"蓝海"，更好地满足人民群众多样化的视听新期待。

我们鼓励支持技术创新。网络视听植根于互联网这个科技创新最活跃、应用最广泛的领域，必须时刻保持敏锐的嗅觉，积极拥抱大数据、超级计算、人工智能、混合现实等最新技术，寻找业务创新与技术创新的结合点。要善于运用正确价值观指导下的"算法"推进工作，让个性化定制、精准化生产、智能化推送等技术更好为优质节目服务。要强化自主创新，勇闯网络视听技术领域的"无人区"，推动核心技术突破，加快构建自主知识产权的网络视听关键技术体系，掌握未来发展主动权。

　　我们鼓励支持融合创新。近年来，广播电视行业把媒体融合作为一项重大战略任务加快推进。前不久，广电总局召开了推进全国智慧广电建设现场会，进一步提出要打造广电智慧媒体、培育广电智慧生态。在融合发展、智慧发展的浪潮中，我们希望能够把广播电视和视听新媒体两者的优势有效结合起来，把两个方面的资源最大限度地利用起来，推动信息内容、技术应用、平台终端、管理服务共享融通，形成竞合发展、共创共赢的生动局面，更好地服务大局、服务人民。

　　第四，要强管理，努力做清朗网络空间维护者。习近平总书记强调，网络空间是亿万民众共同的精神家园，网络空间天朗气清、生态良好，符合人民利益。维护清朗的网络视听空间，是大家共同的责任。政府、企事业单位、从业者、网民要各负其责、共同参与、共同管理、综合治网、形成合力。

　　要把治理乱象作为当务之急。对群众反映强烈的突出问题、对扰乱行业生态的突出问题，一定要敢抓敢管、动真碰硬、坚决整治。前不久，针对当前广播电视和网络视听文艺创作领域的泛娱乐化、追星炒星、高价片酬、收视率点击率造假等突出问题，广电总局印发了《关于进一步加强广播电视和网络视听文艺节目管理的通知》，提出了一系列管理措施。各个方面要对照政策要求，认真自查自纠、做好整改落实，在解决突出问题的同时，不断完善长效机制，推动健康持续发展。

　　要把确保安全放在突出位置。习近平总书记强调，网络和信息安全牵涉到国家安全和社会稳定，是我们面临的新的综合性挑战。网络视听服务，安全至关重要。我们要树立正确的网络安全观，统筹好建设和管理，既要建好路，又要有刹车，还要有屏障，履行好主体防护责任。特别是涉及意识形态安全的新技术新产品新业务，必须加强安全评估，做到关口前移、防患未然，真正筑起维护安全的"防火墙"。

要把齐抓共管作为长久之策。广播电视行政管理部门，要履行监管职责，网络视听业务延伸到哪里，管理就要覆盖到哪里，把该管的都管起来。我们提出网上网下统一导向、统一标准、统一尺度，下一步各级管理部门要加快细化操作路径、完善工作机制，推进政策落地落实落细，营造公平公正的市场环境。网络视听节目服务机构，要切实落实主体责任，坚持依法依规运营，严格持证运营、安全播出等管理制度，坚持先审后播，健全节目审核和播出流程，配强审核力量，把好导向关、内容关、质量关、传播关、人员关，决不能让网络视听成为传播有害节目的平台。网络视听协会组织，要专注职能定位，发挥桥梁纽带作用，做好行业引领、组织和服务，持续深入开展行业自教自律。在广电总局指导下，中国网络视听节目服务协会联合国内主要视频网站，制定了《网络短视频平台管理规范》和《网络短视频内容审核标准细则》100条，近期将向社会公布，必将有助于进一步规范短视频传播秩序。

新时代是奋斗的时代，网络视听的美好愿景需要我们有新气象新作为。让我们更加紧密地团结在以习近平同志为核心的党中央周围，坚定方向，凝聚力量，努力完成新使命新任务，奋力开创网络视听繁荣发展的新局面，为满足人民美好生活新期待，为服务党和国家工作大局作出新的更大贡献！

坚守正道传播正能量
砥砺创新激发新活力 *

  党的十八大以来，以习近平同志为核心的党中央高度重视宣传思想工作和互联网建设管理，习近平总书记亲自谋划、亲自指导、亲自推动，提出一系列重要论述，作出一系列重大部署，为我们做好网络视听工作指引了前进方向、提供了根本遵循。本届大会深入贯彻习近平新时代中国特色社会主义思想，以"守正创新，激发视听新活力"为主题，共谋推动网络视听高质量发展，体现了贯彻落实中央决策部署的高度自觉，契合了人民群众对美好视听生活的新期待。相信通过这次大会，全行业一定能够更好地统一思想、凝聚力量，为网络视听新发展积蓄新动能，为服务大局作出新贡献。

  随着信息网络技术的发展，网络视听作为一支快速崛起壮大的新军，不断丰富表现形态、创新发展业态、优化产业生态，展示出独特魅力，呈现出勃勃生机，正在朝着从生力军迈向主力军、从新

---

  * 本文系作者在第七届中国网络视听大会上的主旨演讲摘编，原载于《有线电视技术》2019 年第 6 期，收入本书时略有修改。

阵地迈向主阵地奋力跨越，成为宣传思想文化建设不可或缺的中坚力量。

一是网络视听宣传阵地不断巩固壮大，有力服务了党和国家工作大局。网络视听行业始终坚持正确政治方向、舆论导向、价值取向，积极传播主流舆论、主流价值。特别是在重大主题宣传中，网络视听媒体与传统媒体同频共振、共同发声，网上网下同心圆效应凸显。2019 年两会期间，网络视听媒体纷纷开设专题专栏，创新性呈现、社交化表达，策划推出了《人民代表习近平履职记》《全息交互看报告》等一系列站位高、质量好、特色足的优秀节目，引发刷屏效应。同时，越来越多的中国网络视听节目乃至节目模式走出去，成为讲好中国故事、传播好中国声音的重要渠道。

二是内容生产数量与质量齐头并进，有效满足了人民群众视听新期待。网络视听在节目数量经历井喷式增长后，逐渐转向精耕细作，内容生产更加细分化、规范化、品质化，为人民群众提供了丰富优质的精神食粮。2018 年，网络机构新增购买及自制网络剧 2133 部，网络视听机构用户生产上传节目（UGC）存量达到 10.35 亿个，网络视听节目播放总量 2.66 万亿次；全国共备案重点网络原创节目 2381 部（档）、非重点网络原创节目 2459 部（档）。涌现出《我爱你中国》《扶贫 1+1》《我们身边的四十个细节》《独家记忆之再见爱》《给 90 后讲讲马克思》等一批既有"网感"又有质感，既有意思又有意义的节目。

三是产业活力充分迸发，不断为发展注入新动能。截至 2018 年年底，我国网络视频用户规模达 6.12 亿，占网民总数的 73.9%；手机网络视频用户规模达 5.9 亿，占手机网民的 72.2%；全国网络视听付费用户规模达 3.47 亿。哔哩哔哩、爱奇艺、芒果 TV2018 年实现境内外上市。资本加速推动产业竞合，视听平台进一步向上下游产业延伸，产业链生态正在形成，集约化、规模化、生态化发展趋势更加明显。新技术、新手段广泛应用，新形态、新业务持续涌现，为整个视听行业快速发展提供了新的强劲动力。

四是行业管理更加规范，维护了良好的传播生态。党的十八大以来，在党中央集中统一领导下，综合治网格局逐步形成，网络视听发展更加科学规范，网络视听空间更加健康和谐。广电总局先后出台一系列制度措施，各级广电管理部门认真履行监管职责，出重拳治理行业乱象和突出问题，有效净化了网络视听环境。深入实施管理和技术创新工程，精准监管、靶向监管的水平不断提高。行业各类主体的管理意识、责任意识、自律意识显著增强，强化内容管理、追求社会效益正在成为普遍共识。

新中国成立 70 周年，是国家的庆典、人民的节日，为检验广播电视和网络视听行业服务大局能力提供了难得契机和平台。我们要紧紧围绕学习宣传贯彻习近平新时代中国特色社会主义思想这个时代主题，围绕庆祝新中国成立 70 周年这条工作主线，坚持守正创新、砥砺奋进，坚持把人民群众对美好生活的向往作为奋斗目标，努力推动网络视听行业高质量创新性发展，在服务大局中展示新担当新作为，谱写与时代同行、与人民共进的壮丽新篇章。这里，谈 4 点意见，与大家共勉。

一、聚焦主题主线，做大做强正面宣传，努力营造庆祝新中国成立 70 周年的浓厚氛围

网络视听行业喜迎新中国成立 70 周年，首要任务就是唱响礼赞新中国、奋进新时代的昂扬旋律。围绕这条工作主线，我们精心打造网络视听宣传矩阵、开展系列宣传活动。2019 年 3 月，广电总局和中央广播电视总台共同启动《歌唱祖国·一首歌一座城》大型全媒体活动。4 月，广电总局指导 25 家视听网站联合发布网络视听庆祝新中国成立 70 周年统一标识、上线"我们的 70 年"专题频道，目前已有 110 多家网站开通专题频道。5 月，广电总局部署有线电视互动平台开展庆祝新中国成立 70 周年宣传活动。这些活动，各网络视听平台积极响应、效果很好。

下一步，网络视听行业要继续以高度的政治自觉，加大主题主线正面宣传力度。要加强"首页首屏首条"建设，充分发挥形式新颖、受众广泛、多元互动等特点，唱响主旋律、弘扬正能量，把全党全国人民士气鼓舞起来、精神振奋起来。重点网络视听平台要落实首页首屏编排报备机制，每月向相关管理部门报送首页首屏编排情况。要统筹做好重大活动转播和主题宣传报道，把握节点，突出主题，既形成规模声势又精准传播，既隆重热烈又自然平实，不搞表面化、形式化宣传。需要指出，无论是重大主题宣传还是日常宣传报道，都要牢牢把握"举旗帜、聚民心、育新人、兴文化、展形象"的使命任务，坚持正确政治方向、舆论导向、价值取向，自觉履行社会责任，努力发

挥重要阵地和重要增量作用，在庆祝新中国成立 70 周年宣传中拿出漂亮的成绩单。

二、不负时代重托，打造精品力作，努力为人民提供高品质精神食粮

习近平总书记强调，推动文艺繁荣发展，最根本的是要创作生产出无愧于我们这个伟大民族、伟大时代的优秀作品。记录伟大新时代，满足人民美好视听生活新期待，既呼唤视听产品的极大丰富，更呼唤内容品质的全面提升，以高质量视听内容供给增强人们的获得感、幸福感、安全感。在这方面，网络视听既有优势更有责任。

我们一直提倡，加强精品创作生产、促进网络视听节目提质升级，必须集中资源、集中力量实施精品战略，坚持用心用情用功，切实解决有"数量"缺"质量"、有"高原"缺"高峰"的现象。我们大力实施网络视听节目提升工程，既抓日常、抓经常，日积月累、久久为功，又抓主题创作，以重点带整体，依托网络视听节目精品创作传播工程、"中国梦"主题优秀网络视听节目推选与展播活动等，推动创作生产攀登正能量的"高峰"。2019 年，各省级广电部门要按照全国广播电视工作会议部署，围绕庆祝新中国成立 70 周年主题，紧盯重点项目，加强扶持服务，争取每个省区市都能推出至少一部反映新时代、体现本地特色、具有全国影响的优秀网络视听作品。

我们一直强调，网络视听不能片面追求机械化生产、快餐式消

费、爆米花休闲的短时效应，而是要立高远之志、担时代之责，自觉讲好中国故事，既努力打造叫得响、传得开、留得下的优秀短片，又积极催生思想性艺术性观赏性相统一的高峰之作、扛鼎之作。近年来，越来越多的网络视听原创精品在网络首播后，引起强烈反响，一些网络原创精品也逐步走向世界，成为传播中华文化、推动文化交流互鉴的重要载体。

我们一直倡议，网络视听要更加重视引导青少年养成正确的价值观，帮助青少年系好人生的第一粒扣子。青少年是网络视听消费的主流群体，这个年龄段的年轻人可塑性很强，网络视听内容产品更容易触动他们的内心。2019年广电总局出台了《未成年人节目管理规定》，希望大家以此为契机，大力加强青少年网络视听文化建设。要坚持供给优质产品和清除不良信息两手抓，特别是用青少年愿意接受的语言习惯和表现形式，推出更多展现新时代普通人的拼搏精神，展现普通家庭风雨同舟的生动故事，引导他们筑牢精神之基，健康快乐成长。

三、践行新发展理念，持续推进创新性发展，增强网络视听行业动力活力

习近平总书记多次强调，抓创新就是抓发展，谋创新就是谋未来。网络视听是创新创造最活跃的领域之一，代表着广电行业新生产力发展的重要方向，必须秉持网络时代的创新基因，在践行新发展理念上先行一步，为行业优化升级和高质量发展打造新引擎。

一要在技术创新和应用上有更大作为。当今时代，我们越来越深刻体会到核心技术是国之重器，自主创新是事关全局和长远的战略问题。我们期待网络视听业界紧跟信息技术迭代步伐，既善于及时应用新技术，又高度重视研发自主创新的关键技术、重要标准，努力解决我们这个领域的"卡脖子"问题。特别是 5G 时代已经到来，我们必须增强紧迫感和使命感，坚持国家站位、协同攻关，推动自主创新不断实现新突破，加快网络视听与 4K/8K、5G、云计算、人工智能、大数据、虚拟现实、区块链等新技术的融合应用，把握发展主动权。当然，技术的创新应用要讲温度、讲情感、讲安全，决不能让创作生产被技术绑架。

二要在业务和服务创新上持续发力。网络视听归根结底是向人民群众提供视听内容服务，必须坚持以人民为中心的发展思想，深化供给侧结构性改革，打造基于优质视听内容的产业生态链条，开展高质量综合服务。广电总局正在支持有条件的地区建设高新视频试验园，也希望网络视听机构在这方面积极探索。要把供给和需求有机结合起来，把内容、技术、服务有机结合起来，给予用户常变常新的视听体验，更好地满足人民群众美好视听生活新期待，同时引导促进视听消费升级，更好地服务经济社会发展。

三要在体制机制创新上不断探索。体制机制创新是管长远、管根本的创新。网络视听从业机构要努力构建把社会效益放在首位、社会效益和经济效益相统一的体制机制。在这一前提下，我们鼓励支持各种新模式的探索尝试。特别是传统广电媒体，要积极学习借鉴视听新媒体的经验做法，探索建立各种形式的协作联合，助推深度融合、流程再造、一体发展，加快完善顺畅高效、适应市场竞争和一体化发展的管理体制和运营机制，努力打造新型主流媒体。广电总局作为行业管理部门，将进一步完善制度环境，优化市场环境，激发各类主体创新创造活力。

四、强化责任落实，严格规范管理，让网络空间更加清朗

习近平总书记强调，没有规矩不成方圆。无论什么形式的媒体，无论网上还是网下，无论大屏还是小屏，都没有法外之地、舆论飞地。面对互联网这个宣传思想工作的主阵地、意识形态斗争的主战场，坚守正确方向始终是生命线，严格规范管理始终是防火墙。全行业要持续推进网络视听空间治理，努力构建政府管理、企业履责、社会监督、用户自律，经济、法律、技术等多种手段相结合的治理格局，共同维护风清气正良好生态。

一是广电管理部门的监管责任要紧抓不放。要落实意识形态工作责任制，坚持网上网下一个标准，坚决处置违规制作转载节目问题，坚决打击有害、低俗等群众深恶痛绝的节目问题，坚决抵制数据流量造假等不正之风。

当前，要重点在以下几个方面发力。

要强化重点网络原创节目管理。2019年，广电总局按照"强化事前监督，努力关口前移"的思路，升级了网络视听节目信息备案系统，对重点网络剧、网络电影、网络动画片，从规划备案和节目上线

两个环节加强审核把关。这项工作要抓紧抓好。

要强化对短视频的引导管理。引导，核心在于加大优质短视频内容供给；管理，重点在于开展短视频平台登记工作，坚决整治短视频领域突出问题。

要完善监管系统。重点加强互联网视听节目、移动互联网视听节目、IPTV、互联网电视等监管系统建设，提高监管能力和水平。

要建立完善广播电视与网络视听节目综合评价体系，充分发挥推动节目质量提升、改变唯收视率唯点击率倾向的积极作用。

二是网络视听平台的主体责任要落实到位。要依法依规运营，把好导向关、内容关、质量关、传播关、人员关。要坚持先审后播，健全节目审核和播出流程，配强审核力量，加强相关技术和应用的安全管控，建立健全对上传内容的主体信息核实和可追溯机制。腾讯视频、优酷、爱奇艺等视听机构联合发布了净化行风的倡议，我们鼓励更多从业机构在这方面自觉作表率。要大力加强对本平台节目内容的自查，清理有害内容和不规范来源的节目，确保网上舆论导向正确、基调昂扬，特别是在庆祝新中国成立70周年的关键节点，决不能为错误观点、错误思潮提供传播渠道。

三是行业协会的引导教育责任要更好发挥。2019年1月，中国网络视听节目服务协会发布了《网络短视频管理规范》及《网络短视频内容审核细则》，为规范短视频传播秩序提供了依据。要强化行业协会自教自律作用，把提升内容品质、弘扬主旋律的要求融入从业人员培训、日常节目评议研讨等各项工作，促进创作质量不断提升、发展更加规范有序。

网络视听空间是亿万民众共同的精神家园，需要大家共同呵护。在这里，可以自由表达但不欢迎噪音杂音，鼓励探索创新但不能够逾矩越轨。我们希望网络视听空间天朗气清、生态良好，到处充盈着灿烂的阳光、清新的空气，让每个人进入这个家园都如沐春风、若临秋水，喜欢上这个温暖的港湾。

中央的重视和人民的期待为网络视听提供了历史机遇，信息技术的发展赋予了网络视听全新样式和广阔前景，网络视听繁荣发展迎来了最好的时代！让我们更加紧密地团结在以习近平同志为核心的党中央周围，把握时代脉搏，勇立时代潮头，守正创新、砥砺奋进，以实际行动全力做好庆祝新中国成立 70 周年各项工作，不断开创网络视听繁荣发展新局面，为实现"两个一百年"奋斗目标和中华民族伟大复兴的中国梦作出新的更大贡献！

坚持守正创新赋能美好生活
推动网络视听持续健康发展[*]

第八届中国网络视听大会是在全党全国深入学习贯彻习近平新时代中国特色社会主义思想、统筹推进新冠肺炎疫情防控和经济社会发展、奋力夺取全面建成小康社会伟大胜利的背景下召开的。大会以"网络视听赋能美好生活"为主题，共同探讨新形势下网络视听持续健康发展的方法路径，体现了习近平总书记关于互联网建设和网络文化发展的重要指示精神，反映了业界的关切，契合人民群众的愿景和期待。相信本届大会一定能够进一步凝聚思想共识，汇集行业智慧，更好助力行业高质量创新性发展、满足人民美好视听生活新期待。

过去的一年多时间，党和国家大事、要事、急事、难事集中，网络视听行业守正创新、砥砺奋进，在关键时刻、紧要关头冲得上、顶得住，在服务党和国家工作大局中体现新担当、展现新作为、实现新发展。

＊本文系作者在第八届中国网络视听大会上的主旨演讲摘编，原载于《中国广播电视学刊》2020 年第 11 期，收入本书时略有修改。

一是主题宣传有新亮点。一年多来，网络视听媒体持续深化"首页首屏首条"建设，做到习近平总书记重要思想和风采"天天见、天天新、天天深"。2020年元旦，广电总局组织网络视听平台推出"让这些金句照亮属于我们的时代"专题、《2019，领袖的足迹》等视频，各类作品上线后反响强烈，当天总播放量超过3亿次。重大主题宣传浓墨重彩，特别是在2019年庆祝新中国成立70周年主题宣传中，网络视听平台开设统一标识的"我们的70年"专题频道，精心策划组织"精品网络视听节目展播季"、"精彩短视频，礼赞新中国"主题活动月、"歌唱祖国·一首歌一座城"等大型主题宣传活动，形成了礼赞新中国、奋进新时代的网络视听宣传大合唱。

二是服务大局有新作为。2020年，面对突如其来的新冠肺炎疫情，网络视听机构积极开展各类公益活动，在首页首屏开设"战疫情"等频道专区，集纳新闻报道、专题节目和公益广告等内容，每天24小时报道各地防控进展、防控举措，广泛宣传防护知识；广电总局组织15家重点网络视听平台，统一账号推送疫情防控宣传短视频，及时传达权威声音，回应关切、澄清谣言，为打赢疫情防控阻击战提供了有力舆论支持。组织开展"湖北人民免费看"公益展播活动，积极支持了湖北人民抗击疫情。在脱贫攻坚战重大任务中，网络视听机构充分利用行业特点，加大对贫困地区的推介力度，探索开展"短视频、直播＋扶贫"等新业态，并通过制作播出专题节目、面向网民征集短视频、设置扶贫宣传专题专区等多种形式，扎实开展消费扶贫行动，彰显了网络视听的使命担当。

三是精品创作有新突破。一年多来，网络影视节目保持量减质增的态势，精品率进一步提升。2019 年，全国共有 3400 部重点网络影视剧通过了拍摄规划立项备案，1230 部完成了拍摄制作并取得上线备案号。广电总局围绕庆祝新中国成立 70 周年，组织开展"网络视听精品创作传播工程""网络视听动漫创作工程""弘扬社会主义核心价值观，共筑中国梦"主题原创网络视听节目征集推选与展播活动、网络视听优秀作品推选活动，共推出 200 余部优秀作品。由广电总局直接策划和指导的《见证初心和使命的"十一书"》，用 11 封书信见证 11 位共产党人初心与使命，成为"不忘初心、牢记使命"主题教育活动的生动教材。

四是行业发展有新高度。网络视听产业正在由高速增长阶段转向高质量发展新阶段，产业规模不断壮大、活力进一步释放。用户继续保持增长，截至 2020 年 6 月，网络视频用户规模达到 8.88 亿，占网民整体的 94.5%。IPTV 总用户数超过 3 亿，同比增长 6.9%；互联网电视终端激活规模达 2.6 亿台，同比增长 21%，覆盖用户超过 6.11 亿。有的视听平台付费会员数已经过亿，发展模式更加丰富。

五是行业生态有新气象。广电管理部门坚持依法治理、源头治理、综合治理、系统治理，不断完善网络视听节目事前引导、事中管控、事后评价的全周期管理机制。出台了一系列制度措施，全面提高了依法治理能力。深入落实网上网下一个标准原则，建立重点视听网站播出安排协调会议机制、月度播出计划审核制度等，严格节目嘉宾演员片酬管理，有效规范了网络视听节目传播秩序。

党的十八大以来，以习近平同志为核心的党中央高度重视宣传思想工作和互联网建设管理工作，习近平总书记多次发表重要讲话、作出重要部署。习近平总书记强调，必须贯彻以人民为中心的发展思想，让亿万人民在共享互联网发展成果上有更多获得感；要培育积极健康、向上向善的网络文化，加强网络空间治理；等等。为网络视听建设发展指明了前进方向、提供了根本遵循。2020 年以来，着眼下一个 5 年发展，习近平总书记突出强调，要胸怀中华民族伟大复兴战略全局和世界百年未有之大变局，加快形成以国内大循环为主体、国内国际双循环相互促进的新发展格局。在教育文化卫生体育领域专家代表座谈会上，习近平总书记用"四个重要"深刻阐释了文化建设的重要地位作用，并鲜明提出顺应数字产业化和产业数字化发展趋势，加快发展新型文化业态。这是以习近平同志为核心的党中央着眼长远、把握大势作出的重大判断、重大部署，也是我们谋划推进网络视听工作的出发点、着眼点。做好新时代的网络视听工作，必须坚持以习近平新时代中国特色社会主义思想为指导，自觉担负"举旗帜、聚民心、育新人、兴文化、展形象"的使命任务，坚持守正创新，坚定发展信心，增强社会责任，凝聚奋进力量，以行业高质量发展更好满足人民群众美好生活需要、更好服务党和国家工作大局。当前和今后一个时期，网络视听行业要努力在以下 5 个方面赋能。

一是唱响时代旋律，为巩固壮大主流思想舆论赋能。习近平总书记指出，互联网是一个社会信息大平台，亿万网民在上面获得信息、交流信息。强调要把网上舆论工作作为宣传思想工作的重中之重来抓。我们要深入学习领会习近平总书记的重要论述，深刻认识网络视听在舆论格局中的重要地位和作用，自觉担当宣传引导之责，把准方向导向、传播主流舆论、凝聚思想共识，巩固壮大网络视听宣传新阵地。

要聚焦主题主线，努力做强网上正面宣传。继续深化网络视听"首页首屏首条"建设，用心用情用功宣传习近平总书记的重要思想和活动。特别是要发挥网络视听的独特优势，瞄准年轻一代，不断把习近平新时代中国特色社会主义思想的宣传阐释引向深入。要统筹谋划、精心组织"决胜全面小康、决战脱贫攻坚"、庆祝中国共产党成立100周年等重大主题宣传，全方位、多层次、立体化展现新时代脱贫攻坚的伟大创举，展现中国共产党领导中国人民不懈奋斗的伟大历程、伟大成就、伟大经验。目前，在广电总局指导下，全国网络视听媒体围绕"决胜全面小康、决战脱贫攻坚"主题，在首页显著位置开设了统一标识的"我们的小康"专题频道，汇集优秀节目资源，形成了决战决胜的宣传热潮。要继续紧扣2020年和2021年的重要时间节点，坚持一体化统筹、结构化编排，有步骤、有重点地开展系列宣传，做到亮点聚合、高潮迭起，形成正面宣传的强大声势。

网络视听受众多、影响大，网络视听机构必须增强责任意识，坚持"正能量是总要求"，不断创新改进网上宣传。要遵循新闻宣传规律和网络传播规律，发挥互动性、浸入式、智能化等特点，推进宣传理念、内容、形式、方法、手段创新，把握"时度效"，增强宣传的权威性、时效性、针对性和吸引力、感染力。主流媒体要发挥引领作用，向互联网汇集、向移动端倾斜，打通"两个舆论场"，以正面声音引领多元多样多变的网上舆论，用网民喜闻乐见的方式宣传主流价值，彰显时代精神，引领道德风尚，让党的主张始终成为网络空间最强音，构建网上网下同心圆。

二是打造精品力作，为繁荣先进文化赋能。习近平总书记指出，没有社会主义文化繁荣发展，就没有社会主义现代化。强调要有繁荣发展的网络文化，加强网络内容建设，抓好网络文艺创作生产。网络视听作品是社会主义文化的重要组成部分，是文化传播的重要载体。我们必须坚定文化自信，坚持社会主义先进文化前进方向，聚焦聚力抓创作，不断推出思想精深、艺术精湛、制作精良的网络视听节目精品。

要在打造重大题材史诗之作上下功夫。党和国家史诗般的伟大实践，需要我们用感情充沛、功力深厚的作品去描绘、去刻画。网络视听行业要紧紧围绕2020年打赢脱贫攻坚战、全面建成小康社会和2021年中国共产党成立100周年，全力抓好重大现实、重大革命、重大历史题材创作生产。广电总局把这方面的工作作为重要政治任务，按照"找准选题、讲好故事、拍出精品"的要求，设立了重大题材网络影视剧项目库，推出了网络视听重大题材IP征集平台，全力指导、推进重大题材选题规划和创作生产。根据文艺创作周期，中国共产党成立100周年主题精品创作的时间十分紧张，必须加大工作力度。广电总局已公布了一批精品创作片单，包括《我们的时代》《约定》《闪亮的记忆》《绝对忠诚》《百炼成钢：中国共产党的100年》等重点网络视听作品。全行业都要握紧拳头抓重点项目，坚持动态管理、全程跟踪，努力打磨出一批重量级、标杆性、有影响力的扛鼎之作。

要在提升作品整体质量品质上下功夫。纵观那些受到网友追捧、口碑好的网络视听作品，无一不是制作精良、以品质取胜的。经过这些年的努力，网络视听作品的整体质量品质有了很大提升。要继续把出好作品作为中心任务，强化质量观念，注重质量管理，特别是主创人员更要秉持工匠精神，每一个细小环节都要扎实细致、严格把关、精心磨砺。只有这样，才能打造出得到社会认可、受到群众欢迎、经得起时间检验的精品。广电总局将健全和完善鼓励支持原创节目的政策措施，统筹网络视听节目内容建设专项资金的使用，进一步向原创优秀节目聚焦和倾斜，不断激发创新创造活力。各地各单位也要坚持从源头抓起、从剧本抓起，集中资源、集中力量，加强原创优秀作品创作传播，努力做到出新出彩。

习近平总书记强调，文化产业既有意识形态属性，又有市场属性，但意识形态属性是本质属性。网络视听行业一定要牢牢把握这一基本原则，无论什么题材的作品，都要注意立意上的格局，都要考虑社会影响，都要坚持把社会效益放在首位、社会效益和经济效益相统一，努力提供更多既能满足人民文化需求、又能增强人民精神力量的网络视听作品。

三是培育新业态新模式，为促进经济社会发展赋能。习近平总书记强调，要加快推进数字经济等战略性新兴产业，形成更多新的增长点、增长极；要危中寻机、化危为机，把疫情防控中催生的新业态新模式加快壮大起来。网络视听作为数字经济的重要门类，展现出蓬勃的发展势头。全行业要抓住新经济新基建机遇，以新业态打造新引擎，以新模式形成新动力，在做好"六稳"工作、落实"六保"任务中，在构建新发展格局中作出更大贡献。

要提升拓展网络视听服务，拉动消费、扩大内需。着眼更多应用场景和个性化需求，突出专业化、精细化、对象化，打造互动式视频、沉浸式视频、虚拟现实视频、云服务等高新视频新业态，拓展节目形态、创新节目模式，为人民群众提供更多种类、更具特色、更高质量、更美体验的网络视听服务。要探索多元化商业模式，开展跨行业融合、跨平台资源整合，充分挖掘、开发数字娱乐、在线教育、智能家居、智能安防、智能社区、智能展览等数字视听生活服务，扩大市场空间，引领新型消费发展。总的来看，网络视听在拉动消费、扩大内需、促进就业等方面潜力巨大，希望网络视听机构积极探索，实现更大作为。

要拓展网络视听产业生态链条，努力培育新的经济增长点。紧密配合国家区域发展重大战略，着力培育一批特色鲜明、有较强实力和影响力的骨干企业，着力建设一批布局合理、聚集辐射效应强大的产业基地和产业园区，增强规模优势和集群优势。要推动网络视听和实体经济融合，形成高新视听消费、创意开发设计、上下游电子信息设备生产等联动发展、融合一体的全产业链格局，充分发挥网络视听对经济发展的放大、叠加、倍增等作用。

四是加强技术创新，为推动行业优化升级赋能。习近平总书记强调，我国经济社会发展和民生改善比过去任何时候都更加需要科学技术解决方案，都更加需要增强创新这个第一动力。科技始终是网络视听发展的重要动力源。我们要顺应科技趋势，始终牢牢把握这一"先手棋""牛鼻子"，不断向科技创新的广度和深度进军，努力形成整个广电行业的创新策源地。

要深化行业融合发展。日前，中办国办印发了《关于加快推进媒体深度融合发展的意见》（以下简称《意见》）。我们要按照《意见》提出的"以先进技术引领驱动融合发展"的要求，研究运用区块链、大数据等新技术，打通网络视听和广播电视之间、视听节目制作传播各环节之间的信息孤岛，把网络视听媒体和广播电视媒体的优势有效结合起来，把两方面资源有效利用起来，推动内容生产、传播分发、技术应用、平台终端、运行管理等各个环节共享互通，形成竞合发展、共创共赢的良好局面。我们正在全力推进广电 5G 建设，中国广电网络股份有限公司已经正式成立，全国有线电视网络整合和广电 5G 建设一体化发展进入快车道，这是全行业的大事。我们要以 5G 应用为契机，深入研究探索 5G 条件下网络视听发展的新模式、新路径，加快推动有线无线卫星协同、共建共享共用，并与互联网互联互通、可管可控，加快构建新一代全媒体融合传播体系，强化技术支撑，催化融合质变。

要促进行业迭代升级。网络视听在技术开发上有先天优势，对整个广电行业迭代升级起着先导性作用。要坚持需求导向和问题导向，加强对核心技术、基础技术、颠覆技术的前瞻性研究和布局，不断提升科技自主创新和应用能力。要围绕人工智能、大数据、云计算、区块链、虚拟现实/增强现实（VR/AR）、全息、超高清视频等领域开展研发，大力推进原始创新、集成创新和应用创新，加快关键标准制定，努力占据制高点、掌握主动权。要促进创新链、产业链、价值链的深度融合，加快推进科研成果从实验室走向实践场，不断孵化创新项目和案例，不断为行业转型升级提供新动能。

需要强调的是，技术是工具。我们要善于运用技术、改造技术，但绝对不能被技术所绑架。要始终坚持人文关怀与科技创新同向而行，充分发挥文化引领风尚的作用，让科技创新更有温度，不断增强人民群众的获得感、幸福感、安全感。

五是加强阵地管理，为建设清朗网络空间赋能。习近平总书记指出，网络空间是亿万民众共同的精神家园。强调要依法治理网络空间，维护公民合法权益。我们要增强社会责任意识，本着对社会负责、对人民负责、对行业负责的态度，各尽其责、齐抓共管，营造风清气正的网络视听空间。

要落实网络视听节目服务机构的主体责任。网络视听节目服务机构作为节目创作生产和经营行为的责任主体，要不断完善内部管理制度和措施，把各项管理要求落实到每一个岗位、每一位责任人、每一道工作程序。要对自己创作生产和传播的作品负责，决不能生产和传播方向导向有问题的作品，决不能生产和传播"文化雾霾""文化地沟油""文化三聚氰胺"，决不能出现法外之地和舆论飞地，也要坚决抵制过度娱乐化和低俗庸俗媚俗。这方面出了问题，要依法依规追究责任。

要落实管理部门的监管责任。各级广电行政部门要认真履行意识形态工作责任制和网络意识形态工作责任制，坚持"谁审批谁负责"和属地管理原则，坚持网上网下"同一标准、同一尺度"，全面加强主体监管和内容管理，不断消除"管理死角"和"管理盲区"。要把管理和服务紧密结合起来，完善沟通联系机制，积极做好服务和引导工作。

要落实行业组织的教育引导责任。网络视听行业组织是联系党、政府与行业的桥梁纽带，是推动行业健康发展的重要力量。要把握职责定位，既积极传递党和政府的声音，也主动反映行业诉求。要加强理论和政策研究，及时为管理部门提供咨询和建议。要建立健全行业道德规范和职业道德准则，严格自教自律，引导推动从业机构和从业者规范行业行为。要搭建信息沟通、交流合作、展览展示、教育培训等综合服务平台，不断提高服务能力和水平。

在新的历史起点上，网络视听行业面临新的机遇和挑战。党中央高度重视、人民群众充满期待，我们使命光荣、责任重大。让我们更加紧密地团结在以习近平同志为核心的党中央周围，牢记初心使命，勇于担当作为，推动网络视听持续健康发展，绽放新时代的精彩与活力，携手共创更加美好的未来！

牢记初心使命　传承红色基因
推动网络视听奋进新征程　实现新跨越 [*]

第九届中国网络视听大会是在全党全国隆重庆祝中国共产党成立100 周年、如火如荼开展党史学习教育的浓厚氛围下召开的。习近平总书记指出，一切向前走，都不能忘记走过的路，走得再远、走到再光辉的未来，也不能忘记走过的过去，不能忘记为什么出发。我们从事网络视听工作，推进网络视听行业发展，也要深入学习党史，注重学史明理、学史增信、学史崇德、学史力行，锐意进取开辟新局，砥砺奋进走好新时代的长征路。

四川是红军长征走过的路程最长、停留时间最久的地方，这里诞生了许多重要的党史人物、经历了许多重大的党史事件，有着厚重的光荣革命传统。近年来，四川省深入学习贯彻习近平新时代中国特色社会主义思想，主动服务国家重大战略全局，加快推动高质量发展，巴蜀大地红色故土焕发崭新活力。今天，我们围绕"奋进视听新征

＊本文系作者在第九届中国网络视听大会开幕式上的主旨演讲摘编，原载于《中国广播电视学刊》2021 年第 7 期，收入本书时略有修改。

程"主题，共谋网络视听行业未来发展，希望大家沐浴红色文化、凝聚思想共识，汲取进取力量。

一、回望百年党史，增强历史自觉，始终锚定网络视听发展的方向定位

了解历史才能看得远，理解历史才能走得远。党领导我们奋勇前进的 100 年，是中国近现代以来最为可歌可泣的篇章，也是中国人民和中华民族继往开来的现实基础。坚持党对一切工作的领导，是我们不断取得胜利的根本保证。今天，站在中国共产党成立 100 年的历史节点，我们要更加深刻认识网络视听工作的属性和职能，坚守政治底色，传承红色基因，增强历史定力。

第一，必须始终胸怀"两个大局"，心系"国之大者"。广播电视和网络视听是重要的宣传思想阵地，必须坚持从政治的、全局的、战略的高度审视、谋划和推进行业发展。要坚持以习近平新时代中国特色社会主义思想为指导，增强"四个意识"、坚定"四个自信"、做到"两个维护"，坚决宣传贯彻落实党中央决策部署，在围绕中心、服务大局中实现新发展、新作为。要始终高扬党的旗帜，不断提高政治判断力、政治领悟力、政治执行力，把党的领导体现到网络视听各领域、各环节。

第二，必须坚持正能量是总要求，牢牢把握正确政治方向、舆论导向和价值取向。网络视听提供的是精神文化产品和服务，具有鲜明的意识形态属性。网络视听行业必须坚持社会主义先进文化的前进方

要聚焦"党的盛典、人民的节日"主题主线，以丰富多彩的宣传活动为载体，突出重点、打造亮点，形成梯次推进、疏密有致的宣传态势。要深化网络视听媒体"首页首屏首条"建设，精心开展"奋斗百年路　启航新征程"和"中国精神"等重大主题宣传，做好系列庆祝活动的宣传报道，努力营造隆重热烈喜庆的浓厚氛围。

要聚焦重点作品，强化精品意识，发扬工匠精神，不断提升作品的思想高度和艺术水准，高标准把好主题作品质量关。视听网站、移动客户端、互联网电视、IPTV、有线电视点播等渠道平台密切联动、协同发力，统筹进行推介、播出，努力让好作品进入好平台、好时段，播出好效果、形成好口碑。

要聚焦青少年需求，持续强化时代元素，运用短视频征集推送、直播答题活动、微博公开课、说唱歌曲等鲜活生动的视听形式，有效调动广大网民特别是青少年参与的积极性。积极运用移动直播、虚拟现实、3D动画、H5等技术手段，推出更多有筋骨、有道德、有温度的刷屏之作和爆款产品，让主旋律产生更高频率、正能量获取更大流量。

三、勇担历史使命，锐意开拓进取，坚定不移推动网络视听行业实现高质量发展

一代人有一代人的责任。我国已进入新发展阶段，这是全面建设社会主义现代化国家、向第二个百年奋斗目标进军的阶段，在我国发展进程中具有里程碑意义。立足新发展阶段，我们要坚定文化自信，

立高远之志、担时代之责，推进行业不断优化升级，奋进新征程、实现新跨越。

一是在壮大主流思想舆论上下功夫。习近平总书记强调，要理直气壮唱响网上主旋律，巩固壮大主流思想舆论。网络视听行业要高举思想旗帜，以生力军和主阵地的格局，体现视听新特色，提高表现水平，推动党的创新理论"飞入寻常百姓家"。要紧紧围绕党和国家中心工作，紧扣重大会议活动、重要时间节点，不断做大做强、做好做优网上正面宣传，唱响时代主旋律。要充分发挥网络视听节目轻快、轻松、接地气的叙事风格和题材特点，善于捕捉细节，加大挖掘力度，着力深化中国特色社会主义和中国梦宣传教育，深入开展理想信念教育，弘扬中华优秀传统文化，用明德引领风尚，不断凝聚强大精神文化力量。

二是在加强精品内容创作上下功夫。随着网络视听规模的不断提升，加强网络视听内容建设、丰富精品创作生产，是非常紧迫的任务。心有所向，行有所至。我们要着眼我国社会主要矛盾的发展变化，着眼新阶段新实践新需求，强化质量意识，提升内容品质，以精品力作刻画时代变革、展示国家力量、弘扬民族精神、呈现中国文化，更好满足人民群众美好生活新期待。广电总局将继续深入实施网络视听精品工程，紧盯重要时间节点，聚焦党和国家大事要事，用好IP征集平台，完善重大题材网络影视剧项目库，从源头抓起，指导推进重大题材网络视听作品选题规划和创作生产。各级广电行政部门要强化重点项目台账式管理措施，做好全链条管理服务，推出更多思想性、艺术性兼备，传播力、影响力俱佳的网络视听精品。

三是在助力经济社会发展上下功夫。网络视听服务已经成为文化信息消费的重要形式。全国网络视听节目数量、用户规模和收入持续增长，上下游各类相关企业和视听平台吸纳了大量的人员就业。在"人机物"三元融合的万物智能互联时代，网络视听行业要充分认识肩负的社会责任，积极对接国家重大战略部署，展现新气象、彰显大格局，在回报社会、服务经济社会发展上有更大作为。例如，要主动对标对表乡村振兴战略，创新行业帮扶新路径，巩固拓展脱贫攻坚成果。要坚持需求导向、场景引领，加强超高清视频、沉浸式视频、互动视频等高新视频业务发展。要依托视听产业基地园区、广电总局重点实验室等平台，发挥企业创新主体地位，积极打造视听产业集群，推动构建研发、生产、传播、服务等一体化产业生态全链条，全面优化升级产业结构，引导促进视听消费升级，更好地服务经济社会发展。

四是在营造清朗网络空间上下功夫。网络视听行业涉及节目制作、节目传输、应用平台、科技研发、消费终端等多个流程环节，众多参与主体彼此协作、利益交融，是一个复杂的系统空间。我们要坚持系统观念，加强前瞻性思考、全局性谋划、战略性布局、整体性推进，共同推进网络空间治理。各级广电行政部门要认真落实意识形态工作责任制和网络意识形态工作责任制，落实属地管理和主管主办原则，坚持网上网下一体化治理，确保网络视听内容安全和播出安全。网络视听节目服务机构作为创作生产和经营的责任主体，要完善内部管理制度，配强审核力量，健全节目审核和播出流程。网络视听行业组织要教育引导全行业从业机构、从业人员恪守职业道德、提升自我修养，主动传递正能量、传播真善美，共同建设网络视听美好生态家园。

新时代催人奋进，新征程逐梦前行。让我们更加紧密地团结在以习近平同志为核心的党中央周围，守正创新、砥砺奋进，以实际行动全力做好庆祝中国共产党成立 100 周年的各项工作，不断开创网络视听繁荣发展新局面，谱写与时代同行、与人民共进的壮丽新篇章，为实现中华民族伟大复兴的中国梦作出新的更大贡献！

更好统筹发展与安全

——建强守住管好广播电视阵地

深入学习贯彻习近平总书记重要讲话精神坚持守正创新推动广播电视工作强起来 *

　　2018年，习近平总书记在全国宣传思想工作会议上发表的重要讲话，是继5年前发表"8·19"重要讲话之后，对宣传思想工作又一次全面系统的战略部署，对推动宣传思想工作抓住新机遇、再上新台阶、开创新局面，具有重大意义。讲话高屋建瓴、视野宏大，思想深邃、内涵丰富，体现了马克思主义政治家、思想家、战略家的深谋远虑和深邃洞见，彰显出强大的思想引领力、实践指导力、精神感召力，是一篇马克思主义的光辉文献，标志着习近平总书记关于宣传思想工作的理论体系更加成熟完备，标志着我们党对宣传思想工作规律性的认识更加深刻自觉，标志着我们党对宣传思想工作的全面领导更加坚定有力，为推动宣传思想工作不断强起来指明了前进方向、提供了根本遵循。学习贯彻习近平总书记重要讲话精神，既是当前重要工作也是长期战略任务，既是政治学习也是业务学习，必须坚持学、反复学、深入学，自觉用讲话精神武装头脑、指导实践、推动工作。

---

*原载于《时事报告（党委中心组学习）》2018年第6期，收入本书时略有修改。

一、深刻领会习近平总书记重要讲话精神，更好地把思想和行动统一到讲话精神上来

习近平总书记重要讲话常学常新，每次重温都会有新感悟、新收获。广电总局系统要在前一段时间全面学习领会的基础上，进一步突出重点、把握关键，在深入透彻准确把握上下功夫，特别是深刻领会讲话提出的一系列新思想新观点新论断新要求，努力做到入脑、入心、入行。

一是深刻理解党的十八大以来宣传思想工作的历史性成就和历史性变革。党的十八大以来，以习近平同志为核心的党中央坚持把宣传思想工作摆在全局工作的重要位置，习近平总书记亲自谋划、亲自指导、亲自推动，举旗定向、谋篇布局，正本清源、强基固本，主持召开了一系列重要会议，发表了一系列重要讲话，推出了一系列重大决策举措，作出了一系列重要指示批示，直接指挥、亲自带领我们打赢了许多大仗硬仗，办成了许多大事喜事，引领宣传思想工作开拓进取、攻坚克难，取得了有目共睹、影响深远的历史性成就和历史性变革。5 年多来，我们身在其中、干在其中，站在广电行业的局部感受全局的深刻变化，对宣传思想工作取得的巨大成就倍感振奋，对宣传思想战线展现出的新态势新气象感同身受，深切地感受到以习近平同志为核心的党中央对宣传思想工作的高度重视、亲切关心、坚强领导和顶层设计，深切地感受到习近平总书记高瞻远瞩、运筹帷幄、坚定自若的领袖风范和政治智慧，深切地感受到习近平新时代中国特色社

会主义思想特别是习近平总书记关于宣传思想工作的重要思想的真理力量、实践力量、感召力量，极大地增强了我们做好广播电视工作的战略定力和坚定信心。

二是深刻理解宣传思想工作"九个坚持"的规律性认识。这"九个坚持"，是一个相互联系、相互贯通的整体，体现了认识论和方法论的有机统一，体现了理论逻辑、实践逻辑和历史逻辑的有机统一，体现了工作要求和工作规律的有机统一，是对党的十八大以来宣传思想工作生动实践和宝贵经验的深刻总结，是对新形势下如何做好宣传思想工作的科学回答，是习近平新时代中国特色社会主义思想的重要组成部分，丰富了我们党领导宣传思想工作实践探索和理论创新的思想理论宝库，标志着我们党对宣传思想工作的规律性认识达到新境界、提升到新高度。我们要深刻理解"九个坚持"的丰富内涵和实践要求，将其作为主心骨、定盘星、指南针，自觉认识规律、遵循规律、利用规律，使广播电视工作体现时代性、把握规律性、富于创造性。

三是深刻理解宣传思想工作面临的风险挑战。习近平总书记科学分析了新形势下宣传思想工作面临的风险挑战，体现了深邃的忧患意识和战略清醒。学习领会习近平总书记的科学判断，要求我们坚持底线思维，保持战略定力，既要看到当前形势很好，做好工作具有坚实的理论基础、实践基础、物质基础、民心基础，进一步坚定做好工作的信心，又要深入分析查找广播电视工作面临的问题隐患、存在的薄弱环节，积极有效应对各种可以预见和难以预见的风险挑战，越是取得成绩的时候，越要有如履薄冰的谨慎，越要有居安思危的忧患，努力增强广播电视改革发展管理服务各项工作的预见性、前瞻性、主动性。

四是深刻理解宣传思想工作的中心环节和使命任务。习近平总书记强调，中国特色社会主义进入新时代，必须把统一思想、凝聚力量作为宣传思想工作的中心环节，自觉承担起"举旗帜、聚民心、育新人、兴文化、展形象"的使命任务，促进全体人民在理想信念、价值理念、道德观念上紧紧团结在一起，为服务党和国家事业全局作出更大贡献。习近平总书记的深刻论断，既是理论升华又是实践指南，既是思想引领又是工作遵循，指引了宣传思想工作的努力方向，明确了宣传思想战线的责任担当。只有牢牢把握好这个中心环节和使命任务，广播电视工作才能找准立足点、聚焦点、着力点，找准围绕中心、服务大局的工作坐标，更好地肩负起党中央赋予的光荣职责，努力在新时代争取新作为。

五是深刻理解宣传思想工作所处的历史方位。经过5年多来的努力，宣传思想战线正本清源的任务取得重大成效，现在进入了守正创新的重要阶段。这个阶段，是承前启后、继往开来的新阶段，是宣传思想工作的新起点，标定了宣传思想工作所处的历史方位。立足这个新起点新方位，要求我们既要保持战略定力又要勇于开拓创新，既要坚持好经验又要找到新办法，乘势而上，开创工作新局面。守正与创新是辩证统一的。没有守正，创新就是无根之木；没有创新，守正就是无源之水。坚持守正，创新才有明确的立场和指向；不断创新，守正才能获得活力源泉和动力根基。学习领会习近平总书记这一重大判断，要求我们既牢牢守住方向、守住立场、守住根脉、守住底线，又积极创新思维、创新方式、创新手段、创新工作，推动广播电视不断强起来，以新担当新作为新气象，创造无愧于时代、无愧于使命、无愧于人民的业绩。

六是深刻理解新形势下宣传思想工作的战略任务。习近平总书记强调，要坚持正确政治方向，在基础性、战略性工作上下功夫，在关键处、要害处下功夫，在工作质量和水平上下功夫，推动宣传思想工作不断强起来。要突出抓好建设具有强大凝聚力和引领力的社会主义意识形态、培养担当民族复兴大任的时代新人、更好满足人民精神文化生活新期待、不断提升中华文化影响力四项重点工作。这些部署要求，是宣传思想工作中心环节和使命任务的具体体现，是习近平总书记对宣传思想战线交任务、压担子，也为广电行业围绕中心、服务大局指出了着力重点。特别是习近平总书记要求我们不断推进工作理念、方法手段、载体渠道、制度机制创新，提高用网治网水平，使互联网这个最大变量变成事业发展的最大增量。这一重大要求，体现了习近平总书记对互联网发展规律的深刻洞察，彰显了高超的战略智慧，为我们加快网络强国建设、提高广播电视领域建网管网用网水平指引了正确航向。

七是深刻理解加强党对宣传思想工作全面领导的根本要求。习近平总书记强调，要旗帜鲜明坚持党管宣传、党管意识形态；强调要以党的政治建设为统领，牢固树立"四个意识"，坚决维护党中央权威和集中统一领导，始终在政治立场、政治方向、政治原则、政治道路上同党中央保持高度一致。习近平总书记的这些重要要求，为我们的工作定准航向提供了坚强指引。我们要深刻认识到广播电视行业是重要的宣传思想阵地，处在意识形态领域前沿，肩负着特殊重要职责使命；深刻认识到全面落实和加强党的领导是广播电视工作的本质特征和根本要求，不断增强把方向、抓导向、管阵地、强队伍的责任感使命感，全面担负起做好工作的政治责任、领导责任、工作责任。

需要指出的是，习近平总书记关于宣传思想工作的重要论述内涵丰富、思想精深，形成了一个系统完备的科学理论体系。我们要把学习领会习近平总书记在全国宣传思想工作会议上的重要讲话同学习领会习近平总书记关于宣传思想工作的系列重要论述贯通起来，同学习领会习近平新时代中国特色社会主义思想贯通起来，全面把握、融会贯通，准确把握其中贯穿的立场观点方法和工作要求部署，将其转化为广播电视领域的有力举措、实际行动、工作成效，不断提高工作能力、工作质量、工作水平，努力开创新时代广播电视工作新局面。

二、坚持守正创新，推动新时代广播电视工作不断强起来

用习近平总书记重要讲话精神指导推动新时代广播电视工作强起来，必须牢牢把握守正创新的新方位和主基调，在守正中创新、在创新中守正，破解难题、补齐短板，努力谱写广播电视繁荣发展的新篇章，在服务大局中发挥独特作用、作出更大贡献。

"守正"，就是要坚持方向、坚守正道，在方向性、原则性问题上旗帜鲜明、立场坚定，在发展道路上毫不动摇，不能有任何偏差，始终把工作领导权主动权掌握在手中。

　　一要在政治站位上"守正"。宣传思想工作就是政治工作，大事小情都要讲政治。"守正"，首要的就是旗帜鲜明讲政治，必须把坚决维护习近平总书记党中央的核心、全党的核心地位，坚决维护党中央权威和集中统一领导作为最大的政治、最大的大局、最根本的政治纪律和政治规矩；必须毫不动摇坚持党的全面领导，无论时代如何发展、媒体格局如何变化，都要坚持党性原则，坚持党管宣传、党管媒体、党管意识形态的制度，把党的领导贯穿体现到各个方面、各个环节，牢牢掌握意识形态工作的领导权，增强意识形态领域主导权话语权。这是我们做好工作必须坚持的最根本政治立场、政治要求。

　　二要在导向把握上"守正"。宣传思想工作讲导向，本身就是最重要、最根本的导向。我们广电领域也反复强调，导向为魂，导向管理全覆盖，抓导向任何时候不能放松。要牢牢坚持正确舆论导向和价值取向，增强政治敏锐性和政治鉴别力，强化"字字千钧、秒秒政治、天天考试"的理念，严格把关口、守阵地，不让糟粕侵蚀污染精神家园，不给错误思潮提供传播渠道，不给敌对势力提供可乘之机。当前，要高度重视泛娱乐化问题。泛娱乐化给主流意识形态造成了干扰和冲击，片面强调收听率、收视率、点击率，片面追求经济效益，娱乐至上、追星炒星甚至低俗庸俗媚俗等问题，不利于挤压"灰色地带"、扩大"红色地带"，给巩固全体人民团结奋斗的共同思想基础带来不良影响。近年来，我们综合运用教育引导、市场监管、行政处罚、行业自律等多种手段，先后出台"限娱令""限广令""禁丑令""禁奢令""限童令"等一系列措施，持续治理泛娱乐化问题。但是总的看，这一问题仍然没有得到根本解决，泛娱乐化问题具有顽固性，必须坚持不懈抓、长期反复抓，始终让主旋律和正能量主导报刊版面、广播电台、电视荧屏，主导网络空间、移动平台等传播载体，不让廉价的笑声、无底线的娱乐、无节操的垃圾淹没我们的生活。

三要在责任担当上"守正"。做好意识形态工作，必须守土有责、守土负责、守土尽责，必须旗帜鲜明、敢抓敢管，敢于斗争、敢于亮剑。"守正"，关键是要强化阵地意识、斗争精神，紧紧抓住落实意识形态工作责任制这个牛鼻子，建立起从上到下、到岗到人到事、知责明责履责尽责的工作体系，层层传导责任，层层传导压力。近年来，广电总局党组把意识形态工作主体责任与全面从严治党主体责任和监督责任结合起来，纳入内部巡视，纳入年初定责、年中督责、年底述责；制定实施了意识形态工作责任制实施细则、贯彻落实网络意识形态工作责任制的实施意见，确保意识形态工作责任落地落实。2018年，针对一些真人秀等娱乐类节目存在的突出问题，分别约谈了3个省（市）广播电视台的主要负责同志；针对网络视听节目存在的突出问题，连续出重拳整治，取得了很好效果。下一步，要继续积极履职尽责、勇于担当作为、敢于动真碰硬，维护行业良好生态。

"创新"，就是要坚持创新驱动，坚持创造性转化、创新性发展，让工作跟上时代步伐，让事业充满生机活力。宣传思想文化工作引领风气之先，是最需要创新的领域。习近平总书记在全国宣传思想工作会议上多次提到"创新""创造""改革"，体现了强烈的创新要求。在工作实践中，我们深感创新的现实紧迫性。特别是以下3个方面十分突出。一是中国特色社会主义进入新时代，这是一个决胜全面建成小康社会、进而全面建设社会主义现代化国家、奋力实现中华民族伟大复兴中国梦的时代，这是一个我国社会主要矛盾深刻转化、人民群众对精神文化生活有着更高期待的时代，对广播电视工作提出了许多崭新要求，我们只有坚持围绕中心、服务大局，锐意改革创新，才能完成好党赋予广播电视的使命任务。二是新一轮科技革命带来深刻变革，我们的事业发展对于科技的依存度越来越高，科技第一生产力、第一推动力的作用越来越显著。现在，云计算、大数据、物联网、区块链、人工智能等快速发展，5G 网络指日可待，量子通信试验成功，虚拟现实（VR）、增强现实（AR）、全景视频、沉浸式观看正在兴起。如果不顺应科技趋势，加快把科技成果转化为新的生产力、加快把听众观众的憧憬转变为现实，我们的事业就有停滞、落伍甚至被淘汰的危险。三是行业发展面临一些现实课题，特别是受互联网和新媒体冲击，行业原有优势不断弱化，面临一些现实困境。省级广播电视台普遍出现效益下滑现象，2017 年有 16 个省级广播电视台收入下降；不少市县广播电视台运转困难，2017 年全国 2094 个县级广播电视台实际创收收入 52.18 亿元，同比下降 6.31%；广电业务模式单一，融合发展进度不够快，有线用户数量减少，2017 年年底，有线电视实际用户数比前一年下降了 6.06%，全国有线电视收视维护费收入比 2016 年下降了 10.07%。内容创作上，有数量缺质量、有"高原"缺"高峰"。播出机构上，部分频道频率定位缺乏分众化、差异化，节目内容同质化、雷同化，等等。这些，都要求我们增强责任意识、忧患意识、危机意识，加大创新力度，以改革创新破解发展难题。

一要在思维理念上创新。习近平总书记强调，要保持思想的敏锐性和开放度，打破传统思维定式，努力以思想认识新飞跃打开工作新局面。形势在发展、任务在变化，以不变应万变是不行的，必须与时俱进、推陈出新，不断提高做好工作的针对性和有效性。例如，要强化互联网思维。习近平总书记指出，谁掌握了互联网，谁就把握住了时代主动权。互联网快速发展对广播电视的影响范围之广、程度之深是其他科技成果难以比拟的，网络时代的发展也与传统的发展大不相同，我们必须科学认识网络传播规律，准确把握网络新媒体新业务发展规律，抓好这个时代机遇。例如，要统筹建设和管理，既要建好路，又要有刹车。特别是涉及意识形态安全的新技术新产品新业务，必须加强安全评估，提前设好防火墙，避免出现放任坐大后难以规范的被动局面。例如，要强化整体管理理念，实现从管一隅向管一域、管行业转变，既"守阵地"又"拓疆土"，广播电视和网络视听业务延伸到哪里，管理就要覆盖到哪里。例如，要增强服务意识，寓管理于服务。近年来，我们组织推进重大主题创作，就对重点作品采取了跟踪指导服务的办法，把服务的过程变成引导的过程、把关的过程，提高了工作实效。这一做法要继续坚持和完善。

二要在阵地建设上创新。社会主义意识形态的凝聚力和引领力，既取决于富有说服力、感召力的内容，也取决于广泛有效的传播。我们要贯彻新发展理念，深化行业供给侧结构性改革，加快行业优化升级，努力推动事业产业高质量发展，让我们的阵地强起来。概括起来就是"五个强起来"。

第一个，推动广电媒体强起来。习近平总书记强调，要着力打造一批形态多样、手段先进、具有竞争力的新型主流媒体。贯彻落实这一重要要求，我们必须坚持创新为要，进一步做大做强做优广播电视主流媒体阵地，确保履行好党的新闻舆论职责。一是着眼于提供无所不在、无时不在的广播电视服务，加快智慧融媒体建设。媒体融合、一体发展是关系广播电视未来的战略任务。2018 年，中央广播电视总台和不少省级广播电视台融合发展已取得了重要进展，一些市县广播电视媒体融合也取得了不错的成效。中宣部正在推进县级融媒体中心建设，我们要积极主动对接，加快县级广播电视融合发展进程。二是着眼于提供更高端更优质的视听体验，加快高清、超高清电视制播能力建设。高清和超高清视频是广播电视发展方向。我们要加大电视高清化推进力度，到 2020 年，高清频道要成为电视主流播出模式，省级和较发达地市级电视台基本实现高清化，其余地市级电视台主要频道实现高清化。同时，扎实推进 4K 超高清试验和服务。2018 年，中央广播电视总台正式开播 4K 超高清电视频道，广东省作为 4K 超高清电视试点省也开播了首个省级电视 4K 超高清频道。我们要进一步把这方面的工作做好，积极鼓励支持 4K 超高清内容制作生产，提升可持续发展能力。

第二个，推动广播电视网络强起来。习近平总书记强调，建设网络强国，要有自己的技术，要有良好的信息基础设施。广播电视网络是完全掌握在我们自己手里的、可管可控的安全网，在巩固壮大宣传思想阵地、维护意识形态安全方面具有独特优势、战略意义。我们要统筹有线、无线、卫星，加快向天地一体、互联互通、宽带交互、智能协同方向发展，打造具有鲜明意识形态属性、保障宣传舆论功能的基础网络。为抓住 5G 时代机遇，广电总局积极布局移动多媒体交互广播电视网建设。在中宣部领导下，广电总局正在积极推进全国有线电视网络整合和互联互通平台建设，争取尽快形成"全国一张网"，进一步提升广电网络的业务创新和开发能力，有效解决分散经营、用户持续流失的窘况。我们一定要从事业产业长远发展的战略角度进行谋划，努力为广电网赢得更大发展空间。

第三个，推动节目内容强起来。习近平总书记强调，要坚守以人民为中心的创作导向，繁荣文艺创作，推出更多同新时代相匹配的文化精品，实现从"高原"向"高峰"迈进，为广大人民群众提供更丰富、更有营养的精神食粮。落实习近平总书记的重要指示，我们要坚持把创作生产优秀作品作为中心环节，把提高质量作为文艺作品的生命线，深入实施精品工程，用心用情用功创作精品。一是深入推进广播电视节目创新创优。大力扶持"公益、文化、原创"节目，让好节目进入好时段，推动研发更多原创节目模式、打造更多原创节目品牌。要继续开展创新创优评选表彰和宣传推介，充分发挥精品节目示范带动作用，引导推动各级电台电视台坚持正确的办台、办节目理念，把发展重点转到全面提高节目质量上来。二是以实施广播电视"记录新时代工程"为抓手，围绕改革开放 40 周年、新中国成立 70 周年、全面建成小康社会、建党 100 周年等重要时间节点，加强主题创作规划，聚焦现实题材创作，努力在电视剧、纪录片、动画片等方面打造扛鼎之作，书写中华民族新史诗。2018 年，广电总局围绕庆祝改革开放 40 周年，遴选出《谷文昌》《大浦东》《一号文件》《大江大河》《面向大海》等 30 部相关题材电视剧，《我们的四十年》《小岗纪事》《走进兰考》《中关村》等 10 部纪录片，希望集中精力打造几部内涵深刻、观众喜爱、影响深远的现象级作品，讴歌改革、见证改革，向改革开放 40 周年致敬。三是推动网络视听内容提高质量品质。近年来，广电总局通过"中国梦主题推选展播活动""网络视听节目精品创作传播工程""中国经典民间故事动漫创作工程（网络动画片）""优秀网络视听作品推选活动"等载体，以政府资金扶持带动社会参与，引导支持优秀网络视听节目创作传播。2018 年推出的《我爱你中国》《我的青春在丝路》《了不起的匠人》《讲究》《最美中国》等作品，都是深受观众喜爱、正能量充沛的佳作。

第四个，推动公共服务强起来。习近平总书记强调，推动公共文化服务标准化、均等化，坚持政府主导、社会参与、重心下移、共建共享，完善公共文化服务体系，提高基本公共文化服务的覆盖面和适用性。我们要按照习近平总书记指引的方向，创新思路举措，统筹有线、无线、卫星 3 种方式，因地制宜、因户制宜推进数字广播电视覆盖和入户接收，加快广播电视公共服务由粗放式覆盖向精细化入户服务升级，由模拟信号覆盖向数字化清晰接收升级，由传统视听服务向多层次多方式多业态服务升级。我们的目标是，到 2020 年，基本实现数字广播电视户户通，形成覆盖城乡、便捷高效、功能完备、服务到户的新型广播电视覆盖服务体系。2018 年，广电总局在扎实推进广播电视户户通、高山无线发射台站基础设施建设、地面数字电视无线覆盖等重点工程的同时，加大了应急广播体系建设推进力度，争取到中央财政资金从 2018 年开始，对全国深度贫困县应急广播体系建设给予补助，近期在重庆召开了全国基层应急广播工作推进会。我们计划以基层应急广播体系建设特别是深度贫困县应急广播体系建设工程为牵引，创新公共服务模式，带动基层广播电视公共服务进一步提质增效，不断增强人民群众精神文化获得感幸福感。

第五个，推动国际传播强起来。习近平总书记强调，一个大国发展兴盛，必然要求文化影响力大幅提升，实现软实力和硬实力相得益彰；要求推动对外宣传创新，着力重塑外宣业务、重整外宣流程、重构外宣格局，努力开创外宣工作新局面。广播电视在对外传播和文化交流中具有特殊优势，可以发挥特殊作用。我们要坚持服务国家外交总体布局，深化国际传播，着力讲好中国故事、增强国际话语权和影响力。要把中国立场与国际视野结合起来，把我们的话语体系与对方的接受习惯结合起来，改进传播方式、提升传播效果，实现本地化、差异化、精准化传播。要优选做亮传播内容，实施走出去内容创作扶持计划，把习近平新时代中国特色社会主义思想和体现新作为新风貌的中国精神、中国价值、中国力量，有机融入对外交流、合作、传播中。要优化升级传播平台，围绕国家重大外交活动策划实施国际传播项目，巩固拓展"丝绸之路影视桥工程""中非影视合作工程""电视中国剧场"等项目成果，扩大覆盖面、增强影响力。广电总局在葡萄牙里斯本举办了"影像中国"播映活动启动仪式暨中国电视剧《鸡毛飞上天》开播仪式。"影像中国"是广电总局全新策划的公共外交播映活动，旨在借助国家外交平台和重大活动契机，联合驻外使领馆，精选优秀影视作品在境外主流媒体播出并配套举办宣传推广活动，向国外民众介绍一个全面、立体、真实的中国。这方面，我们要继续开动脑筋、加大创新力度，把政府推动和市场运作结合起来，努力在国际市场打响中国电视剧、动画片、纪录片品牌，让更多优质产品和服务占领国际市场。

三要在管理方法手段上创新。中央改革方案明确要求广电总局"加强对重要宣传阵地的管理"。管好广播电视和网络视听阵地，是我们的职责所在。从近年来的工作看，不敢管、不愿管的现象少了，但不会管、管得不到位的问题还比较突出。我们必须适应新形势新任务，深入实施管理创新工程，综合运用行政、经济、法律、科技等手段，提高行业治理体系和治理能力现代化水平。

随着新媒体新业务不断涌现、事业产业不断壮大，政府管理越来越复杂，必须统筹事前、事中、事后管理，把引导提醒、宏观调控、整治退出结合起来，增强管理的系统性，达到科学规划、防患未然、惩戒威慑的效果。引导提醒方面，要继续坚持和完善备案公示等制度措施，坚持和完善每周广播电视宣传例会机制，及时传达宣传管理精神、提示苗头性倾向性问题，引导工作方向。宏观调控方面，要继续加强对电视上星频道的宏观调控，一是严格实施结构化管理措施，新闻、经济、道德建设、科教、生活服务、动画和少儿、纪录片、对农传播8类公益性节目要达到30%；二是严格执行综艺娱乐、歌唱类选拔节目、真人秀节目等的调控措施，坚决抵制低俗奢靡、泛娱乐化、追星炒星之风；三是完善电视剧播出的调控措施，避免多台一面，确保现实题材占据黄金时段主导地位。整治退出方面，要响应群众呼声，及时开展各类倾向性问题的整治，加大违规惩处力度，健全"红黄牌"警告制度，建立"黑名单"制度，该叫停的毫不含糊，不能用的坚决不用，该退出的坚决退出。为进一步规范广播电视广告播出，广电总局正在开展广播电视广告专项整治工作。这次整治坚持全覆盖原则，要落实到各级广电媒体、各频道频率、各节目栏目和时段，不留盲区、不留死角、不搞例外。对发现的各类违法违规问题，将从严执法、从严查处、从严追责，真正发挥震慑作用。

技术前进一小步，管理难度增加一大步。随着人工智能、云计算、大数据、区块链等新技术的发展应用，原有的监管边界、监管手段可能被穿透，对意识形态安全构成新的威胁。我们必须更好地发挥科技创新对优化管理的支撑作用，加快建设现代化监测监管体系，努力做到管得到、管得住、管得好。要适应新技术新趋势，加快完善"全方位、全过程、全覆盖、全天候"现代监测监管系统，目标是实现安全播出指挥调度、技术监测、内容监看监督审查、新媒体监听监看和网络安全管理五位一体。

四要在制度机制上创新。习近平总书记强调，领导制度、组织制度问题更带有根本性、全局性、稳定性和长期性。我们要进一步强化制度建设和创新，确保广播电视工作更加有理有据、有章可循、有法可依。

经过长期实践探索，在传统广播电视工作领域已经有了一整套相对完善的制度机制，现在网络视听规模不断壮大，并且生产传播更加社会化、多元化、个体化，迫切需要有规范化的制度机制。我们明确了网上网下统一导向、统一标准、统一尺度的大方向大原则，接下来必须加快法规制度建设，完善各方面的规范标准。广电总局正在抓紧研究制定加强重点网络影视剧内容管理、加强对网上境外动画片纪录片和网络节目直播等规范管理的政策措施。当前，观众收看电视剧的方式发生改变，一些国产电视剧不再把电视台作为首播平台，据统计，2017 年取得许可证的电视剧只在网上播出的有 13 部；而 2018

年前 8 个月取得许可证的电视剧只在网上播出的就达到 40 部，网络首播剧目成倍增长。我们要研究统筹网络首播剧目和上星剧目管理的措施。

优化制作成本结构、治理天价片酬、打击收视率造假，也需要创新机制和制度，特别是有可操作可量化的硬办法，确保管理有权威、工作有效力。广电总局指导行业协会发布了《关于电视剧网络剧制作成本配置比例的意见》，研究提出的电视文艺节目和电视剧演员总片酬不超过总成本 40%、主要演员片酬不超过总片酬 70% 的标准，得到各方面的认可，我们要抓紧完善这一标准的执行细则，加大监督执行力度。中宣部、税务总局、广电总局等 5 部门联合印发通知，提出制定出台影视节目片酬执行标准，调控影视明星参与的综艺娱乐等节目，加强对从业人员教育监督。我们还要考虑建立针对不良行为的诫勉制度及针对违规人员的"黑名单"制度，严禁丑闻劣迹者发声出镜。收视率问题，各方面十分关注。为从根本上解决收视率数据的真实性准确性问题，我们要加快推进基于自主技术的"收视综合评价大数据系统"建设，加快完善中国特色收视率调查体系。

随着依法治国基本方略深入推进，加强广播电视法制建设工作更加迫切。目前，广电总局正在抓紧制定《未成年人节目管理规定》《境外人员参加广播电视节目制作管理规定》《境外视听节目引进、传播管理规定》。我们要继续加大力度完善规章制度，也要争取通过更高等级的立法来保障建设管理，逐步解决法律法规依据不足、权威性不够等问题。

三、加强党的领导和党的建设，展现新时代广电总局系统的新气象新作为

习近平总书记深刻阐述了我们工作的力量和优势所在，对我们加强党的领导和党的建设提出明确要求，强调要让党的旗帜在宣传思想战线高高飘扬。我们必须坚定不移加强党的全面领导，坚持不懈深化管党治党，不断提升干部队伍能力素质，打造一支过硬的工作队伍，为履行好工作职责提供坚实保障。

一要以党的政治建设为统领，全面加强广电总局系统党的建设。习近平总书记强调，党的政治建设是党的根本性建设，决定党的建设方向和效果。广电总局作为党管意识形态的中央机关，是政治机关中的政治机关；广播电视工作作为宣传思想工作的重要组成部分，是政治工作中的政治工作，我们必须以高标准、严要求抓好党的政治建设。要聚焦"两个维护"的首要任务，在深入学习贯彻习近平新时代中国特色社会主义思想上作表率，在始终同党中央保持高度一致上作表率，在坚决贯彻落实党中央各项决策部署上作表率，努力建设让党中央放心、让人民群众满意的模范机关。要保持永远在路上的韧劲和恒心，推动广电总局系统全面从严治党向纵深发展。我们召开了警示教育大会，通报了党的十八大以来广电总局系统有关违纪案例，广大党员干部要引以为戒。各部门各单位党组织和领导班子要严格履行全面从严治党主体责任、监督责任和意识形态工作责任，认真落实党建工作各项制度，以党的建设新成效助推广播电视工作迈上新台阶。

二要以增强"四力"为重点，提升广电总局系统干部队伍能力素质。习近平总书记要求整个宣传思想战线不断增强脚力、眼力、脑力、笔力。这"四力"，是习近平总书记对新形势下宣传思想战线干部人才队伍提出的总要求，也是对我们寄予的厚望。广播电视工作政治性、专业性、技术性都很强，广电总局系统的党员干部要坚持缺什么补什么，积极主动增强"四力"，真正做到有"几把刷子"，有高素质、好把式、真功夫。广电总局党组将适应机构改革的新要求，突出绝对忠诚、绝对可靠的政治标准，大力加强各级领导班子建设和高素质专业化干部人才队伍建设。要坚持教育培训和实践锻炼相结合，进一步抓好习近平新时代中国特色社会主义思想和党的十九大精神的学习培训，紧密围绕习近平总书记在全国宣传思想工作会议上的重要讲话精神开展"大学习""大讨论""大调研"，切实提高党员干部把握正确方向导向的能力、巩固壮大主流思想文化的能力、强化意识形态阵地管理的能力、加强网上舆论宣传和斗争的能力、处理复杂问题和突发事件的能力。要深入实施广播电视"领军人才工程"和"青年创新人才工程"，统筹推进各领域人才建设，努力培养广播电视名家和青年人才，为事业发展提供强大的人才支撑。

三要以求实务实、狠抓落实为着眼点，锤炼广电总局系统党员干部优良作风。习近平总书记指出，贯彻落实党中央精神，必须结合自身实际，认真学习领会，在具体工作中予以体现；强调要彻底摒弃形式主义、官僚主义，不做表面文章，突出"实"、力戒"虚"，精准发力，务求实效。这些要求非常有现实针对性。我们必须按照习近平总书记的要求来贯彻全国宣传思想工作会议精神，以良好的作风推进广电总局各项工作。要加大力度推进重点工作任务，逐项对照 2018 年年初确定的时间表、任务书、路线图，逐项对照工作台账，查漏补缺，集中攻关，确保如期完成。要把抓当前和谋长远紧密结合起来，积极开展形式多样的调研，精心谋划各项工作，提出创新的思路和实招硬招管用招。

新时代赋予新使命，新征程呼唤新作为。我们要深入学习贯彻全国宣传思想工作会议精神特别是习近平总书记重要讲话精神，凝神聚力、开拓创新，不断开创广电总局工作的新局面，推动广播电视更大的繁荣发展，为服务党和国家工作全局作出新的更大贡献。

深入实施"六大工程"
推进广播电视高质量创新性发展 [*]

2020 年是决胜全面小康、决战脱贫攻坚之年。根据中央精神和中宣部部署，2020 年广播电视工作的总要求是：坚持以习近平新时代中国特色社会主义思想为指导，深入贯彻落实党的十九大和十九届二中、三中、四中全会精神，落实全国宣传部长会议精神，增强"四个意识"、坚定"四个自信"、做到"两个维护"，自觉承担起"举旗帜、聚民心、育新人、兴文化、展形象"的使命任务，围绕学习宣传贯彻习近平新时代中国特色社会主义思想这个首要政治任务，围绕决胜全面建成小康社会、决战脱贫攻坚，坚持稳中求进工作总基调，坚持新发展理念，继续正本清源，坚持守正创新，加快广播电视和网络视听高质量创新性发展，为夺取全面建成小康社会伟大胜利提供有力舆论支持和强大精神动力。做好 2020 年工作，要深入实施"六大工程"，以工程带项目、抓重点带整体，创新创优出亮点、见实效。

＊本文系作者在全国广播电视工作会议上的讲话节选，原载于《中国广播电视学刊》2020 年第 2 期，收入本书时略有修改。

一、深入实施"舆论引导能力提升"工程，做强主题主线宣传，唱响新时代主旋律最强音

习近平总书记强调，要做大做强主流思想舆论，把全党全国人民士气鼓舞起来、精神振奋起来，朝着党中央确定的宏伟目标团结一心向前进。广播电视是党和人民的喉舌，全系统要牢记"48字"职责使命，把新闻宣传和舆论引导工作作为重中之重，努力增强传播力、引导力、影响力、公信力。

一要坚持聚焦核心，不断把学习宣传贯彻习近平新时代中国特色社会主义思想引向深入。继续深化广播电视媒体"头条"建设和视听新媒体"首页首屏首条"建设，推动习近平新时代中国特色社会主义思想更加深入人心。要用心用情用功、精心精细精准，用老百姓听得懂的语言、喜闻乐见的方式，特别是要瞄准年轻一代，把鲜活的思想讲鲜活，真正入脑入心。要认真总结推广《思想的田野》《这就是中国》《长江黄河如此奔腾》等节目的成功经验，进一步做亮理论节目品牌，让马克思主义中国化最新成果"飞入寻常百姓家"。

二要精心组织重大主题宣传，保持强大力度、热度和声势。营造全面建成小康社会、打赢脱贫攻坚战的浓厚氛围，是2020年工作的主线。要按照中宣部的部署，精心组织、统筹谋划"决胜全面小康、决战脱贫攻坚"重大主题宣传，全方位、多层次、立体化展现全面建成小康社会的伟大历程、伟大成就、伟大经验，展现新时代脱贫攻坚的伟大创举。要坚持一体化统筹，网上网下同向发力、同频共振，共

同营造正面宣传的强大声势。要坚持结构化编排，划分阶段、梯次推进，打总体战、出组合拳，有步骤、有重点地开展系列宣传战役，做到逻辑链接、亮点聚合、高潮迭起。

三要持之以恒加强宣传创新，提升舆论引导实效。宣传工作做得怎么样，关键看效果。要把握"时度效"要求，遵循新闻传播规律，在牢牢把握正确导向的前提下，说群众想说的话、讲群众能懂的话，改变过于程式化、公文化的报道模式，向受众提供更多专业化、个性化、人性化的菜单式报道，真正做到春风化雨、润物无声、真心召唤、真情感染。各级广播电视台可以探索运用智能机器人 AI 播报等新手段，丰富宣传报道方式。要强化全系统协调联动，坚持全国广播电视宣传工作例会机制和广电总局系统宣传协调例会机制，进一步完善舆情会商机制、议题设置机制、宣传调控机制，健全超前引导、过程管控、应急处置的工作体系，增强舆论引导的系统性、协同性。

二、深入实施"新时代精品"工程，打造精品力作，为国家写史、为民族铸魂、为人民立传

习近平总书记指出，要坚持与时代同步伐、以人民为中心、以精品奉献人民、用明德引领风尚。全行业要自觉承担记录新时代、书写新时代、讴歌新时代的使命，登"高原"攀"高峰"，不断推出思想精深、艺术精湛、制作精良的优秀作品。

一要聚焦新时代新思想，在打造重大题材史诗之作上下功夫。习近平总书记强调，要书写中华民族新史诗。全行业要以推出新时代

史诗之作为目标，紧紧围绕 2020 年打赢脱贫攻坚战、全面建成小康社会和 2021 年建党 100 周年，全力抓好重大现实、重大革命、重大历史题材创作生产。各级广播电视管理部门要按照"找准选题、讲好故事、拍出精品"的要求，主动出题、主动策划，完善重点选题项目库，重点项目提早介入、重点扶持，建立台账、全程指导。广电总局建立了重大题材创作统筹推进机制，并成立了重大现实题材电视剧创作生产领导小组，将采取定制方式，加强引导激励，重点跟进指导一批重大题材项目。各地、各有关单位都要把重大现实题材作为 2020 年内容创作的首要任务，集中资源、集中力量抓龙头项目，每个省（区、市）至少推出一部有亮点、有影响的重大题材作品。对于优秀作品，广电总局将推荐在重点卫视和网络平台播出，让好作品进入好平台、好时段，让好作品有好收益。广电总局和地方共同发力，2020 年继续推动区域协同联动，围绕"一带一路"建设、京津冀协同发展、长江经济带发展、粤港澳大湾区建设、长三角一体化发展、黄河流域生态保护和高质量发展、西部大开发、东北全面振兴、中部崛起等重大战略，制作推出一批区域主题的优秀广播电视和网络视听作品。广电总局策划、指导黄河流域九省区和北京广播电视台联合打造的大型媒体行动"黄河之魂"，正在紧锣密鼓进行中。

二要强化价值引领，在弘扬社会主义核心价值观、传播正能量上下功夫。党的十九届四中全会强调，把社会主义核心价值观要求体现到文化产品创作生产全过程。广播电视和网络视听必须以培育和弘扬社会主义核心价值观为己任，各类节目、各类作品的创作、审查、播出，都要全面体现社会主义核心价值观的要求，讲品位、讲格调、讲责任，坚决抵制低俗庸俗媚俗。要引导各类创作者树立正确的历史观、民族观、国家观、文化观，以优秀作品弘扬中华优秀传统文化、革命文化和社会主义先进文化，促进人民群众在理想信念、价值理念、道德观念上紧紧团结在一起。2019年，广电总局打造的网络微纪录片《见证初心和使命的"十一书"》受到网民热追。2020年，广电总局策划实施党史国史视听传播工程，全行业共同打造一批理想信念宣传教育的内容品牌。

三要突出创新创造，在体现中国特色、中国风格、中国气派上下功夫。创新是文艺的生命。当下中西思想文化交锋越来越激烈，我们更要鼓励支持展现中国精神、中国价值、中国力量的原创内容。当前，热衷于引进外国节目模式的风气得到了根本扭转，要继续推进创造性转化、创新性发展。要统筹广播电视和网络视听两类机构、两类平台，强化鼓励支持原创的政策措施，各类精品资金向原创倾斜，坚持从源头抓起，从剧本抓起，引导扶持原创精品创作生产。各省要充分挖掘本地资源优势，打造具有地方特色的电视剧、纪录片、动画片。要在现有节目类型基础上，进一步探索满足观众收视新需求的节目形态。全行业要瞄准"短、精、新"，制作播出一批20分钟以内的优秀短剧、短片、短视频，开启创作新风尚。

三、深入实施"智慧广电"建设工程，建设智慧广电媒体、网络、公共服务、产业生态，加快行业优化升级

2019年，习近平总书记在致第四届中国—阿拉伯国家广播电视

合作论坛的贺信中强调，推动媒体融合发展，打造智慧广电媒体，发展智慧广电网络。这既是对智慧广电建设思路的肯定，也提出了更高要求。"智慧广电"已经提出了几年，取得了一定成效，但进展还不够快，应用得不够好。全行业必须把智慧广电建设作为战略引擎，以"智慧化引领、结构化升级"推动实现弯道超车。要争取在以下5个方面有新突破。

一要在媒体深度融合发展上有新突破。习近平总书记强调，要建设"四全"媒体，融为一体、合而为一。我们要按照这样的方向，加强分类指导，推动媒体融合向纵深发展。广电总局进一步加强总体设计，要推动出台加快推动广电媒体融合向纵深发展的意见，推进建设广电视听融合传播基础信息管理平台，运用区块链、大数据等技术，打通广播电视和互联网传播领域之间、视听节目制作传播各环节之间的信息孤岛，建立统一的视听节目传播信息大数据体系、统一的传播效果客观评价体系、统一的从业主体信用体系、统一的视听内容版权交易体系，为融合发展提供基础支撑。采取措施，指导、支持一批地方广播电视台特别是省级台加快建设全媒体服务、智慧化传播的新型主流媒体。广电总局将尽快审议通过《国家广播电视总局关于推动新时代广播电视播出机构做强做优的意见》，还将适应移动化、碎片化传播趋势，积极探索5G应用场景的频道节目建设。各级广播电视台都要加快流程再造，推动制作生产、传播分发、运行管理和体制机制等各环节的共融互通，催化融合质变，提高深度融合、一体化发展水平。

二要在全国有线电视网络整合和5G建设一体化发展上有新突

破。全国有线电视网络整合和广电 5G 建设一体化发展，是以习近平同志为核心的党中央作出的重大决策部署，我们一定要从讲政治的高度，深刻认识有线电视网络整合和广电 5G 建设，是全广电战线的一项重要政治任务，是巩固壮大意识形态阵地的重大战略举措，是当前广电行业乃至宣传思想战线重要的基础设施建设工程，必须思想上高度重视、行动上坚决有力，以敢打必胜的信念打赢这场硬仗。要加大力度、加快进度，力争 2020 年基本完成全国有线电视网络整合、实现全国一网，并抓紧建设广电 5G 网络，加快形成富有广电特色的市场应用场景。要加快推进有线无线卫星的互联互通、共建共享共用，与互联网的互联互通、可管可控，建好用好广电网络。

三要在提高公共服务质量水平上有新突破。要巩固广播电视公共服务基础建设成果，坚持点、线、面齐头并进，以智慧化应用加速提质升级。点，主要针对贫困地区，深入实施应急广播体系建设、制播能力建设等重点工程，尽快补齐短板。广电总局将积极争取应急广播体系建设财政资金补助范围从深度贫困县扩大到老少边穷地区，进一步完善国家应急广播调度控制平台。线，主要针对边疆一线特别是边疆少数民族地区，提升边疆广播电视综合服务能力。各边疆省区要抓紧研究符合实际、操作性强的举措，广电总局将会同有关部门进一步研究论证、统筹推进。面，主要针对广大基层和农村，策划实施智慧广电乡村工程，在实现户户通基础上，完善覆盖政策，调整优化惠民工程项目实施和运维，努力实现有线、无线、卫星智能协同覆盖，朝着人人通、移动通、端端通、优质通的目标努力。打通点、线、面，必须把标准化建设摆到突出的位置。要完善广播电视基本公共服务行业标准规范，细化地方实施标准，推动直接面向群众的服务机构标准化管理。广电总局将开展基本公共服务标准化建设省级、县级试点。全行业要继续坚持扶贫与扶志扶智、输血与造血相结合，突出产业扶贫、消费扶贫，打造扶贫亮点、增强扶贫实效，服务决战脱贫攻坚。

四要在构建智慧广电发展体系上有新突破。要在继续推进"专精特新"发展的同时，着力在增强规模优势和集群优势上下功夫。紧密配合京津冀协同发展、粤港澳大湾区建设、长三角一体化发展等国家重大战略，推动构建区域产业协作体，提高协同发展水平。近年来，全国建设了智慧广电、高新视频、网络视听、超高清应用等一批产业基地（园区），这些基地（园区）要坚守定位，突出特色优势，增强集聚辐射效应，真正形成发展高地、创新高地。

五要在以科技创新促进行业迭代升级上有新突破。科技是行业发展的重要动力源。要实施"广播电视技术迭代行动计划"，建立"实验室＋项目＋规范＋示范＋推广"的科技创新体系，增强创新发展支撑能力。要加强对基础技术、颠覆技术的前瞻布局，形成创新策源地，掌握创新主动权。要加强技术规划，围绕人工智能、大数据、区块链、广电 5G、有线无线卫星智能协同、5G 高新视频等重点领域开展研究开发，推动先进技术的综合应用、集成创新，完善技术标准体系。广电总局成立专门团队，开展新一代电视内置机顶盒、智能遥控器、智能电视操作系统等技术攻关，着力实现智能化、内置化、便捷化，吸引观众回归大屏。2020 年要力争实现全国地市以上电视主频道高清播出，并积极推进 5G 和 4K 的应用。要促进创新链与价值链深度融合，加快科研成果从实验室走向实践场，打造更高格式、更新应用场景、更美视听体验的新产品新服务新业态，形成现实生产力，为高质量创新性发展提供持续动能。

> **四、深入实施"视听中国"播映工程，增强走出去实效，讲好中国故事、传播好中国声音**

习近平总书记强调，要积极主动做工作，让世界更好了解中国。全行业要紧紧围绕中央外交工作大局，以实施"视听中国"播映工程为抓手，精准施策、协同推进，形成走出去的整体合力。

一要精心策划"视听中国"公共外交系列播映活动。全力服务习近平总书记高访，在缅甸、俄罗斯、马来西亚、日本、埃及、墨西哥等国精心策划一系列"视听中国"品牌活动，举办中日、中俄、中国—东盟、中国—中东欧等电视周，办好第五届中非媒体合作论坛，打造对外交流合作新亮点。

二要实施走出去内容品牌提升计划。优秀作品在对外传播方面具有独特作用。要加强走出去内容创作扶持，精心创作、精心译配一批体现习近平新时代中国特色社会主义思想、体现新时代中国理念的优秀作品。广电总局拟定了一系列走出去内容制作计划，包括创作推出以"中国人的故事"为主题的纪录片，中外联合拍摄以"走近世界"为主题的纪录片等，我们鼓励支持有实力的机构积极参与。精心策划境外展播和推介活动，深入实施"丝绸之路影视桥""中国当代作品翻译""中非影视合作创新提升""亚洲影视（广电视听）交流合作计划"等走出去工程，为国有、民营等各类主体搭建平台、提供支持，在国际上打响更多中国电视剧、纪录片、动画片和节目品牌。

三要实施广电技术服务交流合作计划。我国广电技术服务走出去已有很好的基础，要继续以"一带一路"和周边国家为重点，加强广电技术领域国际交流合作，推动我国自主创新的 4K 超高清、广电 5G、应急广播、媒体融合等技术、标准、设备、服务走出去。积极支持边疆省区实施走出去项目，统筹内容、技术和服务，扩大应用和影响。

五、深入实施"安全播出"工程，守住底线、筑牢防线，确保万无一失

安全是广播电视的生命线。广电行业点多、线长、面广，安全播出面临不少新情况，稍有不慎，一个小小的技术问题，就有可能成为重大政治问题，一刻也不能掉以轻心，必须加强安全播出、网络安全、设施保护一体化运行管理，不断提高安全保障能力。

要全力确保重要保障期安全播出，坚持新中国成立 70 周年安全保障的成功经验做法，围绕重要时间节点，开展测试评估，完善应急预案，提高基层单位运行维护能力，确保安全播出不出任何问题。广电总局安全播出指挥部每季度召开安全保障工作电视电话会议，及时通报情况、部署阶段性工作。全国各级广电行政部门、广播电视台和网络视听媒体机构要进一步健全制度、机制、流程，严细深实做好安全播出管理每一项工作。

六、深入实施"管理优化"工程，完善制度、健全体系、强化执行，提高管理效能

习近平总书记在党的十九届四中全会上强调，紧密结合本地区本部门本单位实际，推进制度创新和治理能力建设。各级广电行政部门要深入贯彻党的十九届四中全会精神，坚持制度建设与制度执行并重，创新行政方式，提高管理水平。

一要完善行业法规制度体系。广电总局重点推动《广播电视管理条例》《信息网络传播视听节目管理条例》两部行政法规的制修订工作，争取 2020 年年内出台；针对新情况新要求，加快制修订电视剧内容管理等规定。各地区各部门各单位要加大制度建设力度，坚持立改废释并举，及时将行之有效的实践成果转化为制度机制，不断提高工作的法制化制度化水平。

二要加强行业综合治理。落实意识形态工作责任制，深入推进广播电视和网络视听领域一个标准、一体管理，坚持"字字千钧、秒秒政治、天天考试"，把好关口、管好队伍、守好阵地。完善联合惩戒机制，持续整治低俗庸俗媚俗、追星炒星、高价片酬、违规广告等群众反映强烈的问题，严禁丑闻劣迹者发声出镜。要针对观众反映强烈的网络视听广告问题，联合市场监管部门加强管理，做到一视同仁、公平竞争。要创新管理手段，用好广播电视节目收视综合评价大数据系统，建立完善互联网电视应用信息管理、视听网站信息登记管理、网络视听节目审核备案管理等平台。各级广电行政部门必须自觉担负

属地管理责任，其他各类主体也都必须承担相应的主体责任。广电总局要进一步探索完善覆盖行业各类主体的意识形态工作责任制落实体系，强化追责问责和情况通报，层层压实责任，切实做到"谁主管、谁负责""谁主办、谁负责"，守住守好意识形态阵地。

三要健全管理、服务、保障三位一体的工作体系。我们要的不是"一池污水"，也不是"一池死水"，而是"一池清水、一池活水"。要按照建设服务型政府的要求，对各类从业主体既严格规范，又引导、激励，做好全方位服务，寓管理于服务，在服务中体现管理。要深化"放管服"改革，持续优化营商环境，巩固"优化审批服务"改革和"证照分离"改革试点成果，推动"互联网 + 政务服务"，加强政策解读，提高办事效率和服务效能。广电总局各部门各单位要心系基层，努力为地方广电发展做好服务、提供支持。要以开展国有影视企业社会效益评价考核为抓手，引导推动各类主体履行政治责任、社会责任、文化责任。要加强对行业重大问题的研究，着手谋划"十四五"重大工程、重大项目、重大举措，为未来发展提供有力支撑。

以史为鉴　守正创新
加快推动广播电视和网络视听高质量发展[*]

　　习近平总书记在庆祝中国共产党成立 100 周年大会上的重要讲话，立足中国共产党百年华诞的重大时刻和"两个一百年"奋斗目标历史交汇的关键节点，站在党和国家事业发展全局的高度，以深邃的历史眼光和宽广的时代视野，在洞察历史中揭示规律，在把握大势中昭示未来，是中国共产党百年恢宏篇章的历史纲要，是一篇告慰先烈、激励全党的宣言书，是一堂论断深刻、发人深省的党史课，体现了强烈的历史责任感、历史使命感，体现了对国家前途、民族命运一以贯之的情怀与担当。习近平总书记的重要讲话，围绕一系列重大理论和现实问题，提出一系列新思想、新观点、新论断，把我们党对共产党执政规律、社会主义建设规律、人类社会发展规律的认识提升到了新高度，具有历史性、划时代、里程碑意义。习近平总书记的重要讲话，贯通历史、现实、未来，贯通伟大斗争、伟大工程、伟大事业、伟大梦想，是高瞻远瞩、系统完备的路线图任务书，是催人奋

---

　　* 原载于《机关党建研究》2021 年第 10 期。

进、凝聚力量的动员令，是大变局下砥砺奋进中华民族伟大复兴中国梦的行动纲领，是新时代中国共产党不忘初心、牢记使命，继往开来、迎接未来的政治宣言，为奋进新时代、走好新征程指明了前进方向、提供了根本遵循。我们要深刻认识习近平总书记"七一"重要讲话的重大意义，深刻把握讲话蕴含的深邃思想和丰富内涵，深刻理解讲话蕴含的历史逻辑、理论逻辑、实践逻辑，坚决把思想和行动统一到习近平总书记重要讲话精神上来。

一、深刻认识建党百年的光辉历程和伟大成就，进一步强化历史自觉，切实增强"四个意识"、坚定"四个自信"、做到"两个维护"

习近平总书记"七一"重要讲话，深情回望百年波澜壮阔的历史，向全党、全社会、全世界作出5个"庄严宣告"，深刻总结我们党团结带领中国人民创造的伟大成就。我们要深刻认识到，党的十八大以来党和国家取得的一切成就，根本在于以习近平同志为核心的党中央坚强领导，在于习近平新时代中国特色社会主义思想这一当代中国马克思主义、21世纪马克思主义的科学指引。在我们党走过百年路口的关键时刻，有习近平总书记这样的伟大领袖、坚强核心为我们举旗定向、掌舵领航，是国家大幸、民族大幸、时代大幸，是我们行稳致远、阔步向前的根本保证。新时代新征程，要增强"四个意识"、坚定"四个自信"、做到"两个维护"，始终在思想上政治上行动上同以习近平同志为核心的党中央保持高度一致，坚定不移做习近平新时代中国特色社会主义思想的坚定信仰者、忠实实践者、有力传播者。要深刻认识到，中国共产党领导是历史的选择、人民的选择，是中国特色社会主义最本质的特征，是中国特色社会主义制度的最大优势，是党和国家的根本所在、命脉所在，是全国各族人民的利益所系、命运所系，是实现中华民族伟大复兴的根本保证，中国共产党始终是中国人民和中华民族的主心骨。必须坚定矢志不渝跟党走的信心决心，毫不动摇坚持和加强党对广电工作的领导，坚持党管宣传、党管意识形态、党管媒体，坚持政治家办台、办网，体现党的意志、反映党的主张，把党的领导体现落实到工作各环节、全过程，让党的旗帜在广电行业高高飘扬。

广电行业作为党和人民的喉舌、重要的宣传思想文化阵地，宣传展示党的光辉历史、伟大成就和创新理论，为国家写史、为民族塑像、为时代铸魂，是我们义不容辞的职责和使命。近年来，广电总局深入实施舆论引导能力提升工程，深化广播电视媒体"头条"建设和网络视听媒体"首页首屏首条"建设，加强理论节目创作播出，推动党的创新理论"飞入寻常百姓家"；深入实施新时代精品工程，围绕重大时间节点指导推进重大主题创作，取得了显著成效。2021年中国共产党成立100周年主题宣传创作浓墨重彩，《山海情》《觉醒年代》《光荣与梦想》《理想照耀中国》《百炼成钢：中国共产党的100年》等作品在党员干部和群众中引发热烈反响。我们要在主题精品创作上进一步下大气力，按照"找准选题、讲好故事、拍出精品"的要求，把时代进步的前沿作为创作生产的前沿，把经济社会发展的主战场作为精品创作的主战场，着力全景式、史诗性地反映习近平新时代中国特色社会主义思想在中华大地的生动实践，反映以习近平同志为核心的党中央带领人民创造的历史性成就和历史性变革。要加强"十四五"时期重点选题规划，把握北京冬奥会、党的二十大等时间节点，提前安排部署，持续推进重大现实、重大革命、重大历史题材创作，优化资源配置，集中力量办大事，握紧拳头抓精品，确保在党和国家重大时间节点推出重量级、标杆性、有影响的精品力作，用一部部优秀作品铸就视听影像丰碑，促进全国人民在思想上精神上更加紧密团结在一起，万众一心奋进中华民族伟大复兴新征程。

二、深刻感悟习近平总书记真挚的人民情怀，进一步强化以人民为中心的发展思想，不断提升广播电视和网络视听服务人民的能力和水平

"江山就是人民、人民就是江山，打江山、守江山，守的是人民的心。"习近平总书记"七一"重要讲话中，"人民"一词共出现了86次，并以"伟大、光荣、英雄的中国人民万岁！"收尾，讲话通篇灌注了中国共产党和人民群众的鱼水深情，彰显了"我将无我，不负人民"的情怀境界。党的百年历史，就是一部践行党的初心使命的历史，就是一部党与人民心连心、同呼吸、共命运的历史。"民惟邦本，本固邦宁。"站在百年历史交汇时刻，习近平总书记向全体共产党员发出了伟大号召，"人民"是永恒主题，为人民谋幸福始终是我们的奋斗目标。

时代是出卷人，我们是答卷人，人民是阅卷人。现在，我们踏上

了新的赶考之路，必须践行宗旨、砥砺初心，坚持人民至上，心中装着人民，工作为了人民，努力为人民交上一份满意的答卷。要用心答好创作之题，打造更多人民喜爱的文艺精品。坚持与时代同频、与人民共振，积极回应人民群众对更高精神文化的追求和渴盼，引导推动文艺创作进一步走入生活、贴近人民，为人民抒写、为人民抒情、为人民抒怀，用符合当代艺术规律的方式，通过富有吸引力、感染力的人物和故事展现生活的期待、人民的创造，打造更多更好的以人民为主人公、反映人民心声、塑造人民形象的精品力作，更好满足人民群众精神文化新期待。要用情答好服务之题，不断提升广播电视公共服务水平。坚持内容供给和基础建设并重，进一步推动广播电视公共服务均等化、可及化，在提高覆盖面和实效性上下功夫，在丰富供给方式上不断创新，一体推进公共服务提质增效。要以智慧广电固边工程、"三区三州"市级广电融合提升工程、基层应急广播体系建设工程等"十四五"广播电视重点惠民项目为抓手，加大对革命老区、民族地区、边境地区的倾斜力度，统筹有线、无线、卫星和互联网，推动优质资源向农村下沉，不断完善基层服务网络，助力推进乡村振兴，不断增进民生福祉。要用力答好发展之题，推动智慧广电更好惠及人民。坚持以人民群众需求为导向，以实施"智慧广电"建设工程为牵引，加强内容生产、传播、服务、生态的全链条创新，推进媒体深度融合，加快广电5G建设发展，加强超高清、沉浸式、互动式等高新视频内容建设，不断推出视听新业态新应用新服务，朝着人人通、移动通、终端通和优质通的方向发展，更好地满足人民群众更高层次的视听服务需求。

三、全面把握以史为鉴、开创未来的根本要求，以"九个必须"为指引，坚持守正创新，加快广播电视和网络视听高质量发展

"百年辉煌启未来，风华正茂开新篇。"习近平总书记用"九个必须"深刻总结百年奋斗经验启示，以历史映照现实，为开创未来指明了方向。"九个必须"凝聚着中国共产党百年奋斗史的根本经验、本质规律和智慧力量，科学回答了党和国家事业发展的领导核心、价值追求、理论指导、战略支撑、外部环境、力量来源等一系列重大问题，集中体现了我们党的政治立场、政治方向、政治原则、政治道路和奋进目标，是踏上第二个百年奋斗目标的进军令和行动指南。

越是接近目标，越是任务艰巨。站在百年接续奋斗的新起点，我们要高举思想旗帜，把习近平总书记重要讲话精神贯彻落实到工作实际中，转化为推动广播电视和网络视听行业发展的强大动力，全面做好守正创新、改革发展稳定各项工作。要坚守职能定位、把好方向导向。牢记政治机关、政治工作的定位，把握好意识形态属性和产业属性、社会效益和经济效益的关系，始终坚持社会主义先进文化前进方向，坚持正确的政治方向、舆论导向、价值取向，始终把社会效益放在首位，建好守好阵地，履行好新时代"举旗帜、聚民心、育新人、兴文化、展形象"的使命任务。要着眼长远、把握大势。锚定第二个百年奋斗目标，聚焦建设社会主义文化强国，深刻认识新征程的新特点新要求，加强战略性谋划，坚持规划引领超前布局，坚持科技引领

创新发展，努力下好先手棋、打好主动仗。科学编制实施"十四五"规划，谋划好事关广播电视和网络视听发展的重大战略问题。要胸怀"两个大局"、心系"国之大者"。时刻关注党中央在关心什么、强调什么、推动什么，主动站在国家的、全局的高度考虑自身发展，把广播电视和网络视听放在"五位一体"总体布局和"四个全面"战略布局中来考量，自觉围绕中心、服务大局，多打大算盘、算大账，把党中央精神体现到广播电视和网络视听谋划重大战略、制定重大政策、部署重大任务、推进重大工作的实践中去，经常对标对表，及时校准偏差，做到既为一域争光、更为全局添彩。要立足当下，打好基础。准确把握新发展阶段、贯彻新发展理念、构建新发展格局，继续深入实施"六大工程"，落实"一五一"工作格局，突出重点、抓住关键、打造亮点，按照"课题式设计、项目式管理、工程式推进、台账式督查、绩效式考核"的工作方法推进工作抓落实，不断提升广播电视和网络视听治理体系和治理能力现代化水平，推动事业产业全面发展、全面进步。

四、深刻领悟伟大建党精神，赓续红色血脉、发扬优良作风，以昂扬斗志和强健体魄走好新时代的长征路

习近平总书记"七一"重要讲话，总结、概括、提炼了我们党在百年奋斗历程中形成的伟大建党精神，思想精辟、内涵丰富、意境深远，深刻解释了中国共产党的特质，是我们全面认识和准确把握"中国共产党为什么能"的一把金钥匙。一百年来，中国共产党正是秉承

着伟大建党精神，团结带领人民在中华民族发展史和人类社会进步史上写下了壮丽篇章。伟大建党精神，集中体现了党的坚定信念、根本宗旨、优良作风，凝聚着中国共产党人艰苦奋斗、牺牲奉献、开拓进取的伟大品格，是中国共产党人精神谱系的源和本、根和魂，是我们党代代相传的宝贵精神财富，为我们立党兴党强党提供了丰厚滋养，也必将激励着我们朝着民族复兴伟业奋勇前行。

"人无精神则不立，国无精神则不强。"我们必须深入领会、继承弘扬伟大建党精神，以永不懈怠的精神状态、一往无前的奋斗姿态，努力为党和人民争取更大光荣。要秉承伟大建党精神凝聚奋进的精气神。广电行业面对日益激烈的竞争格局和现实挑战，需要进一步提振精气神，勇于拼搏、积极作为，实干担当、开拓进取。特别是意识形态斗争长期而艰巨，意识形态工作一丝一毫不能大意、一分一秒不能松懈。广大党员干部必须知重负重，将伟大建党精神熔铸在血脉之中，永远保持慎终如始、戒骄戒躁的清醒头脑，永远保持不畏艰险、锐意进取的奋斗韧劲，在奋进新征程中敢于斗争、勇于胜利。要秉承伟大建党精神全面加强党的建设。牢记"打铁必须自身硬"的道理，以党的政治建设为统领，深化全面从严治党，压紧压实管党治党主体责任、监督责任和意识形态工作责任，深入实施"年初定责、年中督责、年底述责"和"一书双卡"机制，深入推进党风廉政建设和反腐败斗争，大力实施广电党建"提质铸魂"工程，在创建"让党中央放心、让人民群众满意的模范机关"上走好第一方阵。要秉承伟大建党精神守好我们的精神家园。"人是要有一点精神的。"伟大精神贵在传承和践行。我们要传承和践行坚定信念、践行宗旨、拼搏奉献、廉洁奉公的高尚品质和崇高精神，筑牢我们的精神之基，守好我们的精神家园，永葆共产党人的政治本色，让精神之源永远清澈纯净、碧波荡漾，让广电总局风清气正、干事创业的氛围更加浓厚。

奋斗未有穷期，赶考仍在路上。我们要深入学习宣传贯彻习近平总书记重要讲话精神，积极响应习近平总书记发出的伟大号召，牢记初心、践行使命，再接再厉、接续奋斗，不断谱写广播电视和网络视听发展新篇章，努力为党和国家工作大局作出新的更大贡献、为党和人民争取更大光荣。

把牢政治方向　奏响时代强音
推进广播电视和网络视听高质量创新性发展*

　　2022年是新时代新征程中具有特殊重要性的一年，我们党将召开第二十次全国代表大会。2022年，广播电视和网络视听工作要坚持以习近平新时代中国特色社会主义思想为指导，全面贯彻落实党的十九大和党的十九届历次全会精神，深入贯彻落实习近平总书记关于宣传思想工作的重要思想和关于广电工作的重要指示批示精神，认真贯彻落实全国宣传部长会议精神，突出学习宣传贯彻习近平新时代中国特色社会主义思想首要政治任务，突出迎接宣传贯彻党的二十大工作主线，聚焦"举旗帜、聚民心、育新人、兴文化、展形象"的使命任务，围绕立足新发展阶段、贯彻新发展理念、构建新发展格局，坚持稳中求进、守正创新、敢于斗争，弘扬主旋律、唱响最强音、守好主阵地、打好主动仗，加快广播电视和网络视听高质量创新性发展，为党和国家工作大局提供有力舆论支持和强大精神力量。

＊原载于《旗帜》2022年第2期。

> ### 一、以史为鉴，自信自强，牢牢把握广播电视工作正确方向

立足百年历史新起点，踏上新的赶考之路，必须胸怀"两个大局"，心系"国之大者"，主动把广电工作放在党和国家事业全局中、摆在新的历史进程中去考量、去谋划、去推进，从党的百年奋斗历程和伟大成就中汲取智慧力量，脚踏实地走好新时代的广电长征路。

始终坚持政治统领，坚定不移做到"两个维护"。深刻认识"两个确立"的决定性意义，坚定践行"两个维护"，始终在思想上政治上行动上同以习近平同志为核心的党中央保持高度一致，坚持用习近平新时代中国特色社会主义思想武装头脑、指导实践、推动工作。

始终坚持党的全面领导，坚定不移守好意识形态阵地。坚持党管宣传、党管意识形态、党管媒体，坚持政治家办台办网，旗帜鲜明把党的全面领导落实到各领域各方面各环节，牢牢把握正确的政治方向、舆论导向、价值取向。严格落实意识形态工作责任制，坚持网上网下一个标准、一体管理，坚持守土有责、守土负责、守土尽责，把好关口、管好队伍、守好阵地。

始终坚持人民至上，坚定不移践行初心使命。强化宗旨意识，坚持以人民为中心的工作导向，把实现好、维护好、发展好最广大人民根本利益作为全部工作的出发点和落脚点，以源源不断的精品力作奉献人民，以优质便捷的广电服务造福人民，不断增强人民群众的获得

感、幸福感、安全感。

始终坚持守正创新，坚定不移推进高质量创新性发展。牢牢把握高质量发展这一主题，立足新发展阶段、贯彻新发展理念、构建新发展格局，坚持一切从实际出发，保持锐意创新的勇气，更好地服务党和国家事业全局。

二、紧紧围绕迎接宣传贯彻党的二十大这条主线，全力做好重大主题宣传、主题创作工作

召开党的二十大，是党和国家政治生活中的一件大事。要用心用情用功做好迎接宣传贯彻党的二十大各项工作，更好汇聚起奋斗新时代、奋进新征程的磅礴力量。

浓墨重彩推进主题宣传。统筹广播电视媒体和网络视听平台，深入开展"新时代答卷"重大主题宣传，加强议题设置、选题策划，推出"时代的召唤""二十大·二十问"等系列报道和专题活动，做到多角度阐释、深层次解读，推进宣传报道递进升温、全面展开、掀起高潮。

精益求精推进主题创作。落实"找准选题、讲好故事、拍出精品"的重要要求，深入开展"我们的新时代"主题作品创作展播活动，把描绘新时代新征程恢宏气象的重大现实题材作为2022年主题创作的重点任务，策划推出《领航》《我们这十年》《县委大院》《加油新时代》等一批有亮点、有影响的作品。

同时，精心服务北京冬奥会、冬残奥会，推出"一起上冬奥""冰

雪奇迹""2022 相约北京"等专题报道和系列节目，推出《超越》《冰雪之名》《冬梦之约》等作品，确保安全播出和运行，营造同心共筑冬奥梦的良好氛围。

> **三、进一步提升舆论引导、精品创作、智慧广电发展、国际传播、安全防护、行业治理等能力，加快广播电视和网络视听高质量创新性发展**

围绕建设社会主义文化强国目标，着眼加快广播电视和网络视听转型升级，持之以恒深化广播电视和网络视听"六大工程"，以工程实施带动能力提升，以能力提升促进行业发展。

进一步提升舆论引导能力，做大做强广播电视和网络视听主流舆论。深化拓展"舆论引导能力提升工程"，加强广播电视媒体"头条"建设和网络视听平台"首页首屏首条"建设，实施创新理论传播工程，推出《中国共产党领导力密码》《自信中国说》等理论节目，全方位、多角度、深层次展习近平总书记重要思想和领袖形象。围绕党和国家重要会议、重要时间节点、重大活动等，统筹网上网下、综合多种手段、创新表达方式，形成贯通全年的强大宣传声势。

进一步提升精品创作能力，努力开拓广播电视和网络视听文艺新境界。深化拓展"新时代精品工程"，聚焦新时代新征程、中国共产党人精神谱系、中华优秀传统文化等重大主题，强化"十四五"电视剧、纪录片、动画片等重点选题规划的执行力，深化"精心选题、主动出题、认真答题"的工作理念，提高项目落实率、完成率、精品率。

创作推出《加油！中国式现代化》《时间的答卷（第二季）》《我为群众办实事》《文学中国》等作品和节目，更好满足人民文化需求、增强人民精神力量。实施"内容创作市场主体培育计划"，进一步激发市场主体积极性和活力。

进一步提升智慧广电发展能力，为广电行业壮筋骨、增动力、强底气。深化拓展"'智慧广电'建设工程"，构建媒体网络协同发展、产品服务交相创新、事业产业互促共进的智慧广电发展格局。进一步推动广电媒体深度融合，加快高清、超高清电视发展，推动资源整合、结构优化和精简精办，努力打造新型主流媒体。加快全国有线电视网络整合和广电 5G 建设一体化发展，进一步提升广电 5G 网络覆盖水平，努力实现规模化发展。加快实施"十四五"重点惠民工程，推动智慧广电公共服务提质增效，加快向智慧广电"人人通"升级发展。开展"未来电视"关键技术研究攻关，打造新兴产业集群和发展高地，培育和繁荣智慧广电新生态，进一步完善产业体系和市场体系。

进一步提升国际传播能力，讲好中国故事、传播好中国声音。深化拓展"视听中国播映工程"，精心策划打造品牌活动，生动立体展现习近平总书记大党大国领袖、世界级领袖的形象。举办"美美与共 视听共享"全球播映活动，讲好中国故事特别是中国共产党的故事，展现可信、可爱、可敬的中国形象，更好地服务中国特色大国外交。整合行业资源力量，不断完善项目、品牌、活动、市场一体的国际传播格局。实施"新媒体国际传播计划"，加快跨终端、跨渠道海外多元传播。

进一步提升安全防护能力，筑牢守好广播电视和网络视听意识形态阵地。深化拓展"安全播出工程"，坚持安全为先、稳字当头，坚持"字字千钧、秒秒政治、天天考试"，严把导向关、内容关、人员关，进一步加强平台机构管理，切实防范化解风险、维护意识形态安全。

进一步提升行业治理能力，推动行业持续健康发展。深化拓展"管理优化工程"，持续抓好文娱领域综合治理工作，综合运用法律、行政、经济、科技等手段，加强从业者引导管理，完善长效机制，推进依法治理、源头治理、系统治理、生态治理，塑造风清气正、健康向上的行业风气。加强行业准入和规范管理，不断优化市场秩序。持续抓好法治建设工作，加快推进《广播电视法》立法进程，深化"放管服"改革，形成良法善治的行业治理格局。

四、加强党的建设和人才队伍建设，为广电事业发展提供有力保障

全面贯彻新时代党的建设总要求，坚持以党的政治建设为统领，全面推进党的各方面建设，把队伍建设得更加坚强有力。

突出强化政治建设。深入实施党建"提质铸魂"工程，常态长效深化党史学习教育，推动党员干部职工深刻认识"两个确立"的决定性意义，不断提高政治判断力、政治领悟力、政治执行力，更加坚定自觉做到"两个维护"。持续强化理论武装，持续推进党建和业务工作深度融合，推动党的工作全覆盖。

深化全面从严治党。突出严的主基调，履行管党治党主体责任、监督责任和意识形态工作责任，完善"年初定责、年中督责、年底述责"机制，强化监督执纪问责，严格落实中央八项规定及其实施细则精神，一体推进不敢腐、不能腐、不想腐，持之以恒纠"四风"、树新风，维护风清气正的良好政治生态。

全面加强干部人才队伍建设。深入贯彻落实新时代党的组织路线，深入实施领导干部素质结构优化工程，研究制定加强新时代广播电视和网络视听人才工作的意见。深入实施行业领军人才工程、青年创新人才工程，持续推进全媒体人才培养专项计划。扎实开展教育培训，强化政治赋能、专业赋能、实践赋能，不断优化队伍素质结构。

新时代新征程，广电总局一定高举中国特色社会主义伟大旗帜，更加紧密地团结在以习近平同志为核心的党中央周围，增强"四个意识"、坚定"四个自信"、做到"两个维护"，锐意进取、勇毅前行，以优异成绩迎接党的二十大胜利召开，为实现第二个百年奋斗目标、实现中华民族伟大复兴的中国梦作出新的更大贡献。

努力做好深入贯彻落实全面推进依法治国战略的大文章 *

党的十八届四中全会（以下简称四中全会）提出建设中国特色社会主义法治体系，建设社会主义法治国家的总目标，并为实现这一总目标作出了全面系统的战略部署，开启了全面推进依法治国的新进程。

我们的广播电视媒体一方面要深入宣传四中全会精神，充分报道各行各业贯彻落实四中全会精神的情况，努力为全面推进依法治国营造良好舆论氛围；另一方面自身也要进一步依法加强管理、依法深化改革、依法促进发展的力度，增强自身的整体实力和核心竞争力。贯彻落实四中全会精神，广电媒体责任重大、任务艰巨、使命光荣。

全面推进依法治国，是国家治理领域一场广泛而深刻的革命，体现在中国特色社会主义经济、政治、文化、社会、生态建设和党的建设各个方面，贯穿于全面建成小康社会、实现中华民族伟大复兴中国梦的全过程。四中全会作出的全面推进依法治国的战略部署既高瞻远

---

* 原载于《中国广播电视学刊》2015 年第 1 期，收入本书时略有修改。

瞩，又着眼当下；既求长效，又讲近功。广大广播电视工作者既要牢固树立长期作战的思想，又要立足眼前，做好近期工作，努力使贯彻落实四中全会精神抓铁有痕，一步一个足印。2015年是全面贯彻落实四中全会精神的第一年，广大广播电视工作者必须努力做好深入贯彻落实四中全会精神的大文章。

努力做好深入贯彻落实四中全会精神的大文章，学习是前提。四中全会审议通过的《中共中央关于全面推进依法治国若干重大问题的决定》内容丰富、思想深邃，既有理论高度，又具实践深度。要贯彻好、落实好，必须首先学习好、领会好。广播电视工作者肩负着以科学的理论武装人的光荣使命，武装者必须首先接受武装。认真学习、深刻领会、准确把握四中全会精神，对广播电视工作者来说尤为重要。否则，以其昏昏，是很难使人昭昭的。广大广播电视工作者学习四中全会精神：一要紧密结合广播电视工作实际，增强学习的针对性，增强理论对实际工作的指导性；二要加强宪法学习，加强与广播电视相关的法律法规的学习，努力提升自身的法律修养。广大广播电视工作者一定要把学习四中全会精神作为2015年的年度必修课，拿出让党和人民满意的答卷。

学习的目的在于运用。努力做好深入贯彻落实四中全会精神的大文章，搞好宣传报道工作是关键。

四中全会强调指出，全面推进依法治国，必须坚持党的领导、人民当家作主、依法治国有机统一。三者的有机统一是我国社会主义法治建设的一条基本经验，也是我国法治与西方所谓"宪政"的根本区别。我国广播电视媒体作为党和人民喉舌的性质决定我们的广播电视宣传工作必须始终坚持党性原则，坚持为人民服务的宗旨。必须始终坚持党管媒体、党管意识形态，牢牢占领媒体舆论阵地，牢牢掌握舆论话语权；坚持以人民为中心的工作导向、创作导向，更多更好地为广大人民群众提供健康向上的精神食粮。深刻理解、准确把握坚持党的领导、人民当家作主、依法治国有机统一的原则，对于做好广播电视宣传工作、宣传好四中全会精神具有特别重要的意义。

广播电视媒体要按照中央统一部署，切实做好四中全会精神的宣传工作，把广大人民群众的思想和行动统一到中央决策部署上来，为全面推进依法治国营造良好舆论氛围，必须正确处理坚持团结稳定鼓劲和正面宣传为主的方针与加强舆论监督之间的关系。全国宣传思想工作会议指出，坚持团结稳定鼓劲和正面宣传为主，是宣传思想工作必须遵循的重要方针。我们正在进行具有许多新的历史特点的伟大斗争，面临的挑战和困难前所未有，必须坚持巩固壮大主流思想舆论，弘扬主旋律，传播正能量，激发全社会团结奋进的强大力量。我们的广播电视媒体在宣传四中全会精神时一定要始终坚持正面宣传为主的方针，多宣传报道中央关于全面推进依法治国的战略部署，多宣传报道各地区、各行业贯彻落实四中全会精神的成功经验和巨大成绩，努力营造积极向上的社会舆论氛围。面对法律，既有守法的，也有违法的。法治的精神就是保护守法的，惩治违法的。我们的法治宣传，既要坚持正面宣传为主的方针，对守法、正面的给予弘扬、鼓励；又要发挥舆论监督的作用，对违法、负面的进行批评监督。

广播电视媒体要做好四中全会精神的宣传工作，要把四中全会精神的宣传贯穿到广播电视宣传的方方面面，贯彻落实到新闻节目、文艺节目、法治节目、服务节目以及广告等各种节目类型中。特别要大力加强和改进法治宣传，充分发挥法治节目普及法律知识、弘扬法治精神的独特作用。要清醒认识到，目前一些法治节目在内容方面一定程度上存在着重案例传播、轻法理解读的现象，在形式方面一定程度上存在着同质化、创新不足的现象。我们必须认真研究法治宣传规律，探索法治宣传的有效途径，切实推动中国法治社会建设。

我们的广播电视媒体肩负着普及法律知识、弘扬法治理念、树立法治信仰、培育法治精神、营造法治文化的重任，使命光荣，责任重大。

努力做好深入贯彻落实四中全会精神的大文章，切实宣传好四中全会精神，要求我们的广播电视行业切实加强自身的法制建设，依法治业，依法兴业，壮大实力，为完成宣传工作主业提供强有力的保障。

四中全会审议通过的《中共中央关于全面推进依法治国若干重大问题的决定》指出，法律是治国之重器，良法是善治之前提。建设中国特色社会主义法治体系，必须坚持立法先行，发挥立法的引领和推动作用，抓住提高立法质量这个关键。这一精神对我们广播电视行业来说具有强烈的现实针对性和重大的指导意义。我国广播电视法制建设经过改革开放30多年的发展，取得了巨大的成绩，但法制建设滞后于实践发展的现象依然存在。我们必须紧跟媒体发展步伐，遵循媒体发展规律，适应社会主义市场经济建设新要求、新技术和新媒体发展新趋势，切实加大法制建设力度，不断完善广播电视法律法规体系，为广播电视健康快速发展提供法律保障。

四中全会提出，要建立健全坚持社会主义先进文化前进方向、遵循文化发展规律、有利于激发文化创造活力、保障人民基本文化权益的文化法律制度。我们一定要按照四中全会提出的科学立法、民主立法的要求，制定有利于广播电视事业、产业协调发展的《中华人民共和国电影产业促进法》《中华人民共和国广播电视法》《中华人民共和国公共文化服务保障法》《中华人民共和国文化产业促进法》等法律规范，进一步提升广播电视更好发挥喉舌作用、更好履行为人民服务宗旨的实力和能力。

法律的生命力在于实施，法律的权威也在于实施。有法可依之后，必须做到有法必依。四中全会审议通过的《中共中央关于全面推进依法治国若干重大问题的决定》提出，要深入推进依法行政，加快建设法治政府。我们的广播电视行政管理部门是代表政府行使广播电视行业管理的职权部门，必须做到有法必依，严格依法行政。牢固树立法定职责必须为、法无授权不可为的意识，勇于负责、敢于担当，按照四中全会关于严格执法的各项要求，严格依照法律法规管理广播电视行业，管理广播电视媒体。结合广播电视的实际，全面深入推进依法行政，要健全依法决策机制，将合法性审查作为决策必经的前置程序，克服决策的随意性、盲目性，增强决策的程序性、严肃性，提高决策的科学性、可行性；要加强执法力度，严格依法管理，努力改变一定程度上存在的执法不力、管理不严的现象。

四中全会明确提出"法治"的理念，将依法治国从"法制"层面提升到"法治"的高度。"法制"着重制度，"法治"强调治理。"法制"着重管理，"法治"既强调管理，更强调保护与发展。我们必须适应全面推进依法治国的新形势，不断更新观念，既要依法加强对广播电视行业的管理，也要依法保护广播电视行业、广播电视媒体、广播电视工作者的合法权益，依法促进广播电视行业健康快速发展。

努力做好深入贯彻落实四中全会精神的大文章，必须切实加强广播电视队伍建设，在队伍建设上下功夫，在队伍建设上做文章。加强队伍建设，一要加强对整个广播电视队伍的法律意识、法治精神的培养，全面提升广播电视队伍的法治素质，不断增强广播电视队伍运用法治思维和法治方法的能力；二要加强广播电视法制专业队伍建设，法律具有很强的专业性，广播电视也具有很强的专业性，我们要大力培养既懂广播电视业务又懂法律知识的复合型人才；三要加强组织机构建设，努力为队伍建设提供组织保障。

把握正确工作方向　着力加强自身建设
充分发挥广电行业社会组织作用 *

　　2014 年，国家新闻出版广电总局（以下简称总局）党组贯彻中央精神，着眼深化社会组织改革、推进广播影视治理体系和治理能力现代化，决定在原中国广播电视协会的基础上改建成立中国广播电影电视社会组织联合会（以下简称中广联合会），目的就是要更好地发挥中广联合会在广播影视发展中的重要作用，这充分体现了总局党组对中广联合会工作的高度重视和关心。2014 年 5 月 29 日，中广联合会正式成立。中广联合会成立以来，在总局党组的领导下，在中广联合会领导班子带领下，坚持正确政治立场和办会方向，坚持围绕中心、服务大局，转变观念、健全机制、履行职责，各方面工作实现新的良好开局。特别是成立了中广联合会临时党委、临时纪委，党建全覆盖工作进程加快；积极探索中广联合会转型发展的新体制机制，通

　　* 本文系作者在中国广播电影电视社会组织联合会第六届第三次会员代表大会暨理事会议上的讲话摘编，原载于《中国广播电视学刊》2015 年第 5 期，收入本书时略有修改。

过活动、培训等纽带，搭建了平台，增强了凝聚力；大力倡导践行社会主义核心价值观，自律维权、评奖评析、学术理论研究等工作取得新成效；等等。这些，都为中广联合会进一步发展打下了坚实基础。

2015年，是全面深化改革关键之年、全面推进依法治国开局之年。广播影视进入适应发展新常态、加快变革转型的新阶段。新的形势，赋予中广联合会新的任务，也提出了新的更高要求。希望中广联合会的同志们以习近平总书记系列重要讲话精神为指导，按照总局党组的部署要求，再接再厉，延续新开局的良好势头，以改革创新、奋发有为的精神，进一步把中广联合会建设好、发展好，为广播影视繁荣发展作出更大贡献。

一、认真学习贯彻习近平总书记系列重要讲话精神，牢牢把握中广联合会正确工作方向

中广联合会是广播影视事业的重要组成部分。做好中广联合会的工作，必须始终坚持党的领导，坚持意识形态工作的方针原则，在新的历史方位中找准发展定位，在围绕中心、服务大局中加快自我发展。

一要深入学习领会习近平总书记系列重要讲话精神，围绕"四个全面"谋划中广联合会发展的新布局。习近平总书记系列重要讲话，特别是总书记在全国宣传思想工作会议、文艺工作座谈会上的重要讲话，系统透彻地阐明了宣传思想工作一系列带有根本性、方向性的重大问题，是广播影视工作的根本遵循。习近平总书记从坚持和发展中

国特色社会主义全局出发，提出并形成了全面建成小康社会、全面深化改革、全面依法治国、全面从严治党的"四个全面"战略思想和战略布局，这是党在新时期治国理政的总方略，是包括中广联合会在内的广播影视全行业服务大局的重大政治任务。近一个时期，总局党组围绕"四个全面"战略布局，通过中心组学习、专题培训等方式组织党员干部进行了系统的学习培训。中广联合会在这方面要加大力度，深化对"四个全面"战略布局的认识、理解和把握，强化政治担当，完善思路规划，努力在贯彻落实新的战略布局中有新的更大作为。

二要学习贯彻中央关于社会组织工作的方针政策，积极探索新时期中广联合会发展的新模式。党的十八大以来，中央对社会组织工作作出一系列重大决策部署，为中广联合会改革发展指明了方向。特别是党的十八届三中全会从推进国家治理体系和治理能力现代化的高度，对深化社会组织改革、提高社会组织工作能力、激发社会组织活力等作出新部署；党的十八届四中全会从推进法治社会建设的高度对发挥社会组织的功能作用提出明确要求。中广联合会要吃透中央精神，处理好与政府的关系、与广播影视其他社会组织的关系，始终做到职责清晰、既不缺位也不越位；处理好统与分的关系，始终高举联合的大旗，以系统思维完善治理体系，以整体观念调动各个方面积极性，增强凝聚力、感召力、影响力。

三要全面把握广播影视改革发展的新部署，找准中广联合会工作结合点、切入点、着力点。中广联合会是广播影视的行业组织，服务广播影视是本职。2015年年初召开的全国新闻出版广播影视工作会议，对新闻出版广播影视工作作出全面部署。中广联合会要认真贯彻落实会议精神，紧紧围绕总局党组确定的 2015 年各项重点任务开展工作。特别是中央领导同志强调的深化"走转改"、推进节目创新；"深入生活、扎根人民"，创作文艺精品；加强从业队伍建设管理、维护风清气正的从业环境等方面，都是中广联合会体现特点和优势，发挥引导、动员、凝聚、规范作用的重要领域。总之，中广联合会要围绕大局、把握大势，主动融入、主动服务，凝聚力量、贡献智慧，真正成为总局的助手、业界的帮手。

二、抓重点带整体、全面履行职责，充分发挥中广联合会在广电行业社会组织中的龙头和枢纽作用

中广联合会是全国性、综合性、非营利性的枢纽型社会组织，业务领域广、工作内容多。要坚持以章程为行动准则，加强顶层设计，聚焦重点难点，探索有效途径办法，把各方面工作统筹好、做到位，力争取得更大成效。

一要当好桥梁纽带。中广联合会有 20 多个一级协会、30 多个专业委员会，联系广播影视行业各级各类社会组织，会员单位遍布全国各地。中广联合会要充分利用组织网络的优势，加强上情下达和下情上达。要积极宣传中央关于宣传文化工作的大政方针，宣传广播影视政策、法规，努力把党和政府的部署要求转化为广播影视业界的实际行动。要注意倾听、及时反映行业和会员诉求，积极配合参与有关规划、标准、政策的制定，提出行业发展的意见建议。要承接好政府职能转移和委托授权事项，成为简政放权后政府工作的有效延伸和补充。

二要搞好行业服务。服务体现了中广联合会的宗旨。中广联合会的工作说到底就是服务。要增强服务意识，顺应行业需求，搭建交流研讨、管理咨询、推介展示、技能培训等新型平台，为会员、为行业办实事，促进广播影视事业产业发展，以服务彰显价值。要坚持寓管理于服务，以业务为纽带，聚合资源、分工协作，推动社会组织联合发展、形成合力。要坚持会员导向，团结引领广大会员，加强沟通联络，协调业务关系，开展市场监督，切实维护和保障会员合法权益。

三要强化自教自律。随着社会主义市场经济发展和文化体制改革深化，中广联合会在行业自教自律方面的作用更加凸显。要以学习贯彻习近平总书记系列重要讲话精神、加强马克思主义新闻观文艺观教育为重点，开展多种形式的教育培训，努力提高从业队伍思想政治和职业道德素养。要围绕营造良好行业生态，抓紧完善自律机制，实现自律工作的制度化、长期化。当前，要以行风建设为切入点，大力传播和践行社会主义核心价值观，引导广播影视工作者特别是社会公众人物自觉崇德修身，恪守职业道德，履行社会责任。近一个时期，一些从业人员的违法失德行为在社会上造成了很不好的影响。要采取更加有力的措施，坚决抵制各种不良倾向和不正之风。中广联合会正在研究筹建广播电视节目和影视作品道德委员会，希望抓紧抓好这方面的工作，为解决道德领域存在的突出问题探索有效办法，切实维护广播影视行业良好社会形象。

四要开展务实研究。学术理论研究是中广联合会的传统和长项。要坚持与时代同行、与发展共进、与实践结合，加强广播影视重点、热点、难点问题的调查研究，加强全局性、战略性、前瞻性思考，为决策、管理和运营提供重要参考、有力支持。当前，全行业正在抓紧谋划"十三五"时期改革发展，这是我们开展研究的重要方面。要注重信息整合与开发应用，及时把更多有价值的研究成果转化为现实生产力。要始终坚持质量标准，打造好中广联合会的研究品牌，做大做强中广联合会的研究阵地。

> ### 三、加强自身建设、完善管理体系，为中广联合会发展提供有力保障

经过近一年的努力，中广联合会转型发展迈出坚实步伐，各方面业务逐步常态化。必须适应枢纽型现代社会组织的功能要求，从组织、制度、队伍等入手，进一步优化内部结构、强化内部管理，提高服务能力和水平。

一要加强党的建设，努力实现党建工作全覆盖。中广联合会成立了临时党委，近一半的成员单位成立了党支部。要继续加大力度，全面推进中广联合会党建各项工作，抓紧成立正式党委，抓紧中广联合会各个一级协会和二级专业委员会基层党组织建设，充分发挥党组织的战斗堡垒作用。要适应行业布局、行业分工、人员流向的新变化，在全行业社会组织中扩大党的组织覆盖和工作覆盖。要以党建工作为抓手，确保党的领导得到全面加强，真正把党管意识形态落到实处。同时，要高度重视党风廉政建设，严明纪律规矩，完善惩防体系，自觉接受审计和监督，把廉洁自律理念和要求融入、落实到各项工作中。

二要加强制度建设，形成科学、规范、高效的运行机制。要按照枢纽型的定位，完善会员代表大会制度、理事会制度。要建立健全人事、财务等内部管理规章制度，严明纪律规矩。要探索各协会成员之间整体协同的决策机制、工作机制，逐步形成上下贯通、统一规范的管理体制、组织形式、活动方式。要根据章程和总局授权，通过科学有效的管理措施，指导促进全行业社会组织内部管理的规范化制度化。

三要加强人才队伍建设，提供坚实智力支撑。牢固树立人才资源是第一资源的观念，努力建设一支政治上靠得住、工作上有本事、作风上过得硬、行业内信得过的人才队伍。中广联合会拥有一大批实际工作经验丰富、理论水平很高的老同志，还吸引了各领域各方面的优秀人才。要建立健全科学的分配和激励机制，为各方面人才施展才干提供更多机会和舞台。在抓好自身人才队伍建设的同时，还要充分利用辐射优势，更好地为广播影视发现人才、凝聚人才、培养人才。

牢记职责使命　坚持守正创新 在服务广播电视高质量发展中 发挥更大作用 *

　　面对新时代新征程新要求，中国广播电视社会组织联合会（以下简称中广联合会）要在以习近平同志为核心的党中央坚强领导下，高举习近平新时代中国特色社会主义思想伟大旗帜，深入学习贯彻党的十九大和党的十九届二中、三中、四中全会精神，聚焦聚力"举旗帜、聚民心、育新人、兴文化、展形象"的使命任务，坚持正确方向，坚持守正创新，坚持履职尽责，围绕中心、服务大局，为促进广播电视高质量创新性发展作出更大贡献、发挥更大作用。

　　＊本文系作者在中国广播电视社会组织联合会第七次会员代表大会暨七届理事会一次会议上的讲话摘编，原载于《中国广播电视学刊》2020 年第 1 期，收入本书时略有修改。

一、旗帜鲜明讲政治，始终牢牢把握正确方向

党的十八大以来，习近平总书记对社会组织工作作出一系列重要指示批示，党中央颁布一系列基础性法律法规、明确一系列重大制度设计，为社会组织工作指明了方向、提供了根本遵循。党的十九届四中全会对社会组织工作有关制度提出明确要求，关于繁荣发展社会主义文化的制度安排，也是对文化领域社会组织工作的重要要求。党中央专门出台《关于加强文化领域行业组织建设的指导意见》，强调加强党对文化领域行业组织的政治领导、思想领导、组织领导，以社会主义核心价值观为引领，确保正确发展方向。作为广电行业枢纽型社会组织，中广联合会要全面准确领会中央精神，不忘初心、牢记使命，坚持正确政治方向、舆论导向、价值取向，做绝对忠诚、干事创业、让党和人民放心的社会组织。

一要讲政治，严明政治纪律政治规矩。习近平总书记指出，宣传思想工作就是政治工作，大事小情都要讲政治。广电总局党组反复强调，广电总局首先是政治机关，广电工作首先是政治工作。作为宣传思想战线、意识形态领域的社会组织，中广联合会具有天然的、鲜明的政治属性，必须突出以政治建设为统领这一根本原则，树牢"四个意识"、坚定"四个自信"、做到"两个维护"，在思想上政治上行动上同以习近平同志为核心的党中央保持高度一致。要在履行职责、开展工作中提高政治站位，任何一项工作都要对标对表，把准政治方向，考虑政治影响，注重政治效果。

二要讲党性，把加强党的领导贯穿始终。习近平总书记强调，党政军民学，东西南北中，党是领导一切的。党的十九届四中全会通过的《中共中央关于坚持和完善中国特色社会主义制度　推进国家治理体系和治理能力现代化若干重大问题的决定》提出，完善党领导社会组织等制度，确保党在各种组织中发挥领导作用。《中共中央关于加强党的政治建设的意见》明确要求将坚持党的全面领导的要求载入有关社会组织的章程。中广联合会党组织要在广电总局党组领导下，坚决贯彻落实党的路线方针政策和决策部署。要坚持党性原则，认真履行全面从严治党主体责任、监督责任和意识形态工作责任，把党的领导体现到每一项工作中去，充分发挥把方向、管大局、保落实的作用，特别是要对重要事项决策、重要业务活动、大额经费开支、开展涉外活动等方面严格把关。要落实《中国共产党重大事项请示报告条例》精神，及时请示和报告工作中的重大事项。

三要讲担当，守住守好意识形态阵地。社会组织汇聚行业精英，特别是广播电视领域思维比较活跃，对我们的思想政治建设、意识形态工作提出了更高要求。中广联合会要强化阵地意识，围绕加强习近平新时代中国特色社会主义思想理论武装，围绕"两个巩固"的根本任务，围绕培育和践行社会主义核心价值观，不断探索有效的载体和抓手，增强会员的政治认同、思想认同、价值认同、情感认同，凝聚奋进力量，共筑精神家园。要发扬斗争精神、增强斗争本领，在重大原则问题和大是大非面前立场坚定、旗帜鲜明，不为杂音所扰，不为歪风所惑，不为暗流所动，铸牢意识形态安全防线。

二、认真履职尽责，服务广播电视治理体系和治理能力现代化建设

习近平总书记强调，宣传思想工作一定要把围绕中心、服务大局作为基本职责。作为广电总局主管的社会组织，中广联合会的工作必须始终围绕中心、服务大局，在以习近平同志为核心的党中央坚强领导下，深入学习宣传贯彻习近平新时代中国特色社会主义思想，坚决贯彻落实党中央、中宣部各项决策部署。中广联合会要坚持在围绕中心、服务大局中发挥好联系党、政府与行业的重要桥梁纽带作用，发挥好广播电视领域党的工作和群众工作的重要阵地作用，成为推动和服务广播电视发展的重要力量。近年来，中广联合会做了大量卓有成效的工作。例如，配合整治明星高片酬、"阴阳合同"等顽症痼疾，形成了较强声势；开展行业重点、难点和战略性问题系列调研，参与起草制定有关意见措施、行业标准，都取得了很好的效果。

当前，广播电视行业进入加快高质量创新性发展的关键时期，进入加强治理体系和治理能力现代化建设的重要阶段。习近平总书记对广播电视领域工作作出一系列重要指示批示，为我们指明了前进方向。中广联合会要坚持以习近平新时代中国特色社会主义思想特别是习近平总书记关于宣传思想工作的重要思想为指导，适应机构改革后广电总局的新职能新任务，围绕推动行业高质量创新性发展、提高治理体系和治理能力现代化水平，进一步找准自身定位，找准工作切入点和着力点。

一是要在主动对接党中央战略部署上下功夫。要深入把握党中央统筹推进"五位一体"总体布局、协调推进"四个全面"战略布局的新部署新任务，当前特别要在广电行业服务脱贫攻坚、区域发展、"一带一路"建设等方面增强工作主动性、针对性和实效性，发挥独特作用。这方面已经做了一些工作，要再接再厉。

二是要在聚焦广电主责主业上下功夫。要深入把握以习近平同志为核心的党中央关于宣传思想工作的决策部署，在推动重大主题宣传报道、重大题材精品创作、做强做优广播电视台、全国有线电视网络整合和广电 5G 一体化发展、智慧广电建设、媒体融合发展、国际传播能力提升等广播电视和网络视听中心工作、重要任务、重大项目方面精准发力。要深入融入行业需求，深入开展调查研究，积极搭建信息沟通、交流合作等基础性平台，为广电总局决策、为行业发展提供支持。

三是要在服务行业队伍建设上下功夫。要深入贯彻落实习近平总书记关于宣传思想工作队伍增强"四力"的重要指示精神，以形式多样的主题活动和教育培训，推动行业队伍锤炼政治品格、提升能力素质。在广电总局"不忘初心、牢记使命"主题教育期间，中广联合会开展了几次集中性学习教育，反响很好，要认真总结，不断深化拓展。要完善自律机制，加强职业道德建设，规范行业行为，纠正行业不正之风，维护良好行业生态。

三、坚持守正创新，不断加强自身建设

习近平总书记在党的十九届四中全会上强调，要推进制度创新，强化制度执行力。中广联合会要深入学习贯彻党的十九届四中全会精神，更加注重加强制度机制建设，全面提高工作的制度化、机制化水平。

一要完善党建制度机制。习近平总书记多次强调，加强社会组织党的建设十分重要。2019年党中央印发的《关于加强和改进中央和国家机关党的建设的意见》提出，要巩固和深化社会组织党的组织和党的工作覆盖。中广联合会在实现党建工作全覆盖方面下了很大功夫，要继续强化"抓好党建是本职、不抓党建是失职、抓不好党建是不称职"的理念，进一步巩固和扩大党的组织覆盖和工作覆盖，并由"覆盖"向"提质"升级。要创新党建工作方式方法，提升基层党组织建设质量，深化作风建设和党风廉政建设，切实把党的组织优势转化为中广联合会的发展优势。

二要完善内控制度机制。要坚持从严从实，进一步建立完善以章程为重点的各项管理制度，特别是健全财务、人事、项目等管理制度，用制度管人、管事、管钱。要深入贯彻落实中央八项规定及其实施细则精神，依法依规加强重点环节的监督监管。已经建立起来的制度，要严格执行，确保经得起检查、经得起审计、经得起巡视。同时，要进一步加大对会员的教育监管力度，核查劣迹人员，惩治不良行为，促进行业健康发展。

三要完善服务制度机制。搞好服务是社会组织工作的内在要求，是团结凝聚广大会员的基础工作。中广联合会要加强和创新行业服务，在服务中体现价值，在全国各级广电社会组织建设中发挥表率作用。要坚持民主办会、开门办会，加强与会员单位和政府职能部门的联系、沟通、协调。要当好会员单位"娘家人"，在信息对接、行业维权、展示交流等各方面服好务。中广联合会的干部职工要站稳政治立场、人民立场，树立群众观点，在增强"四力"实践中锤炼优良作风。

坚持正确方向　强化职能定位
努力开创中国网络视听节目服务协会
工作新局面 [*]

　　党的十八大以来，以习近平同志为核心的党中央高度重视宣传思想文化工作和互联网建设管理，习近平总书记亲自谋划、亲自指导、亲自推动，提出一系列重要论述，作出一系列重大部署，为我们做好网络视听工作指引了前进方向、提供了根本遵循。刚刚闭幕的党的十九届五中全会（以下简称五中全会）为我国未来五年乃至更长时期的经济社会发展擘画了宏伟蓝图。全会审议通过的《中共中央关于制定国民经济和社会发展第十四个五年规划和二〇三五年远景目标的建议》，对文化建设专门作出新部署，明确了"提高社会文明程度"，"提升公共文化服务水平"，"健全现代文化产业体系"等重要任务。这是以习近平同志为核心的党中央着眼长远、把握大势作出的重大部

　　* 本文系作者在中国网络视听节目服务协会第二次会员代表大会暨二届理事会一次会议上的讲话摘编，原载于《中国广播电视学刊》2020 年第 12 期，收入本书时略有修改。

署，也是网络视听行业、网络视听行业协会谋划工作、推进工作的出发点、着眼点。我们要深入学习领会五中全会精神，切实把思想和行动统一到以习近平同志为核心的党中央决策部署上来，坚持守正创新，坚定责任担当，强化行业自律，凝聚行业力量，引领和推动网络视听行业以高质量发展更好满足人民群众美好视听生活新期待、更好服务党和国家工作大局。

一、坚持正确方向导向

习近平总书记对社会组织工作作出一系列重要指示批示，党中央颁布一系列基础性法律法规、明确一系列重大制度设计、提出一系列部署要求，为社会组织工作指明了前进方向、提供了根本遵循。党中央专门出台《关于加强文化领域行业组织建设的指导意见》，强调加强党对文化领域行业组织的政治领导、思想领导、组织领导，以社会主义核心价值观为引领，确保正确发展方向。作为广电总局主管的网络视听行业社会组织，要全面贯彻中央部署，不忘初心、牢记使命，始终牢牢把握正确的政治方向、舆论导向、价值取向，做绝对忠诚、干事创业、让党和人民放心的社会组织。

一是始终突出以政治建设为统领。要旗帜鲜明讲政治，加强习近平新时代中国特色社会主义思想理论武装，增强"四个意识"、坚定"四个自信"、做到"两个维护"，在思想上政治上行动上同以习近平同志为核心的党中央保持高度一致，坚决贯彻落实党的路线方针政策和决策部署。履行职责、开展工作首先要对标对表，提高政治站位，把准政治方向，坚定政治立场，明确政治态度，严守政治纪律，经常校正偏差，决不能在政治方向上走偏了。要坚持聚焦核心、聚焦主题主线，引领网络视听企业做强做优网上正面宣传，构建网上网下同心圆，不断巩固壮大主流思想舆论。

二是始终坚持党的全面领导。五中全会把"坚持党的全面领导"作为"十四五"时期经济社会发展必须遵循的首要原则。我们要把握这一要求，坚持党性原则，把党的领导体现到网络视听每一个领域，贯穿到各个环节、各项工作中。重要事项决策、重要活动举办、涉外活动开展等，都要把好导向关。要落实《中国共产党重大事项请示报告条例》精神，及时请示和报告工作中的重大事项。

三是严格落实意识形态工作责任制。要强化阵地意识，强化责任担当，围绕"举旗帜、聚民心、育新人、兴文化、展形象"的使命任务，不断探索有效的载体和抓手，增强会员的政治认同、思想认同、价值认同、情感认同，努力建好守好网络视听意识形态阵地。要发扬斗争精神、增强斗争本领，在重大原则问题和大是大非面前立场坚定，不为杂音所扰，不为歪风所惑，不为暗流所动，坚决铸牢意识形态安全防线。

二、强化协会职能定位

习近平总书记强调，宣传思想工作一定要把围绕中心、服务大局作为基本职责。作为宣传思想战线、意识形态领域的社会组织，协会的工作必须坚持围绕中心、服务大局，在党中央决策部署中找准职责定位，切实发挥好联系党、政府与行业的重要桥梁纽带作用，发挥好网络视听领域党的工作和群众工作的重要阵地作用，成为推动和服务网络视听建设管理的重要力量。

一是聚焦党中央战略部署。五中全会对我国未来发展作出系统谋划和战略部署，特别是明确到2035年建成文化强国，这是党中央首次明确建成文化强国的具体时间表。我们要对标、对表，在五中全会的谋篇布局中找准坐标定位，找到工作的切入点着力点，做好工作规划，努力当好网络视听管理的参谋助手，及时向全行业传递党和政府的声音，引导推动行业主动谋划、积极落实、深度参与，多出成果、见到实效。

二是聚焦网络视听主责主业。要深入学习领会习近平总书记关于宣传思想工作的重要论述、关于广播电视和网络视听工作的重要指示批示精神，落实广电总局党组的工作部署，围绕做强做优主题主线宣传、加强重大题材精品创作和优秀视听原创节目创作、加快媒体融合发展、推进智慧广电建设和广电5G建设应用等行业重点工作、重要任务、重大项目，谋划工作、主动服务、精准发力。

三是聚焦网络视听行业发展。要积极适应行政管理体制改革和政府职能转变的需要，配合协助行政主管部门做好网络视听行业的监督监管、自教自律和服务培育等各项工作，建立健全行业道德规范和职业道德准则，教育引导会员单位和从业人员锤炼政治品格、提升能力素质，履行社会责任，恪守职业道德，规范行业行为，促进规范发展。

三、引导行业赋能经济社会发展

五中全会明确了"十四五"时期经济社会发展目标任务，强调以推动高质量发展为主题、以深化供给侧结构性改革为主线、以改革创新为根本动力、以满足人民日益增长的美好生活需要为根本目的的发展思路。在推动经济社会高质量发展进程中，网络视听不仅是新的经济增长点，也是助推经济转型、激发内需潜力的新动能。网络视听协会要引导网络视听行业融入构建新发展格局，以新业态打造新引擎，以新模式形成新动力，引领新经济、带动新消费，为经济社会发展作出积极贡献。

一是助力培育新业态新模式新服务。适应经济社会发展中更多应用场景的需求，顺应数字化智能化发展大势，积极引导行业运用人工智能、大数据、5G 等新技术，打造互动式视频、沉浸式视频、VR视频、云服务等高新视频新业态；积极推动网络视听加入数字经济大循环，探索跨行业融合、跨平台资源整合，增加优质服务内容；积极推动行业对接人民群众新需求，改善消费体验，拓展消费渠道，重塑消费形态。

二是助力推动广电行业优化升级。要引领网络视听行业坚持创新的特质，努力形成整个广电发展的创新策源地。要不断向科技创新的广度和深度进军，着力推进网络视听领域的原始创新、集成创新、综合应用，着力推进创新链、产业链、价值链的深度融合，打造更高规格、更新应用场景、更美视听体验的新产品新服务，打造基于优质视听内容的产业生态链条，促进广电行业质量变革、效率变革、动力变革，实现新的跨越。

三是助力促进媒体深度融合。要积极引导推动打通互联网传播和广播电视之间、视听节目制作传播各环节之间的信息孤岛，把视听新媒体和广播电视媒体的优势有效结合起来，把两方面资源有效利用起来，推动内容生产、传播分发、技术应用、平台终端、运行管理等各个环节共享互通，催化融合质变，形成竞合发展、共创共赢的良好局面。

四、大力加强协会自身建设

五中全会明确提出，深化行业协会、商会和中介机构改革。网络视听协会要深入推进内部运行机制的改革创新，全面提高工作的机制化、制度化水平。

一要完善党建工作机制。习近平总书记多次强调，加强社会组织党的建设十分重要。党中央印发的《关于加强和改进中央和国家机关党的建设的意见》提出，要巩固和深化社会组织党的组织和党的工作覆盖。广电总局要求，坚持党建引领，全面加强社会组织党建工作，按照应建尽建的原则，推动党的组织、党的工作全覆盖。广电总局已印发《关于加强总局主管社会组织党的建设的实施意见（试行）》，专门对广电总局主管社会组织党的建设提出具体要求。网络视听协会要落实全面从严治党主体责任、监督责任，进一步巩固和扩大党的组织覆盖和工作覆盖，进一步优化创新党建工作方式方法，进一步强化管党治党工作，由"覆盖"向"提质"升级，不断夯实政治保障。

二要完善内部管理机制。严格依照国家法律法规、政策要求和批准的章程，完善各项管理制度特别是财务、人事、项目、活动、用工等制度，坚持从严从实，用制度管人、管钱、管事、管一切工作。建立健全重大事项、重要活动等请示报告和信息公开制度，主动接受政府部门监督管理，接受会员和社会监督。规范收费行为，加强收费项目和标准的管理，杜绝违规收费行为。强化党风廉政建设，坚决堵住腐败漏洞，预防和化解腐败风险。

三要完善会员服务机制。搞好服务是社会组织工作的内在要求，是团结凝聚广大会员的基础工作。协会要增强服务意识，加强创新服务，在服务中体现价值。要坚持民主办会、开门办会，搭建交流平台，加强与会员单位和政府职能部门的联系、沟通、协调。要当好会员单位的"娘家人"，在信息对接、行业维权、展示交流等各方面服好务。

事业成败，关键在人

——以政治建设为统领，加强党的建设和队伍建设

增强全面从严治党思想行动自觉 [*]

　　党的十八届六中全会专题研究全面从严治党重大问题，审议通过《关于新形势下党内政治生活的若干准则》《中国共产党党内监督条例》，在党的建设征程上具有里程碑意义。围绕学习贯彻党的十八届六中全会精神，习近平总书记发表系列重要讲话，对深入推进全面从严治党作出新的重大部署。特别是习近平总书记在省部级主要领导干部学习贯彻党的十八届六中全会精神专题研讨班上的重要讲话，深刻阐释了党的建设重大理论和实践问题，鲜明提出了一系列新观点新论断新要求，丰富了管党治党思想理论体系，彰显了崇高的领袖风范和非凡的政治担当。新闻出版广电部门肩负着学习贯彻、宣传阐释习近平总书记重要讲话精神的双重职责，必须在学习上有更高标准、在贯彻上有更严要求，以思想到位和行动对标切实履行管党治党责任，让党的十八届六中全会精神在国家新闻出版广电总局（以下简称总局）系统落地落实、开花结果。

　　* 原载于《党建研究》2017 年第 7 期，收入本书时略有修改。

一、旗帜鲜明讲政治，坚决维护以习近平同志为核心的党中央权威

习近平总书记强调，讲政治，是我们党补钙壮骨、强身健体的根本保证，是我们党培养自我革命勇气、增强自我净化能力、提高排毒杀菌政治免疫力的根本途径。新闻出版广播影视工作本质上是政治工作，在讲政治上必须始终立场坚定、旗帜鲜明、毫不含糊。党的十八届六中全会正式确立习近平总书记为党中央的核心、全党的核心，这是党心所向、民心所向。我们要牢固树立政治意识、大局意识、核心意识、看齐意识，在政治上绝对忠诚、组织上自觉服从、行动上坚决维护习近平总书记这个核心，自觉向党中央看齐、向习近平总书记看齐、向党的理论和路线方针政策看齐、向党中央决策部署看齐，始终在思想上政治上行动上同以习近平同志为核心的党中央保持高度一致。要进一步提高政治能力，增强政治警觉性和政治鉴别力，牢固树立政治理想，正确把握政治方向，坚定站稳政治立场，严格遵守政治纪律，自觉把讲政治贯穿于党性锻炼全过程，贯穿于日常工作和生活，真正把坚决维护党中央权威变成总局系统党员干部的思想自觉、党性观念、纪律要求和实际行动。

二、加强理论武装，深入学习贯彻习近平总书记系列重要讲话精神

习近平总书记系列重要讲话是中国特色社会主义理论体系最新

成果，是马克思主义中国化的最新成果，是推进伟大斗争、伟大工程、伟大事业的科学理论指导和行动指南。新闻出版广电部门要宣传阐释好习近平总书记系列重要讲话精神，必须率先学习领会好。近年来，我们以党组理论学习中心组为龙头，以处级以上干部为重点，以基层党支部为依托，不断创新形式载体，通过主题报告会、专题培训班、领导讲党课、"网上党支部"、"党员小书包"等多种途径，推动理论学习向纵深发展、实现全覆盖。要进一步完善长效化学习机制，推进"两学一做"学习教育常态化制度化，发挥党组理论学习中心组引领作用和党员领导干部定期讲党课示范作用，推动党的理论创新成果学习教育向广大党员拓展、向经常性教育延伸。要坚持读原著、学原文、悟原理，围绕习近平总书记系列重要讲话的核心要义、时代背景、思想精髓、理论渊源、实践基础、主要内容进行深入学习研讨，切实增强"四个自信"，筑牢对党绝对忠诚的思想根基。要坚持理论联系实际，带着信念学、带着感情学、带着使命学、带着问题学，用习近平总书记系列重要讲话蕴含的马克思主义立场观点方法观察问题、分析问题、解决问题，真正做到学而信、学而用、学而行，不断提高用系列重要讲话精神武装头脑、指导实践、推动工作的能力。

三、坚持挺纪在前，严守政治纪律

习近平总书记指出，党的政治纪律，是管方向、管立场、管根本的总要求。新闻出版广电部门作为党的意识形态领域重要阵地，必须把严守政治纪律和政治规矩摆在更加突出的位置。近年来，我们积极开展党章党规党纪集中教育，严肃查处个别人口无遮拦、违反政治纪律和政治规矩问题，努力在总局系统形成从严从实遵规守纪的良好氛围。要进一步强化教育引导和督促督查，引导党员干部对政治纪律和政治规矩始终严守笃行、心存敬畏，有令必行、有禁必止，做到党中央提倡的坚决响应、党中央决定的坚决照办、党中央禁止的坚决杜绝。要自觉执行"五个必须"、杜绝"七个有之"，扎实开展党的政治纪律和政治规矩专项检查，引导推动党员干部始终在纪律和规矩下行动，既追求高标准又自觉守底线，做政治上的明白人。宣传纪律是党的政治纪律和政治规矩在宣传思想工作中的具体体现，遵守宣传纪律是严守政治纪律和政治规矩的题中应有之义。要落实意识形态工作责任制，坚持政治家办报、办刊、办台、办网，坚持正确政治方向和宣传导向、创作导向、出版导向，管好队伍、把好关口，决不能发表同党中央不一致的声音，决不能为错误思想言论提供传播渠道。面对大是大非问题、面对噪音杂音，必须敢于亮剑、敢于发声，坚决做到守土有责、守土负责、守土尽责。

四、严肃党内政治生活，着力增强政治性、时代性、原则性、战斗性

习近平总书记强调，严肃党内政治生活是全面从严治党的基础。党要管党，必须从党内政治生活管起；从严治党，必须从党内政治生活严起。近年来，我们认真落实党中央关于规范党内政治生活要求，在强基固本上着力，在补齐短板上用劲，努力营造风清气正的良好政

治生态。要以学习贯彻《关于新形势下党内政治生活的若干准则》为动力，着力增强党内政治生活政治性、时代性、原则性、战斗性。要进一步抓好思想教育，精心组织"迎接十九大、做合格党员"主题实践活动，引导党员干部强化党性锻炼，筑牢信仰之基、补足精神之钙、把稳思想之舵，坚持共产党人价值观。要进一步抓好选人用人这个导向，坚持党管干部原则，落实"忠诚干净担当"要求和好干部标准，把对党绝对忠诚作为最重要的政治标准，把坚持正确政治方向和导向作为首要条件，严格按照政策、制度、程序选人用人，严把政治关、品行关、作风关、廉洁关，完善从严管理监督干部制度体系，加强正向激励，构建风清气正、奋发向上的用人环境。要进一步用好组织生活这个经常性手段，落实"三会一课"、民主生活会、领导干部双重组织生活、民主评议党员、谈心谈话等制度，用好批评和自我批评这个有力武器，实现对党员的经常性教育、管理、监督。要进一步加强党内政治文化建设，发挥新闻出版广电工作优势，自觉从中华优秀传统文化中汲取养分，从党的优良传统作风中传承基因，开展好"激情·廉洁·奉献——全国新闻出版广电系统先进事迹报告会"等特色廉洁文化创建活动，不断增强组织生活吸引力感染力，不断培厚良好政治生态的土壤。

五、压紧管党治党政治重任，推动全面从严治党向纵深发展

习近平总书记强调，管党治党责任是最根本的政治责任。近年来，我们认真实施"年初定责、年中督责、年底述责"制度，形成了

落实全面从严治党责任的有效机制。总局系统各级党组织、党组织负责人和党员领导干部要深刻认识"抓好党建是本职、不抓党建是失职、抓不好党建是不称职",切实担当好管党治党的主体责任和监督责任。要强化领导责任,领导干部特别是一把手要知责、尽责、负责,身体力行抓全面从严治党工作,坚持党建工作与业务工作一起谋划、一起部署、一起落实、一起考核。要加强对基层党组织的指导监督,做到一级抓一级、层层抓落实。要完善主体责任机制化格局,继续坚持"年初定责、年中督责、年底述责"制度,每年列出责任清单,层层签订责任书,把全面从严治党责任细化为实实在在的具体工作任务,逐项明确到岗、落实到人,真正落细落小落实。要严肃监督执纪,有效运用监督执纪"四种形态",抓早抓小抓日常,多了解党员干部日常的思想、工作作风、生活状况,多注意干部群众的反映,发现苗头及时提醒、纠正,使咬耳扯袖、红脸出汗成为常态,惩前毖后、治病救人。要以问责推动责任落实,严格执行《中国共产党问责条例》,坚持"有权必有责、有责要担当、失责必追究",坚持有纪必执、有违必查、"一案双查",特别是要抓住典型严肃问责,既追究主体责任、监督责任,又追究领导责任,使失责必问成为常态。

六、充分发挥自身优势,当好宣传阐释习近平总书记系列重要讲话精神的主力军

新闻出版广电部门是党的重要宣传阵地和喉舌,必须体现党的意志、传播党的声音,让党的主张成为时代最强音。一方面,加强

正面宣传。近年来，我们推出《全面从严治党》《誓言》《榜样的力量》《不忘初心勇立潮头》等系列报道，产生了较好影响。要继续发挥中央人民广播电台、中国国际广播电台、中央电视台作用，带动全国新闻出版广电媒体，坚持把深入学习宣传贯彻习近平总书记系列重要讲话精神和治国理政新理念新思想新战略作为最重要的政治任务，突出迎接宣传贯彻党的十九大这条主线，突出稳中求进工作总基调，统筹做好"五位一体"总体布局、"四个全面"战略布局、新发展理念、社会主义核心价值观、中华优秀传统文化等主题宣传，做好全面从严治党宣传报道，更好地凝聚全党全国各族人民团结一心跟党走的强大力量。另一方面，加强主题作品创作生产。近年来，我们推出了专题片《永远在路上》《打铁还需自身硬》、公益广告《我是谁》等一批全面从严治党主题作品，取得了好的社会反响。当前，我们正抓紧组织迎接党的十九大主题作品创作生产，在图书、电影、电视剧、专题片等方面确定了一批全面从严治党题材重点作品，要深入持久抓下去，力争推出一批精品力作，润物无声唱响主旋律，潜移默化传递正能量。

习近平总书记多次强调，全面从严治党要抓住"关键少数"。总局系统各级党员领导干部要时刻牢记我们的第一身份是党员、是党的干部，既要履行好领导责任，也要担负起示范责任，凡是要求党员干部做到的自己必须首先做到，凡是要求党员干部不做的自己必须首先不做，以上率下、作出表率。要在严格自律上发挥示范作用，始终心存敬畏、手握戒尺，自觉严以修身、廉洁自律，自觉同特权思想和特权现象作斗争，自觉注重家庭、家教、家风建设，在私底下、无人时、细微处坚持慎独慎微，增强政治定力、纪律定力、道德定力、抵腐定力，始终不放纵、不越轨、不逾矩。要在管党治党上发挥示范作用，严格管好自己、领好班子、带好队伍，层层传导压力，压紧压实责任，推进全面从严治党不断取得新成效。要在勇于担当上发挥示范作用，自觉学习习近平总书记许党许国的担当精神，带头深入调研、精准发力，真抓实干、积极作为，切实把党的理论和路线方针政策转化为服务大局、履职尽责的自觉行动，带头推进新闻出版广播影视改革发展管理服务迈上新台阶，在全系统营造干事创业的浓厚氛围。

从严治台　实干兴台
迅速开展"严起来、实起来"集中教育 *

　　为深入学习贯彻习近平总书记系列重要讲话精神，落实全面从严治党和"三严三实"要求，经中央电视台分党组研究决定，在全台范围内开展"严起来、实起来"集中教育，主要目的是正风肃纪、强化管理、凝心聚力，营造从严治台、实干兴台的浓厚氛围，奋力推进全台各项工作再上新台阶、再求新发展。

一、充分认识开展"严起来、实起来"集中教育的意义

　　近年来，央视始终坚持正确的政治方向和舆论导向，唱响主旋律，传播正能量，公信力、传播力、影响力都进一步得到提高，为服务党和国家工作大局作出了积极的、重要的贡献。这些成绩得益于我们有一支好的队伍。央视的同志们，政治素质高、业务能力强、敬业

---

　　* 本文系作者在中央电视台"严起来、实起来"集中教育动员会上的讲话摘编，原载于《电视研究》2015 年第 4 期，收入本书时略有修改。

精神佳，敢打硬仗、能打胜仗，圆满完成了中央交办的一系列重大宣传报道任务，推进了央视各项事业、产业的发展。当前，央视正处于改革发展的关键时期，仍需同志们砥砺奋进、开拓创新。习近平总书记强调："事业成功的原因很多，奋发有为是主要因素。"要实现建成国际一流媒体的目标，更好地服务于党和国家大局，更好地服务于广大人民群众，就必须得有那么一种精气神儿、一股实干劲儿。对央视来说，开展"严起来、实起来"集中教育，十分必要和紧迫。

（一）这是落实中央"全面从严治党"和"三严三实"要求的重要举措

全面从严治党是党的十八大以来中央作出的重大战略部署，是新时期党的建设新的伟大工程的重要内容。做到从严治党，就要有严的要求、实的作风。2014年，习近平总书记在参加十二届全国人大二次会议时指出："各级领导干部都要树立和发扬好的作风，既严以修身、严以用权、严以律己，又谋事要实、创业要实、做人要实。"2015年，中央决定要在县处级以上领导干部中开展"三严三实"宣传教育。央视是党和人民的喉舌，是党的意识形态重要阵地，担负着对习近平总书记系列重要讲话精神、全面从严治党要求和党的重大方针政策的宣传工作，担负着对"三严三实"专题教育活动的推动工作。可以说，我们既是宣传者、推动者，更应该是实践者。教育者必先受教育。开展这次集中教育，就是要先行一步、深入一层，以更严更实的要求，贯彻落实好中央部署，贯彻落实好中央要求。

（二）这是履行肩负使命、推动事业发展的重要保障

央视的发展面临着一些新形势、新机遇、新挑战。一是舆论格局发生深刻变化，舆论生态更加复杂，央视要更好地发挥舆论引导的主阵地、主力军作用。二是国家经济发展进入新常态，中央明确提出新常态要有新状态，需要我们多做阐释解读的工作，多做疏导引导的工作，多做鼓舞士气的工作。三是随着社会发展进步和物质生活水平的提高，人们对精神文化生活有着更多的新期待，对电视节目的需求也呈现出多样化、多元化的特点，个性化需求明显增加。四是以云计算、大数据、移动互联网为核心的新技术、新业态、新产品、新服务大量涌现，对传统电视媒体形成很大冲击。这就要求我们必须树立全球视野、战略眼光、开放思维，以严起来、实起来的工作作风和极端负责的工作态度，敢于担当、迎难而上，乘势而为、创新发展，巩固壮大主流思想舆论，加快事业产业发展，努力打造国际一流的新型传媒集团。

（三）这是完善内部管理、加强队伍建设的重要抓手

近年来，央视各项事业取得了长足发展，但也积累了一些矛盾和问题。在国家审计中，暴露出一些管理方面的漏洞和薄弱环节。例如，有的违纪违法当事人对法律法规一知半解、对制度规定置若罔闻，有人还因此被国家检察机关采取了强制措施，教训非常深刻。开展这次"严起来、实起来"集中教育，就是要坚持问题导向，堵塞漏洞、扎牢篱笆，对央视内部管理进行全方位加强，对央视的干部员工进行全方位系统式教育，使各项管理更加严格、更加完善，讲规

矩、树正气，让全体干部员工老老实实做人、踏踏实实干事，按规矩办事、按程序办事，有效防范违规违纪行为的发生，有效促进央视全员、全业务、全流程规范优质高效运行。

二、准确把握"严起来"的内容要求

严起来，就是要"严守政治纪律、严守政治规矩、严守宣传纪律、严格财经纪律"。政治纪律、政治规矩、宣传纪律、财经纪律，都要严起来。

（一）严守政治纪律

这就是要始终坚持对党绝对忠诚的政治品格，坚定政治立场，在思想上政治上行动上同党中央保持高度一致。要始终坚持高度自觉的大局意识，做政治上的"明白人"，知道为谁说话、为谁发声，始终维护好党和国家的根本利益、维护好人民群众的根本利益。要有高度的政治敏锐性和鉴别力，在大是大非面前，在复杂的舆论环境中，始终做到清醒坚定。要时刻牢记自己的社会责任，树立良好的职业精神，顾大局、识大体、有担当，积极传递正能量，做践行社会主义核心价值观的典范，做社会的榜样。

（二）严守政治规矩

这就是要坚决贯彻执行中央的指示和要求，遵守在政治方向、政治立场、政治言论、政治行动方面的制度和规矩。要严格遵守台里的制度规定，熟知职责定位和工作要求，并做到尽心、尽职、尽责。要严格按程序办事，不越权办事。要多说有利于树立央视好形象的话，多干有利于稳定央视改革发展的事。

（三）严守宣传纪律

这就是要始终坚持正确的舆论导向，时刻绷紧导向这根弦，对各类节目都严把导向关、内容关、播出关，确保不该出的镜头不出、不该播的内容不播。要不折不扣地贯彻中央的各项指示要求，对上级和台里下达的宣传口径、宣传提示、宣传要求迅速落实到位，要求在特定范围的不能随意扩大，要遵守保密的纪律。对一些敏感和重大问题，拿不准的要及时请示报告。

（四）严格财经纪律

这就是要把财务管理规定作为不可逾越的"红线"和带电的"高压线"。各部门、各单位要进一步完善财经领域的制度规定，明确责任要求，公开透明规范运行，要加强监督检查，及时纠正和惩治违规行为；要按照"谁主管，谁负责"和监管并重的原则，加强和改进财务的监督和管理，增强对所属和关联单位的引导和服务，切实增强对资金使用的合规性、安全性和有效性。

三、认真落实"实起来"的工作要求

习近平总书记反复强调："空谈误国、实干兴邦。"贯彻落实"三严三实"要求，要坚持严字当头，实字托底，严实结合、融为一体。

（一）思路举措要实

当前，央视新闻宣传、安全播出、经营管理、融合发展、国际传播能力建设等方面的工作任务都很重，必须要有一种"等不起"的责任感、"慢不得"的危机感、"坐不住"的紧迫感，咬定青山不放松，一心一意谋发展。要紧紧围绕建设新型国际一流媒体集团，出实招、用实劲、求实效，争创新优势，打造新亮点，加快实现从规模速度型粗放发展转向质量效率型集约发展。要强化问题意识，以敢于担当的精神，对改革发展中的矛盾和困难，一个一个地研究，一个一个地突破。

（二）工作作风要实

一要扎实、务实、真实。扎实，就是要扎扎实实做事，真正塌下心来，坚决反对走形式、做样子、深入不进去的形式主义；务实，就是要求真务实，深入实际、深入基层、深入群众，使工作更富实效，更具吸引力、感染力；真实，就是要实事求是，说老实话、办老实事、做老实人，动真格、使真劲、下真功，推动各项工作上水平、上台阶。二要善于抓落实。一分部署、九分落实。倡导实施"课题式设计、项目式管理、工程式推进、台账式督查、绩效式考核"的工作方法，把握好谋划设计、责任分工、推进实施、动态评估、信息反馈等各个环节，建立无缝对接、系统完整、运转协调的落实机制，让个个头上有责任、人人肩上有压力、项项工作有分工，确保工作取实效。三要始终坚持极端负责的工作作风和无怨无悔的奉献精神。各中心频道负责人、各栏目科组负责人要率先垂范，亲自抓、带头干、冲在前。所有央视人都要以强烈的事业心、责任感，出主意、想办法、干实事，推动所做的工作出特色、出亮点、出品牌，大家都要争做创新、创优、创造、创业的模范，在推动央视改革发展中实现自己的人生价值。

（三）管理制度和各项规定要实

一是有规可依。要根据形势发展变化，以解决管理中的突出问题为着力点，创新理念、手段，突出重点、抓住关键，加强形势研判和风险评估，对各项管理制度和流程认真梳理、评估和完善，不断提高管理的前瞻性、针对性、规范性、透明性和实效性。要特别重视关键部位、结合部位、高风险部位的隐患排查和工作整改，有针对性地出台带有制度机制性和自我约束性的措施办法，做到行久致远。二是执规必严。提高制度执行的刚性，坚持制度面前人人平等、执行制度没有例外，对那些有令不行、有禁不止的行为，要坚决举黄牌、亮红灯，使制度成为硬约束而不是"橡皮筋"，成为铁笼子而不是"稻草人"。三是违规必究。坚决查处违规违法和违反职业道德的行为，该警告的警告，该处理的处理，决不姑息、决不迁就，进一步强化干部员工遵纪守法的意识和能力。

（四）队伍建设要实

一是严格干部选拔监督工作。认真落实"对党忠诚、个人干净、敢于担当"的要求，在选人用人上要立标准、严规范，既要选出来、用起来，也要管理好、监督好，要落实谈心谈话、提醒诫勉等规定，针对容易出现问题的重点领域、关键环节和重大事项，抓早、抓小、抓苗头，多提醒、多教育，让干部员工心有所畏、言有所戒、行有所止，真正体现对干部员工的爱护和保护。二是加强党风廉政建设。要认真落实中央八项规定，坚决反对"四风"，始终牢记"两个务必"。要严格遵守党风廉政建设各项规定，筑牢思想防线，自觉防微杜渐。各部门、各单位要旗帜鲜明地反对腐败，认真落实好"一岗双责"和"两个责任"，每一位干部员工都要严格自律。三是进一步营造干事创业环境。央视的干部员工要重素养、比业务，努力成为各自领域的专家、行家。央视要涌现出更多适应新型主流媒体发展需要的高素质的名记者、名编辑、名播音员主持人，更多技术专家、管理高手、经营人才。今后，央视将为全体干部员工更好地搭建干事创业的舞台，拓宽业务晋升通道，让想干事的人有机会、能干事的人有舞台、干成事的人有奖励。四是全体央视人要增强集体荣誉感和归属感。央视的兴衰与全台每一位干部员工息息相关，央视的稳定、发展、改革与大家的成长进步紧密相连，全体央视人要发扬团队精神，强化主人翁意识，以央视荣为自己的荣，以央视辱为自己的辱。

四、确保"严起来、实起来"集中教育取得实效

"严起来、实起来"集中教育时间紧、任务重、要求高、范围广，全台各部门、各单位务必以高度的思想自觉和行动自觉，扎实地做好集中教育的各项工作。

（一）要组织领导到位

这次集中教育在台分党组领导下，由机关党委牵头协调，制定详细方案，台办公室、总编室、人力资源管理中心、财务管理中心、纪检组监察室、机关纪委等多部门分工负责，共同推进。这次动员大会之后，我们将组织系列培训，有4位台领导并请有关专家为干部员工进行专题讲座和培训，还要对全台播音员主持人进行集中轮训，对有关领导干部、制片人、财务报账人员进行财务制度的集中培训。

（二）要落实执行到位

将出台中央电视台各项工作"严起来、实起来"规定，与其他管理规定汇编成册，下发全台员工，做到人人皆知并严格执行。各部门、各单位要根据实际情况，拿出落实"严起来、实起来"集中教育的具体措施，建立活动台账，实现活动全员覆盖。

（三）要督导考核到位

台办公室、机关党委、纪检组监察室、机关纪委等要加强对各部门、各单位活动和落实情况的监督检查，形成"监督一条龙、落实一条线"，各部门、各单位集中教育情况要及时报告。各台领导都要对分管部门单位开展集中教育的情况进行调度和督导，各级领导、部门领导和单位领导要对下属部门单位开展集中教育的情况进行认真点评。台里要对各部门、各单位开展集中教育的效果进行综合评估、横向比较、全程分析、表彰先进、鞭策后进。

开展"严起来、实起来"集中教育，既是央视当前一项重点工作，更是一项长期任务。我们要深入贯彻落实党的十八大和十八届三中、四中全会精神，认真学习贯彻落实习近平总书记系列重要讲话精神，在中宣部和国家新闻出版广电总局的正确领导下，团结一心、共同奋斗，努力开创央视工作新局面，为服务"四个全面"战略布局，为实现"两个一百年"奋斗目标、实现中华民族伟大复兴的中国梦作出更大贡献。

提振精气神　严细深实快　创新出精品 *

近一阶段，中央电视台"严起来、实起来"集中教育总体进展顺利，逐步深入，取得了初步成效。但也存在集中教育不平衡、表面化、不扎实等不容忽视的苗头性、倾向性问题，需要引起重视。我们要认真总结、深刻反思，强化问题意识，坚持问题思考，层层查找问题，解决实际问题，完善制度和程序，梳理规范各项业务。迅速行动，不等不靠，敢抓敢管，守土负责、守土尽责，真正"严起来、实起来"。

一、勤于学习、善于思考，倡导"严、细、深、实、快"的工作作风，进一步提振精气神

习近平总书记强调："事业成功的原因很多，奋发有为是主要因素。"对于中央电视台来说，要做好各项工作，必须进一步提振精气神。

＊本文系作者在中央电视台工作例会上的讲话摘编，原载于《电视研究》2015年第5期，收入本书时略有修改。

提振精气神，首要一点就是要加强学习。中央电视台是知识密集、人才密集的单位，但学习氛围有待浓厚，学习方法有待提升，学习习惯有待养成。要把学习作为一种政治责任、一种精神追求、一种生活方式。有学历不能终止学习，有经历不能放松学习，有经验不能代替学习，工作忙不能忘记学习。要树立终身学习、全程学习的理念，带着知识恐慌、信息恐慌、本领恐慌的紧迫感，把学习贯穿于工作生活的各环节、全过程。要深入学习贯彻习近平总书记系列重要讲话精神，深入学习中央大政方针和对意识形态的决策部署，深入学习中宣部和国家新闻出版广电总局的工作要求，做到政治上明白、立场上坚定、行动上坚决。要深入研究自身业务，做行家里手，有"几把刷子"，让人信服。要向群众学习，向实践学习，学以致用，把学习成果转化为实实在在的工作成效。

要提振精气神，还必须发扬"严、细、深、实、快"的工作作风，努力做到优质高效率、规范无差错。

严，就是政治上严肃、工作上严谨，高标准、严要求，坚持底线思维，严守政治红线，筑牢思想防线。要树立中央电视台无小事的观念，严格用制度管权、按制度管事、靠制度管人，严格按制度办事、按规矩办事、按程序办事。

细，就是要求处理问题严谨细致、一丝不苟、精益求精。中央电视台每个岗位、每个环节处理的都是十分具体的事务，但每件事都事关全局。这就要求每个选题、每帧画面、每段声音、每个字幕都要仔细核对，不允许一丝马虎，不放过一个疑点，不留下一个漏洞，不出现一个错误。

深，就是深入生活、扎根人民，润物无声、水滴石穿，深入持续、久久为功，使做出的节目有内涵、有高度、有深度，贴地皮、接地气、有温度，不能浮在表面，满足于一般。

实，就是求真务实、注重实效。目前，中央电视台从节目生产到经营创收等方面都面临着很大压力，坐而论道不行，夸夸其谈更不行，必须进一步增强危机感，重实际、出实招、用实劲、求实效，推动工作出特色、有亮点。要以踏石留印、抓铁有痕的劲头抓落实，善始善终、善做善成，防止虎头蛇尾。

快，就是要快节奏、高效率。对台里的决策部署，雷厉风行抓落实、紧抓快办，抓住不放、一抓到底。

二、把握规律、创新方式，推进"四个转变"，打造精品力作

中央电视台频道多、节目量大，但存在有"高原"缺"高峰"问题，精品力作少，必须高起点规划、高标准设计、高效率实施，抓好顶层设计，突出"中国梦"主题，贯穿社会主义核心价值观主线，传承中华优秀传统文化根脉，精心打造一批思想精深、艺术精湛、制作精良的名牌品牌栏目。各频道节目都要力争在国内同类节目中创第一，在国际上有影响，与央视品牌相匹配。要深刻研究和把握"电视+"规律和新媒体发展规律，强化互联网思维，顺应融合发展趋势，创新生产传播方式，推进"四个转变"。

（一）由传统的总结提炼概括为主，向超前策划、突出主题、逻辑链接、亮点聚合并重转变

当前，受众需求日益多元多变多样，独立性、选择性、差异性日益增强，倒逼电视生产必须在分众化、特色化上下功夫。要坚持受众为本理念，致力于改善用户体验，提升服务水平，把策划作为整合、开发信息资源的有效手段，深度聚焦主题，凸显重点亮点，形成叠加和累积效应。例如"一带一路"宣传报道，可以借鉴《话说长江》等纪录片的制作手法，通过背景铺垫、讲述故事、行进互动等方式，提升传播效果。

（二）由传统的说教式、灌输式为主，向渗透式、感召式与菜单式转变

当前，人们接受信息的来源、分析判断的角度、思考问题的方式更加多样，我们要适应这种变化，准确把握用户需求和心态，改变宣教心态、说教模式，说理少说教，传输少灌输，多生产平等亲和、精准短小、鲜活快捷、优质专业的节目。例如，《家风是什么》系列报道，在内容上抓住了家风这一集中体现传统文化和风俗习惯的元素，做到了宏观主题的微观表达和抽象主题的具体展示，通过让受访者讲述家风影响、自己的思考体会，激发出生生不息、血浓于水的深厚情感，增进了民族文化认同。

（三）由传统的以播发为主的单项过程，向多媒体、多元素、新手段、新技术综合运用和全过程展现转变

当前，卫星、无线、有线电视网和固定、移动通信网都在承载视听内容的传输，电视内容多渠道传输、多平台展示、多终端推送成为潮流。要顺应这种趋势，将互联网思维渗透到节目生产的各个环节，提高受众的关注度、参与度，在互动中、在参与中生产。要利用云计算、大数据技术，研究用户习惯，挖掘市场需求，增强节目的针对性、时效性和吸引力、影响力、感染力。

（四）由传统的单向管理、事后处置为主，向双向互动、超前引导、过程控制转变

要提高管理的系统性、科学性，把握好舆论的主体、客体和自身之间的关系，对于宣传舆论中什么时候报道，以什么名义、什么方式报道，都要认真研究，周密思考，做到谋定而后动。要加强过程控制，该造势的要造势，但不能在个别用词上大造其势，该突出的要突出，但不能渲染过头，搞成排浪式宣传；该有力度的要有力度，但不能大轰大嗡，搞成运动式宣传。要建立信息收集研判机制，及时分析网络和社会舆情，抓住关键节点持续引导，始终掌握主动权和主导权。

三、强化管理，推行"五式工作法"，进一步增强执行力

落实"严起来、实起来"集中教育的各项任务，既要有好的工

作作风，也需要有效的工作方法。以"课题式设计、项目式管理、工程式推进、台账式督查、绩效式考核"为主要内容的"五式工作法"，能够有效提高工作的针对性、前瞻性、系统性和规范性。"五式工作法"的目标是"突出主题、贯穿主线，聚焦重点、打造亮点"。"五式工作法"的重点是建立"两张图"，即"任务落地框架图"和"项目推进路线图"，实施"挂图作战"。"任务落地框架图"就是将项目分为前期、中期、后期，明确各个阶段的每一项工作由谁负责，落实到人。"项目推进路线图"就是建立台账，列出时间表，形成任务轴，动态督导，有序推进。

（一）抓谋划，推进"课题式设计"

按照课题运作的思路主动策划，围绕中心工作、主题主线，精心设计，明确目标，形成方案。一是围绕大局定思路。新闻宣传、综艺、企业经营、对外传播、安全播出等各项工作都要从大局出发，在大局中定位，研究梳理出每年的大事实事，做到明确主题、突出重点。以新闻宣传工作为例，就是要把做好重大主题宣传作为重中之重，深化习近平总书记系列重要讲话精神的学习、宣传、贯彻，牢牢抓住党的十八大以来党的重大理论观点、重大战略布局和重大工作部署，紧紧围绕中国道路、"中国梦"、"四个全面"、"一带一路"、社会主义核心价值观、中华优秀传统文化等重大主题来谋划思路举措。二是优化集成定课题。把重点工作确定为大课题后，再将其分解为一个个具体的子课题，使工作课题确定的过程成为深化、细化、优化工作的过程。例如，纪念中国人民抗日战争暨世界反法西斯战争胜利70

周年宣传，要将这个大主题纵向分为预热宣传、重点宣传、后续宣传3个阶段，横向细分为新闻报道、时政直播、专题片、纪录片、电视剧、常态节目栏目编排等多个板块，统筹研究、分别策划、协同推进，形成主题统一、点面结合、亮点纷呈的整体宣传格局。三是任务分解定方案。要逐项分解重点工作任务，建立完整链条，细化操作流程，明确牵头领导、责任部门、责任人，明确具体的质量和数量标准、完成时间、验收时限，形成完整、具体的工作方案。

（二）抓调控，加强"项目式管理"

把工作细分为一个个项目，在实施过程中及时调控，把握项目要素间的联系，精细管理各个环节，确保出精品、出亮点。一是加强项目目标管理。对每个项目确定具体目标，制定详尽的实施计划，组织优势力量，对全台和频道一级的重点选题进行集中攻坚。二是加强项目过程管理。采取定期督查与不定期抽查相结合的办法，推行首办责任制、岗位责任制、公开承诺制、限时办结制、考核评议制等，解决项目运行中的实际问题。三是加强项目风险管理。及时进行风险预测和评估，及时梳理分析宣传舆论中的焦点、热点、敏感点，列出清单，稳妥把握宣传的时、度、效，正确引导、主动引导、有效引导。

（三）抓统筹，实施"工程式推进"

把每个项目作为系统架构中的一个部件，强调各相关部门密切配合、协调联动、整体推进。一要划分阶段，加强调度。兼顾重点宣传和日常宣传两个方面，合理划分阶段，明确关键步骤和节点，把握好时、度、效。二要健全机制，做好沟通。健全全台宣传协调机制，完善宣传报道联席会、通气会等制度，及时通报情况、研究对策，定期总结经验，集中智慧，取长补短。

（四）抓实效，开展"台账式督查"

细化每个项目的目标、要求、责任人，形成明晰的工作台账。一是分级负责，做实台账。各中心（室）、频道、台属单位及各部处要根据工作要求，把握预期进展和目标，据实填报台账，进行汇总和整体设计。二是分类指导，管好台账。对台账进行分类，适时调整完善相关内容。同时，实行动态管理，把握项目进展，提出有针对性的要求。三是分步督导，用好台账。坚持谁分管谁负责，建立职责清晰、分工明确的督导机制，签订责任书，定期召开情况分析会，通报工作进度，推动台账从纸面落到实处。

（五）抓队伍，实行"绩效式考核"

研究探索符合中央电视台发展实际、适于电视节目制播的工作考核指标体系，严格考核人员实绩，把重大宣传任务完成、精品节目创新、安全播出、经营管理等工作情况，作为选人用人的主要标准和主要依据。一方面，建立健全干部人才考核机制。坚持定量和定性相结合，台账式督查与日常工作、年终考核相结合。完善《劳动用工管理办法》《播音员主持人管理办法》等，建立业务综合评价体系、专业技术评定体系，明确目标任务量化考核办法和奖惩措施。另一方面，营造干事创业环境。通过集中教育、加强管理、业务竞赛、典型示范、激励约束等方式，在台里形成比学习、比能力、比创新、比效率、比奉献的好风气，增强全体央视人的集体荣誉感和归属感，把队伍的业务素质和工作作风齐头并进地抓起来。

坚持严实 改革增效 创新发展 [*]

为深入学习贯彻习近平总书记系列重要讲话精神，深入贯彻落实中央决策部署和中宣部、国家新闻出版广电总局（以下简称总局）党组要求，营造从严治台、实干兴台的浓厚氛围，推进各项工作再上新台阶、再有新发展，中央电视台开展了"严起来、实起来"集中教育。通过动员部署、领导授课、查摆问题、督导检查、落实整改等环节，集中教育取得了阶段性成果，初步起到了正风肃纪、强化管理、提振精气神的作用，从严治台、实干兴台的共识进一步凝聚，有效传导了压力，激发了动力。

一、坚持严实，就是要以高度的思想觉悟和行动自觉，把"严"和"实"的要求树起来立长久

总的来看，这次集中教育有以下 4 个特点。

---

* 本文系作者在中央电视台"严起来、实起来"集中教育阶段性总结会议上的讲话摘编，原载于《电视研究》2015 年第 7 期，收入本书时略有修改。

一是当好"领头羊"。台领导高度重视，率先垂范、靠前指挥，统筹协调、重点推进，对集中教育进行了具体指导。各单位一把手采取多种形式，认真组织学习，推动全员覆盖、逐级查摆、立行立改，并在全台工作例会上汇报交流，进一步明确了工作重点和措施。

二是抓住"关键人"。这次集中教育，针对处级以上干部、播音员主持人、财务工作人员等重点人群，围绕党纪国法、台规台纪、职业道德等进行了专项培训，手握戒尺、心存敬畏，带头正风肃纪，恪守职业道德，使"关键少数"的作用得到进一步发挥。

三是拧紧"螺丝钉"。中央电视台干部员工是各个岗位上的"螺丝钉"，拧得牢不牢，直接关系着这台"机器"运转的效率与安全。从我到一些部门走访和全台调查问卷等反馈情况来看，大家受到了触动，遵章守纪、忠于职守、履职尽责的自觉性进一步增强，精神面貌有了较大变化，干事创业的意识更加强烈。

四是深入"各层级"。从科组级、部处级、中心级到台级，进行全方位、多角度的扫描，查摆不严不实的问题和症结，把自己摆进去，列出问题清单，建立督办台账，抓紧整改到位。据不完全统计，全台中心一级查摆出的问题超过 500 个，部处级 2000 多个，科组级 5000 多个。这些问题很具体，意见建议也很中肯，要认真研究并加以解决。

"严起来、实起来"集中教育取得了阶段性成果，但仅仅是"挂挡起步"，还需要"加油提速"。我们要按照中央和中宣部、总局党组的部署，把"严起来、实起来"集中教育与"三严三实"专题教育紧密衔接、有机融合，以更高的标准、更严的要求，使"严起来、实起来"集中教育向纵深拓展延伸，持之以恒，落到实处。

首先要继续坚持严和实的行为准则。要抓紧出台"严起来、实起来行为规范"，立规矩、遵法纪，始终做到忠诚于党、忠诚于组织、忠诚于人民、忠诚于事业。把"严起来、实起来"作为履职尽责的基本要求，作为评判工作业绩的客观依据，作为选人用人的重要标准，并贯穿于日常学习工作生活的各个方面、各个环节，大力营造从严务实的浓厚氛围。

其次要继续保持严和实的工作作风。要进一步落实"严、细、深、实、快"的要求，不断增强政治意识、大局意识、创新意识、精细意识和效率意识，转变作风、提升素质，把好导向、守好阵地，创一流业绩。

最后要建立健全严和实的长效机制。要升华集中教育成果，将好经验、好做法提升为制度和规范，把好的思路变为举措，把举措变为行动，把行动变为效果，不断增强执行力、创造力、凝聚力和自控力，把"严起来、实起来"坚持不懈地做下去。

二、改革增效，就是要以清醒的问题思考和攻坚克难的勇气，破除束缚，完善机制，增强效能

习近平总书记强调："只有干在实处，才能走在前列。"我们强调"严"和"实"，关键还是要落到"干"上，把集中教育成果体现到"深化改革、完善机制，提升质量、增强效能"上来。

此前，我们面向全体员工发放"严起来、实起来"集中教育摸底

调查问卷，共收回问卷 2.5 万多份，收集到 3651 条意见建议，内容覆盖科组级、部处级和台级。发现问题是前提，解决问题见功力。各单位、各部门要把解决查摆到的问题作为近一个时期的工作重点，既要有深化改革的勇气，也要增强解决问题的本领，一条一条地梳理，一项一项地分析，找到症结所在，明确针对性措施，以"抓铁有痕、踏石留印"的劲头啃硬骨头、打攻坚战。

（一）着力打造精品力作，不断推进创新创优

一是改进节目运作方式。认真落实习近平总书记在文艺工作座谈会上的重要讲话精神，坚持以人民为中心的创作导向，进一步深化"走转改"，深入生活、扎根人民，建立深入基层调研选题的常态机制，积极探索节目运作新思路，提升精神高度、思想深度、生活温度、艺术精度，推出更多传播当代中国价值观念、体现中华文化精神、反映中国人审美追求，思想性、艺术性、观赏性有机统一的优秀作品。

二是探索实施"名人名品名栏目工程"。谋划推出一批站得住、叫得响、传得开、留得下的名作品、名栏目，培养一批业务精湛、敬业尚德、锐意创新的名记者、名编辑、名评论员、名主持人。有关部门要抓紧组织制定"名人名品名栏目工程"实施办法。

三是激发创新创优动力活力。要紧紧抓住创新创优的重点群体，建立激励机制，在经费保障、资源调配、职级晋升、评优评先、奖励扶助等方面，制定切实可行的办法，让想创新的有机会，能创新的有舞台，出成果的有奖励。

四是加强战略谋划和顶层设计。建立"大谋划"机制，加强统筹，突出重点，打造亮点。健全监听监看和评议机制，深度评析，破解难点，多出精品。

当前，要重点做好纪念中国人民抗日战争暨世界反法西斯战争胜利 70 周年宣传，构建新闻与专题相结合、内宣与外宣相衔接、电视与网络共发力的格局，形成舆论强势。要汇聚优势资源、组成最强团队，全力做好阅兵式和文艺晚会直播，确保优质安全；全力推进《东方主战场》等重点片目，力争打造出扛鼎之作。

（二）着力研究内部管理、完善制度机制，不断提升管理的科学化、精细化水平

一是增强管理制度的规范性、科学性。要对台内有关管理规章制度进行全面梳理，做好"立改废"工作。对新出台的管理制度和规定，都要经过有关部门会签审核。二是确保管理制度的刚性执行。用制度管人，按程序办事，向管理要效益。要不断加强对制度执行的监督检查，坚决防止制度"挂在墙上不落地"的现象。要坚持运用"五式工作法"，提高工作的针对性、系统性，加大落实力度，确保工作实效。三是对委托制作、社会合作等加强管理、规范运作。在深入调研的基础上，研究符合法律法规、适于"电视＋"新媒体生产经营的管理办法，进一步规范节目委托制作、社会合作等行为。

（三）着力提高效率，不断优化流程、提高效能

一是提高审批效率。对于审批事项要做到两个并重，既遵守规

定、严格管理，又满足需求，优质高效运转；要进一步优化节目预算和合同审批流程，采取联合办公、变"串行"审批为"并行"审批、变公文运转为网上审批等方式，规范审批环节，消除"梗阻"现象，提高服务效能。

二是借助信息化手段加快推进业务流程优化、平台再造。要顺应网络信息技术和现代媒体发展规律趋势，抓紧推进全台信息化建设，使全业务、全流程都在互联互通、共享共用、可管可控的电视网络系统中运行。

> **三、创新发展，就是要以强烈的忧患意识和责任担当，以新理念、新状态、新举措推动中央电视台工作再上新台阶**

习近平总书记指出，事业成功的原因很多，奋发有为是主要因素。当前，中央电视台正处在创新发展的重要关口。我们要认真贯彻中央要求，紧紧围绕"打造成信息权威、内容丰富、形态多样、手段先进、具有核心竞争力的新型主流媒体，建成拥有强大实力和传播力、公信力、影响力的新型媒体集团"这一战略目标，进一步增强使命感、责任感、紧迫感，加强顶层设计、系统谋划，抓住重点、强力推进，以奋发有为的精神状态开创发展新局面。

（一）以导向为魂，提升新闻宣传的质量和水平

一是牢牢把握正确政治方向和舆论导向。严守政治纪律和政治规矩，自觉同党中央保持高度一致，深入贯彻中央的宣传精神、口径要

求，充分发挥党的宣传思想舆论主阵地、主力军作用。二是进一步聚焦主题主线。要深化习近平总书记系列重要讲话的学习宣传贯彻，紧紧围绕中国道路、"中国梦"、"四个全面"、"一带一路"、社会主义核心价值观等重大主题，深入开展宣传，做到"主题事件化、事件人物化、人物故事化"，润物无声、久久为功。三是推进"四个转变"。要实施"挂图作战"，重点用好"任务落地框架图"和"项目推进路线图"这两张图。将重大选题和主题宣传任务系统化、模块化，分阶段制定目标、量化指标，明确每项工作的责任主体，落实到岗、到人，同时，建立台账，形成任务书、路线图、时间表，动态督导，务求实效。四是共建共享共用全台新闻资源。要以新闻中心指挥调度系统为中枢，建立"中央厨房"式的采编分发平台。同时，加快发展"央视新闻"微博、微信、客户端等，力争"两微一端"的用户总数有大的提高。五是增加精准新闻、数据新闻在报道中的比重。当前，数据正在成为驱动发展的重要资源。要强化互联网思维，充分利用大数据、云计算等新技术手段，运用跨界对比、图表模拟、3D演示等方式解读新闻内容。研究推出精准新闻、数据新闻，从大量纷繁复杂的各类数据中，挖掘有价值的联系、规律或新闻线索，用简单易懂的形式呈现给受众，不断增强央视新闻内容、传播和表达方式方法的吸引力、感染力、影响力。

（二）以内容为王，打造央视核心竞争力

目前，各类媒体都在争相布局内容产业，往产业链上游发展。中央电视台要努力创新内容生产传播方式，以内容优势赢得发展优势。

一是打造品牌。进一步明确各频道和制作单位的定位与特色，把内容生产作为工作重心，高起点规划、高标准设计、高效率实施，精心打造一批思想精深、艺术精湛、制作精良的品牌栏目，每个频道都要在黄金时段推出一至两档精品节目。二是强壮链条。创新内容生产方式，加快内容生产与服务流通，使节目的策划、生产、销售、市场开发等构成完整的媒体内容产业链，同时做到延展数据链、提升价值链。三是用好版权。内容版权是中央电视台的核心资源和无形资产。随着新媒体的快速发展，版权价值更加凸显。要进一步健全版权保护开发机制，鼓励原创节目和拥有版权的节目首发首播。要努力改变单靠广告"一条腿"走路的收入模式，将版权经营摆到重要位置，以世界眼光、法治思维和市场思维，积极参与推进版权交易。

（三）以用户需求为动力，推动电视与新媒体深度融合、一体发展

加快推进媒体融合，是着眼中央电视台未来发展、加快完善战略布局的重要举措。一是发挥优势。要扬己之长、主动作为，以视频为重点，以新闻为龙头，将中央电视台的内容优势与新媒体的渠道优势紧密结合，谋划建设一批具有中央电视台独特优势的重点项目。二是实现化学反应。要找准"电视＋"与"互联网＋"的契合点，推动内容、技术、平台、渠道、经营、管理的深度融合，打造形成台网融合发展的核心竞争力。三是整合资源。要总体谋划、系统设计、一体运行，推动传统和新媒体资源互联互通、共享共融。要紧紧抓住"云端"和"终端"，建立全媒体制播平台，利用新媒体、新技术，扩大

覆盖面和用户数，掌握主导权和话语权。

（四）以机制创新为重点，逐步探索符合中央电视台发展的经营管理模式

中央电视台发展中面临的一个关键问题是事业产业属性"纠结"，体制机制与经营管理实际不适配。要找准市场与事业体制的结合点和切入点，加快经营管理模式创新，推进宣传、经营"两分开"。一是探索对接市场的新机制。逐步把市场化程度较高的制作业务剥离出来，尝试专业化、规范化经营，加快从规模速度粗放发展向质量效益集约发展的转型升级。二是推动内部管理机制创新。按照事业产业的不同性质，建立不同的配套管理机制，加强广告经营、财务报销、项目招投标等方面的管理机制规范和创新。三是加强廉政风险防控机制建设。认真落实党风廉政建设主体责任和监督责任，对重点部门、业务、资金、经济活动等扎紧篱笆、堵塞漏洞，防患于未然。

（五）以教育培训为抓手，造就"对党忠诚、自身干净、工作担当"的复合型人才队伍

一是提升能力素质。要把学习贯穿到央视人工作生活的各环节、全过程，深入学习贯彻习近平总书记系列重要讲话精神，深入领会中央大政方针和对意识形态的决策部署，加强宣传业务学习、专业知识学习和现代信息技术学习，努力跟上时代步伐、适应工作需求，有"几把刷子"，做行家里手。二是强化岗位管理。围绕出精品、出效益、出人才，"固本、健身、强体"，营造选人用人的良好环境。坚持定性与定量考核相结合，完善从业人员特别是播音员主持人的选拔、考核机制，建立能上能下、能进能出的动态管理机制。三是加强道德自律。央视干部员工要坚决反对拜金主义、享乐主义、极端个人主义和低俗化倾向，修身养德，率先垂范。要强化业务岗位的工作要求和职业操守，做时代风气的先觉者、先行者、先倡者，自觉维护央视形象，展现央视风采。

"严起来、实起来"只有进行时，没有完成时。我们要以中央开展"三严三实"专题教育为契机，乘势而上，持续用力，认真学习贯彻习近平总书记系列重要讲话精神，贯彻落实中央和中宣部、总局党组的决策部署和要求，坚持严实，改革增效，创新发展，为把中央电视台建成国际一流新型媒体集团作出更大贡献。

强化政治意识　走好第一方阵
建设让党中央放心、让人民群众满意的模范政治机关 *

　　99 年前，在中华民族内忧外患、风雨飘摇的历史背景下，中国共产党宣告成立。我们党从初创时的 50 多名党员，发展到今天成为拥有 9000 多万名党员的世界第一大执政党。在 99 年波澜壮阔的历史进程中，一代又一代中国共产党人，以力挽狂澜的担当和气魄，用鲜血和生命挺起了中华民族的脊梁，带领全国各族人民前赴后继、顽强奋斗，不断夺取中国革命、建设、改革的伟大胜利，中华民族伟大复兴展现出前所未有的光明前景。回顾 99 年来，不管处于哪个历史阶段，不管世界格局如何风云变幻，中国共产党之所以能够始终保持团结和集中统一，之所以能够始终保持进取精神和强大力量，之所以能够始终保持战略定力，创造一个又一个"中国奇迹"，其中关键的一点，就是我们党注重加强政治建设、始终旗帜鲜明讲政治，这是我们

---

　　* 本文系作者在国家广播电视总局讲专题党课时的讲稿摘编，原载于《中国广播电视学刊》2020 年第 8 期，收入本书时略有修改。

党作为马克思主义政党区别于其他政党的最本质特征。注重从政治上建党，也是我们党不断发展壮大、从胜利走向胜利的重要保证。

毛泽东说"政治工作是一切工作的生命线"，邓小平说"到什么时候都得讲政治"，习近平总书记强调"讲政治是第一位的"。党的十八大以来，以习近平同志为核心的党中央着眼巩固党的长期执政地位、实现中华民族伟大复兴的千秋伟业，把党的政治建设摆在更加突出的位置。习近平总书记亲自谋划、亲自推动，对旗帜鲜明讲政治、加强党的政治建设发表一系列重要讲话、作出一系列重要部署，并就中央和国家机关牢固树立政治机关意识、加强政治建设提出明确要求。

一、重温学习、深入领会习近平总书记有关重要论述，进一步深化对加强政治建设、建设政治机关的认识

（一）深入学习领会习近平总书记关于党的政治建设极端重要性的重要论述

习近平总书记指出，政治问题，任何时候都是根本性的大问题；讲政治，是我们党补钙壮骨、强身健体的根本保证，是我们党培养自我革命勇气、增强自我净化能力、提高排毒杀菌政治免疫力的根本途径。党的十九大明确提出党的政治建设这个重大命题。习近平总书记在党的十九大报告中强调，党的政治建设是党的根本性建设，要把党的政治建设摆在首位，以党的政治建设为统领，统筹推进党的各项建

设。这一重要论述明确了政治建设在新时代党的建设中的战略定位。习近平总书记一针见血地指出，如果马克思主义政党政治上的先进性丧失了，党的先进性和纯洁性就无从谈起；干部在政治上出问题，对党的危害不亚于腐败问题，有的甚至比腐败问题更严重。回顾党的奋斗历程，可以看到，讲政治关乎党的前途命运，能够保证我们党避免犯颠覆性错误；党的政治建设决定党的建设方向和效果，是党的建设的灵魂和根基。讲政治、加强政治建设，就是要统一全党意志、凝聚全党力量，为实现党的纲领目标而共同奋斗。当年孙中山先生曾经这样告诫："一盘散沙，才是中华民族最大的敌人。"我们党为我们国家、民族提供了管用可靠的中国方案，这个方案来自于"真正钢铁般的组织"，并通过政治建设的"火车头"作用，使我们党始终拥有强大的凝聚力、战斗力。在新的历史时期，习近平总书记反复强调讲政治、加强政治建设，具有很强的现实针对性，体现了强烈的忧患意识。2019 年 1 月，《中共中央关于加强党的政治建设的意见》印发，这是新时代加强党的政治建设的重要指导性文件。我们一定要把思想和行动统一到习近平总书记系列重要论述和党中央决策部署上来，深刻认识加强党的政治建设的重大意义，以高度的政治责任感，把政治建设抓紧抓好。

（二）深入学习领会习近平总书记关于中央和国家机关加强政治建设的重要论述

习近平总书记始终对中央和国家机关党的建设、政治建设高度重视。习近平总书记明确指出，中央和国家机关首先是政治机关，这是对中央和国家机关职责地位的鲜明定位。2019 年 7 月，习近平总书记出席中央和国家机关党的建设工作会议并发表重要讲话。习近平总书记强调，中央和国家机关离党中央最近，服务党中央最直接，对机关党建乃至其他领域党建具有重要风向标作用，中央和国家机关党的建设必须走在前、作表率；深化全面从严治党、进行自我革命，必须从中央和国家机关严起、从机关党建抓起；中央和国家机关首先是政治机关，必须旗帜鲜明讲政治，坚定不移加强党的全面领导，坚持不懈推进党的政治建设；中央和国家机关各级党组织和广大党员干部要增强"四个意识"、坚定"四个自信"、做到"两个维护"，全面提高中央和国家机关党的建设质量，做好"三个表率"、建设模范机关。2020 年 6 月 29 日，习近平总书记在十九届中共中央政治局第二十一次集体学习时再次强调，中央和国家机关是贯彻落实党中央决策部署的"最初一公里"，要认真贯彻执行党组工作条例和党的工作机关条例，把中央和国家机关建设成为讲政治、守纪律、负责任、有效率的模范机关。习近平总书记还强调，基层党组织是贯彻落实党中央决策部署的"最后一公里"，要坚持大抓基层的鲜明导向，抓紧补齐基层党组织领导基层治理的各种短板，把各领域基层党组织建设成为实现党的领导的坚强战斗堡垒。这些，是习近平总书记站在党和国家事业全局的高度，对中央和国家机关提出的政治上的高标准、严要求。党中央还专门印发了《关于加强和改进中央和国家机关党的建设的意见》。我们一定要深刻领会习近平总书记的重要要求和中央精神，提高政治站位，突出政治标准，努力建设广电姓党、绝对忠诚的政治机关。

（三）全面把握习近平总书记对加强政治建设、旗帜鲜明讲政治提出的实践要求

习近平总书记指出，保持和发展马克思主义政党的政治属性不是一件容易的事；党的政治建设是一个永恒课题，来不得半点松懈。对于加强政治建设，习近平总书记提出了把准政治方向、坚持党的政治领导、夯实政治根基、涵养政治生态、防范政治风险、永葆政治本色、提高政治能力等一系列重要要求。习近平总书记强调，作为党的干部，不论在什么地方、在哪个岗位上工作，都要增强党性立场和政治意识，经得起风浪考验，不能在政治方向上走岔了、走偏了；要做"政治上的明白人"，在"乱花渐欲迷人眼"的诱惑干扰面前，保持"乱云飞渡仍从容"的政治定力；要严守政治纪律，在政治方向、政治立场、政治言论、政治行为方面守好规矩，自觉坚持党的领导，自觉同党中央保持高度一致，自觉维护党中央权威。党中央提倡的坚决响应，党中央决定的坚决照办，党中央禁止的坚决杜绝。强调，要不断提高党员领导干部把握方向、把握大势、把握全局的能力，辨别政治是非、保持政治定力、驾驭政治局面、防范政治风险的能力，善于从政治上分析问题、解决问题。习近平总书记还强调，选拔任用干部，首先要看干部政治上清醒不清醒、坚定不坚定；政治品德不过关，就要一票否决。习近平总书记的要求非常全面、非常系统、非常明确，我们一定要深入领会、对标对表、落地落实。

我们要通过深入学习领会习近平总书记的一系列重要论述，更加深刻认识到旗帜鲜明讲政治的极端重要性，更加深刻认识到中央和国

家机关加强政治建设的重大意义，更加深刻认识到每一个党员干部肩负的政治责任，进一步增强建设政治机关的责任感使命感。

二、关于广电总局党员干部如何强化政治机关意识、建设政治机关的思考

广播电视是党和人民的喉舌，广电总局是宣传思想和意识形态战线的中央和国家机关。广电总局党员干部职工必须深刻认识"广电总局是政治机关，广电工作是政治工作"，自觉树牢政治机关意识，突出抓好政治建设，始终把讲政治作为第一位的工作要求，努力走好第一方阵，在建设政治机关上走在前、作表率。

学习贯彻习近平总书记重要论述，树牢政治机关意识、建设政治机关，我们要在以下 5 个方面持续用力。

（一）锤炼绝对忠诚的政治品格，以实际行动带头做到"两个维护"

习近平总书记鲜明指出，带头做到"两个维护"，是加强中央和国家机关党的建设的首要任务；中央和国家机关是践行"两个维护"的第一方阵。"两个维护"，是我们党的重大政治成果和宝贵经验，是我们最重要的政治纪律和政治规矩。党的十八大以来，习近平总书记举旗定向、谋篇布局，党和国家事业取得历史性成就、发生历史性变革。2020 年以来，我国能够在较短时间内控制住疫情，迅速恢复生产生活秩序，与世界上一些国家形成鲜明对比，其根本就在于党中

央的坚强领导、在于领导核心的定海神针作用。实践反复证明，"两个维护"是党和国家事业取得胜利的根本保证。中央和国家机关在做到"两个维护"上地位特殊、职责重大。如果党的理论和路线方针政策在这里失之毫厘，到了基层就可能谬以千里；如果贯彻落实的第一棒就掉了链子，那么"两个维护"在"最初一公里"就可能落空。对此，我们必须有清醒的认识。

广电总局各级党组织和广大党员干部要深刻认识我们是中央和国家机关的一分子，必须准确把握"两个维护"的特定内涵，把"两个维护"作为党的建设的灵魂和根本，坚定自觉向习近平总书记看齐，始终在政治立场、政治方向、政治原则、政治道路上同以习近平同志为核心的党中央保持高度一致，对党绝对忠诚。要把"两个维护"落实到具体行动上、体现在实际工作中，对习近平总书记的重要指示批示，第一时间传达学习，研究落实举措，加强跟踪问效，做到件件有回应、事事见成效。2020年4月，习近平总书记在陕西考察时强调，要自觉讲政治，对国之大者要心中有数，关注党中央在关心什么、强调什么，深刻领会什么是党和国家最重要的利益、什么是最需要坚定维护的立场。6月，习近平总书记在宁夏考察时强调，全党同志特别是各级领导干部要不忘初心、牢记使命，始终保持清醒头脑和政治定力，坚持和加强党的领导不动摇，坚持和发展中国特色社会主义不动摇，坚持实现中华民族伟大复兴的宏伟目标不动摇。无论是"对国之大者心中有数"，还是"三个不动摇"，都是非常明确的政治要求，是做到"两个维护"的具体体现。各部门各单位、每位党员干部都要立足本职，时刻对标对表，以高度的政治自觉在工作中努力践行"两个维护"。

（二）强化科学理论的政治引领，自觉做习近平新时代中国特色社会主义思想的坚定信仰者和忠实践行者

习近平总书记指出，政治上的坚定源于理论上的清醒；要炼就"金刚不坏之身"，必须用科学理论武装头脑。我们党之所以能够历经艰难困苦不断创造新的辉煌，很重要的一条就是始终重视思想建党、理论强党。习近平新时代中国特色社会主义思想是党的理论创新最新成果，是当代中国马克思主义、21世纪马克思主义。我们在工作中，深深感受到习近平新时代中国特色社会主义思想具有强大的理论穿透力、实践洞察力、现实解释力，闪耀着辩证唯物主义和历史唯物主义的真理光芒，蕴含着改造主观世界和客观世界的强大真理力量。用习近平新时代中国特色社会主义思想武装头脑、指导实践、推动工作，是我们加强政治建设的长期任务。

过硬的政治理论素养是党员干部的看家本领。广电总局是宣传思想和意识形态部门，肩负着"举旗帜、聚民心、育新人、兴文化、展形象"的使命任务，广电总局的党员干部在学习习近平新时代中国特色社会主义思想上要有更强自觉，在学懂弄通做实上要有更高要求，努力做到先学一步、学深一层。加强理论武装，既包含怎么学、如何学的方法论问题，也包含真学笃信、内化于心的认识论问题。我们学习习近平新时代中国特色社会主义思想，要有一种学到底的精神，不能一知半解、似懂非懂，不能"以其昏昏，使人昭昭"，仅仅记住几个"关键词"，知道"大概齐""差不离"是不行的。学习好、掌握好、运用好党的理论创新成果，真正从政治上理解了、在政治上吃透

了，我们做工作就有了坚定的主心骨、定盘星、度量衡。

例如，习近平总书记关于宣传思想工作的重要思想博大精深，既讲是什么、怎么看，又讲怎么办、怎么干，为广播电视工作提供了根本遵循。面对纷繁复杂的形势、面对工作中的难题、面对思想上的困惑，我们都要善于随时随地从习近平总书记的重要思想中找立场、找方法、找答案。只有学深悟透、融会贯通，我们才能更好地指导新闻宣传、舆论引导、文艺创作、精品生产、媒体融合、科技创新等各方面的工作实践。我们指导深化广播电视媒体"头条"建设和视听新媒体"首页首屏首条"建设，指导推进理论节目创作播出，指导推进重大现实题材创作生产，这些工作就是要通过广播电视和网络视听宣传新思想、阐释新思想、体现新思想，引导社会、教育人民，统一思想、凝聚力量，这就要求我们这支队伍首先必须用心用情用功学习新思想，精心精细精准贯彻落实新思想。例如，广电总局组织全国33家卫视联合推出大型电视理论节目《思想的田野》，指导地方卫视推出《中国正在说》《这就是中国》《长江黄河如此奔腾》等大众化通俗化理论节目，这些理论节目受到群众欢迎，如果没有对习近平新时代中国特色社会主义思想的深刻理解把握是无法做到的。例如，习近平总书记对媒体融合工作一以贯之高度重视，发表了一系列重要论述。2020年6月30日，习近平总书记主持召开中央全面深化改革委员会第十四次会议，会议审议通过了《关于加快推进媒体深度融合发展的指导意见》，强调，推动媒体融合向纵深发展，加快构建网上网下一体、内宣外宣联动的主流舆论格局。我们要深入学习领会，认真贯彻落实，努力推动广电领域媒体融合发展实现新的突破。

广电总局系统正在不断健全完善理论学习长效机制。我们要坚持集中学习与个人自学相结合、规定动作与自选动作相结合、学思践悟相结合，理论联系实际，推动习近平新时代中国特色社会主义思想的学习不断往深里走、往心里走、往实里走。广电总局党组理论学习中心组、广电总局各部门各单位领导班子都按规定认真开展了集体学习。集体学习是理论学习的重要形式，但集体学习不可能每天都搞，个人自学、研讨交流可以持之以恒。广大党员干部要养成自觉学习的习惯，除了工作时间，还要用好"八小时之外"的时间，要读人民日报、看新闻联播，用好"学习强国"学习平台等网络平台，及时跟进、精研细读习近平总书记最新重要讲话、文章等原著原文。要紧密结合新时代新实践新要求进行学习，先把书读厚、再把书读薄，全面掌握核心要义、丰富内涵、精神实质和实践要求，掌握贯穿其中的马克思主义立场、观点、方法，把科学理论转化为认识世界、改造世界的强大力量，用工作的成果检验学习的成效。

（三）坚持政治标准，把讲政治落细落小落实、贯穿工作始终

习近平总书记指出，宣传思想工作就是政治工作，大事小情都要讲政治。我们贯彻落实这一要求，就是做任何工作都要牢记政治属性是第一位的属性，从始至终绷紧政治这根弦。谋划工作、部署工作、推进工作，都要提高政治站位，强化政治思维，从政治上看待问题、分析问题、解决问题。工作做得好不好，效果怎么样，也必须首先从政治作用和政治效果上去衡量和评估。例如，全国有线电视网络整合和广电 5G 建设一体化发展，我们要从服务大局、服务人民、服务广

电行业的政治工程、民心工程、发展工程这样的政治高度来认识、来推进、来评判。广电总局很多部门和单位的工作技术性、专业性强，更要坚决防止把政治同业务与技术割裂开来、对立起来的错误认识和做法。我们要时刻提醒自己，如果政治上出了偏差、出了问题，那就是大问题，一切就都无从谈起。

讲政治在广电总局工作中、在广电工作中是具体的、明确的。我们要坚持围绕中心、服务大局，努力找准服务党和国家大局的坐标定位，紧紧围绕"党中央在关心什么、强调什么"来履职尽责，加快推进行业高质量创新性发展。2020年，统筹疫情防控和经济社会发展，做好"六稳"工作、落实"六保"任务，决胜全面小康、决战脱贫攻坚，维护国家主权和安全，等等，都是我们要坚定维护、全力服务的大局，都是我们谋划工作的聚焦点、着力点。

我们要坚持党管宣传、党管意识形态、党管媒体，坚持政治家办台、办网，牢牢掌握意识形态工作的领导权、管理权、话语权。东西南北中，党是领导一切的。我们所属的媒体、管理的阵地、发展的业务，无论传统的还是新兴的，都要强化党性原则，听党话、跟党走，努力做到可管可控、安全可靠。例如，我们建设的广播电视有线无线卫星融合覆盖这张网，是党和政府声音传入千家万户的意识形态主阵地，是满足人民精神文化生活需要的主渠道，是国家重要的信息基础设施。这是广电网络的优势所在、价值所在，是广播电视持续发展的基石。

我们要坚持正确的政治方向、舆论导向、价值取向，落实导向管理全覆盖要求，践行"字字千钧、秒秒政治、天天考试"，提高网上网下一个标准、一体化治理能力和水平。各类节目内容，都要唱响主旋律、传播正能量；网上网下，都决不能为错误思想言论提供传播渠道。近年来，我们不断加强网络视听节目管理，对视听网站首播电视剧视同上星剧目实行内容核查管理，建立了重点节目规划备案、重点网络剧备案和内容抽查制度，就是要大屏小屏联防联治，逐步做到"一把尺子量到底"，推动网上网下共同形成清朗传播空间。

我们要紧扣民心这个最大的政治，坚持以人民为中心的工作导向，坚持把社会效益放在首位，把人民对美好生活的向往作为奋斗目标，把人民满意不满意作为衡量标准，不断繁荣精品创作生产，提升公共服务能力水平，加强智慧广电建设，继续做好广电行业精准扶贫，为人民群众办实事、谋利益。例如，我们推进电视高清化，全国已有500多套高清节目，但是很多农村地区群众还收看不到高清节目。为此，我们加快推进直播卫星平台高清节目同播工作，更好地满足农村地区群众高质量的视听需求。今后，我们要继续坚持面向基层、服务群众，积极主动倾听群众呼声、回应群众关切，努力增强人民群众的精神文化获得感、幸福感、安全感。

（四）强化政治担当，提高政治能力

习近平总书记强调，当干部就要有担当，有多大担当才能干多大事业，尽多大责任才会有多大成就；干部敢于担当作为，这既是政治品格，也是从政本分；能否敢于负责、勇于担当，最能看出一个干部的党性和作风。习近平总书记强调的政治担当，就是要求我们承担起应尽的政治责任。

担当精神是一代又一代共产党人薪火相传、赓续不断的优秀品

质。从南湖红船到延安窑洞，从西柏坡"进京赶考"到新时代改革开放再出发，每一个攻坚克难关键时期，每一个急难险重紧要时刻，总有共产党员勇于冲锋在前，主动担当作为，构成了为人民谋幸福、为民族谋复兴这一精神血脉的鲜亮底色。在讲担当方面，习近平总书记就是全体党员干部最好的榜样。在2020年抗击新冠肺炎疫情斗争中，习近平总书记亲自指挥、亲自部署，在每个关键节点都第一时间为全党全国指引方向、定夺大事，以坚如磐石的意志带领全党全国打阻击战、总体战、攻坚战，体现了大国领袖的责任担当。疫情面前，广电总局党员干部也迅速行动、担当作为，在严格细致做好内部防控的同时，及时精准指导广电媒体和网络视听媒体开展宣传引导，协调优质内容资源支持居家防疫，调度运用基层应急广播、有线网络、广电5G、直播卫星等支持防控工作，发挥了广电行业的独特作用，作出了广电人的积极贡献。

2020年是决胜之年、大考之年、收官之年，广电行业面临的挑战前所未有，责任重、压力大，更加需要我们勠力同心、担当作为。

强化政治担当，必须迎难而上。广电行业正处于结构调整、转型升级阶段，技术变革带来的机遇和挑战将长期并存，唱衰广电、对行业发展持悲观情绪的论调时常出现。特别是在新冠肺炎疫情冲击下，行业整体经营出现这样那样的困难，发展信心在一定程度上受到影响。在这样一个爬坡过坎、滚石上山的关键时期，更加需要我们提振干事创业的精气神，直面问题挑战，敢打敢拼、奋勇前进。各部门各单位要进一步增强责任感、紧迫感，在持续抓好疫情防控的同时，抓紧统筹推进以舆论引导能力提升、新时代精品、智慧广电建设、视听中国播映、安全播出、管理优化这"六大工程"为重点的各项工作。这方面，大家都要按照已经制定的任务书、时间表、路线图，以钉钉子精神狠抓落实，确保高质量完成 2020 年的目标任务。全国有线电视网络整合和广电 5G 建设一体化发展，前一阶段我们已经做了大量工作、取得了积极进展，要继续加大力度推进，突出广电特色，抓紧完成"全国一网"股份公司挂牌组建，加快广电 5G 建设运营。要统筹当前和长远，抓紧研究谋划中长期战略任务和战略布局，策划推出具有牵引性的重大工程、重大项目、重大政策，努力在危机中育新机、于变局中开新局，促进广电事业发展乘风破浪、行稳致远。

强化政治担当，必须增强斗争精神。我们反复强调，意识形态领域面临的斗争和较量是长期的、复杂的。当前，面对百年未有之大变局，新冠肺炎疫情带来的不确定性因素明显增多，意识形态领域的斗争更加激烈、工作形势更加复杂严峻。2020 年以来，美国政府将中央电视台等多家中央主流媒体的驻美机构作为"外国使团"列管，美国社交媒体推特公司疯狂关闭了 17 万个所谓"与中国政府有关"的账号。我们必须保持政治定力和清醒头脑，守土有责、守土担责、守土尽责，既要把好关口、管好队伍、守好阵地，又要针锋相对、敢于亮剑、敢于斗争，当好忠诚战士、卫士，坚决维护意识形态安全。

强化政治担当，必须提高能力本领。广电工作对党员干部政治能力的要求非常高。既要想干愿干积极干，又要能干会干善于干。例如，分析研判意识形态领域的敏感、热点问题和苗头性、倾向性问题，把握宣传的时度效，提高管理措施的精准度，等等，都需要有高度的政治敏感性、政治鉴别力，有硬本事、真本领。例如，在加强导向管理、处置突发舆情事件方面，既需要研判的敏锐性和洞察力，争取抓早抓小、防患于未然，也需要注重策略和斗争艺术，努力实现政治效果和社会效果相统一。例如，互联网新技术快速发展，5G 网络加快商用，人工智能、区块链、加密通信等技术付诸应用，特别是运用"深度伪造"技术进行 AI 换脸、变声容易被用于伪造各类虚假音视频内容，网络意识形态安全的不可控因素、不可知变量进一步增多。这些对"管得住、用得好"，防范意识形态风险，都提出了非常高的要求。我们必须把政治能力建设作为基础性、战略性工作，深化增强"脚力、眼力、脑力、笔力"教育实践工作，让队伍不断强起来，努力做到政治过硬、本领高强，敢打硬仗、能打胜仗。

这里，我想和广电总局的年轻干部多聊几句。习近平总书记在 2020 年五四青年节之际寄语新时代青年，青春由磨砺而出彩，人生因奋斗而升华。古语也有，长江后浪推前浪。年轻干部有时代的锐气、蓬勃的朝气，思想活跃、思维敏捷，你们的精神状态和能力素质对广电总局工作、对行业未来发展至关重要。近年来，广电总局党组加大干部交流力度，就是要让大家加强政治的历练、多岗位的锻炼。"千淘万漉虽辛苦，吹尽狂沙始到金。"广电总局还将有针对性地开展强化政治理论、增强政治定力、防范政治风险等专题培训，增强党员干部特别是年轻干部贯彻落实党中央决策部署、应对重大斗争和突发事件、完成广播电视急难险重任务的能力。总之，我们要多措并举，为年轻干部创造条件、搭建平台，年轻干部自己也要自觉加强实践锻炼、练就过硬本领，不断壮大堪当新时代重任的干部人才队伍。

（五）坚定不移深化全面从严治党，涵养良好的政治生态

习近平总书记指出，做好各方面工作，必须有一个良好政治生态；政治生态好，人心就顺、正气就足；政治生态是检验我们管党治党是否有力的重要标尺。习近平总书记生动指出，政治生态和自然生态一样，稍不注意，就很容易受到污染，一旦出现问题，再想恢复就要付出很大代价。正所谓"四海变秋气，一室难为春"。广电总局党组围绕营造风清气正的良好政治生态，坚持以党的政治建设为统领，抓党建带队伍，压紧压实"全面从严治党主体责任、监督责任和意识形态工作责任"3个责任，创新性建立"年初定责、年中督责、年底述责"机制和"一书双卡"制度，加强内部巡视和督导，广电总局系统风气面貌持续向好。但我们必须清醒认识到，涵养良好的政治生态绝非一朝一夕的事情，需要广电总局各级党组织、所有党员干部、职工一起努力，锲而不舍、久久为功。

要严肃党内政治生活，为良好政治生态厚植土壤。习近平总书记强调，党要管党，首先要从党内政治生活管起，从严治党，首先要从党内政治生活严起；严肃党内政治生活、净化党内政治生态是伟大斗争、伟大工程的题中应有之义，是我们党实现自我净化、自我完善、自我革新、自我提高的重要途径。《关于新形势下党内政治生活的若干准则》等党内法规文件都对严肃党内政治生活作出明确、具体的规定。例如，提出坚持"三会一课"制度，党员必须参加党员大会、党小组会和上党课，党支部要定期召开支部委员会会议，要求"三会一课"突出政治学习和教育，突出党性锻炼；提出坚持民主生活会和组

织生活会制度，会前广泛听取意见、深入谈心交心，会上认真查摆问题、深刻剖析根源、明确整改方向，会后逐一整改落实；提出坚持谈心谈话制度，开展经常性的谈心谈话，领导干部带头谈，也要接受党员、干部约谈；提出坚持对党员进行民主评议，督促党员进行党性分析；等等。每月召开1次支委会会议、召开1次党小组会，每季度召开1次支部党员大会、讲1次党课，每月相对固定1天开展主题党日，每年至少召开1次组织生活会、开展1次民主评议党员、不少于1次谈心谈话，等等，这些都是硬性规定。广电总局各级党组织、广大党员干部要认真对照、严格执行，全面规范党内政治生活，发展积极健康的党内政治文化，进一步增强党内政治生活的政治性、时代性、原则性、战斗性。

要坚持大抓基层、大抓支部，推动基层党组织全面进步、全面过硬。习近平总书记强调，贯彻党要管党、从严治党方针，必须扎实做好抓基层、打基础的工作。基层党组织是贯彻落实党中央决策部署的"最后一公里"，是党的全部工作和战斗力的基础。以习近平同志为核心的党中央根据新的形势、任务和要求，新修订了《中国共产党和国家机关基层组织工作条例》、印发了《中国共产党支部工作条例（试行）》，对加强党的基层组织体系建设和机关基层组织工作作出全面规范。基层组织怎么建、支部工作怎么抓，"两个条例"都提出了明确要求。广电总局系统现有378个基层党组织，不同单位党组织之间差异很大。我们要突出政治功能，加强分类指导，抓好支部建设这一最重要的基本建设，深入推进基层党组织质量提升计划，打造富有广电特色的品牌活动，激发基层党组织的组织力和生机活力，使每名党员都成为一面鲜红的旗帜，每个支部都成为党旗高高飘扬的战斗堡垒。广电总局举办的全国广电行业"激情·奉献·廉洁——全国新闻出版广电系统先进事迹报告会"，广电总局开展的"开拓创新·敬业奉献"模范处室评选展示活动等，都取得了很好的效果。要继续策划开展好类似的品牌活动，把广电系统的优良传统传承好、发扬好。

要坚持把纪律规矩挺在前面，推动党风廉政建设向纵深发展。习近平总书记指出，纪律不严，从严治党就无从谈起；强调要持之以恒正风肃纪，清除一切侵蚀党的健康肌体的病毒。广电总局党员干部在守纪律、讲规矩方面总体上是好的，但也决不能有松懈。我们要继续加强党员教育监督管理，定规矩、划红线，深入开展党风廉政教育，不断扎紧制度笼子，规范从业从政行为，努力构建不敢腐、不能腐、不想腐的长效机制。要严格贯彻落实中央八项规定及其实施细则精神，坚决反对"四风"，深入排查解决形式主义、官僚主义突出问题，注重日常、抓在经常，巩固广电总局系统作风建设成果。要坚持不懈激浊扬清、正风肃纪，严肃查处各类违规违纪行为，让各项纪律规矩真正成为带电的高压线，让纪律规矩刻印在党员干部的心上，成为日常习惯和自觉遵循。党员领导干部作为"关键少数"，要带头律己修身，把好"方向盘"、系好"安全带"，明大德、守公德、严私德，忠诚、干净、担当，做廉洁自律、廉洁用权、廉洁齐家的模范，为维护风清气正的政治生态作出表率。

全面从严治党永远在路上。各级党员领导干部、各级党组织要深入贯彻全面从严治党要求，坚持党建工作和业务工作同谋划、同部署、同推进、同考核，切实履行"全面从严治党主体责任、监督责任和意识形态工作责任"这 3 个责任，并保持越往后越严的态势，巩固一级抓一级、层层传导压力的全面从严治党工作格局。各级党组织书记要切实履行全面从严治党第一责任人职责，其他班子成员也要真正落实"一岗双责"要求，抓好职责范围内的全面从严治党工作，齐抓共管、形成合力。

当前，按照中央和国家机关工委要求，广电总局正在深入开展强化政治机关意识教育，这样的学习教育要常态化、机制化。广电总局各级党组织、广大党员干部要时刻紧绷政治这根弦，高举习近平新时代中国特色社会主义思想伟大旗帜，坚持以政治建设为统领，以务实举措贯彻落实党中央决策部署，以优异的工作成绩彰显铁一般的信仰、铁一般的纪律、铁一般的忠诚、铁一般的担当，把广电总局系统锻造成为让党中央放心、让人民群众满意的模范政治机关。

高标准严要求推进机关党建工作
不断提高广电总局系统党的建设质量 *

党的十九大以来，以习近平同志为核心的党中央把中央和国家机关党的建设放在更加突出的位置。2019 年 7 月，习近平总书记在中央和国家机关党的建设工作会议上明确指出，中央和国家机关离党中央最近，服务党中央最直接，对机关党建乃至其他领域党建具有重要风向标作用。深化全面从严治党、进行自我革命，必须从中央和国家机关严起、从机关党建抓起。2020 年 4 月召开的中央和国家机关党的工作暨纪检工作会议，对 2020 年中央和国家机关党建工作作出重要部署，丁薛祥在会上强调，2020 年是中央和国家机关党建工作狠抓落实年，要以钉钉子精神抓落实，推动中央和国家机关党的建设高质量发展。我们要坚持以习近平新时代中国特色社会主义思想为指导，贯彻新时代党的建设总要求，高标准、严要求推进广电总局机关党的各方面建设，把握机关党建"狠抓落实年"部署，全力以赴抓好落实，不断提高广电总局系统党的建设质量，为广播电视高质量创新性发展提供坚强保证。

＊原载于《机关党建研究》2020 年第 7 期。

一、强化党的政治建设，在践行"两个维护"上高标准严要求

习近平总书记指出，中央和国家机关首先是政治机关，必须旗帜鲜明讲政治。广电总局各级党组织、广大党员干部必须深刻领会这一重要论述，牢记"广电总局是政治机关、广电工作是政治工作"，突出抓好党的政治建设这一根本性建设，始终聚焦"两个维护"这一首要政治任务。要准确把握"两个维护"的特定内涵，以维护意识要牢、维护能力要强、维护行动要实的标准，切实把"两个维护"体现在维护核心、忠诚核心、宣传核心的行动上，体现在贯彻落实习近平总书记重要指示批示和党中央决策部署的行动上，体现在履职尽责、做好本职工作的实效上，体现在党员、干部的日常言行上。履行职责、推进每一项工作都要把"两个维护"作为最高政治原则和根本政治规矩，任何时候都不能动摇。特别是面对百年未有之大变局、面对错综复杂的风险挑战，更要坚定政治立场、提高政治站位、强化政治担当、严明政治纪律和政治规矩，牢牢把握正确的政治方向、舆论导向、价值取向，做忠诚的战士、卫士。

二、高举思想旗帜，在深入学习贯彻习近平新时代中国特色社会主义思想上高标准严要求

科学理论是正确行动的先导。广电总局是宣传思想和意识形态

工作部门，理论武装必须走在前列。各级党组织要坚持把学习贯彻习近平新时代中国特色社会主义思想作为思想建设的头等大事，完善常态化、制度化理论学习机制，不断向深度广度推进，更好地统一思想、统一意志、统一行动。广电总局党组和各部门各单位理论学习中心组要发挥领学促学作用，精心设计学习专题，创新学习方法。坚持全员覆盖，办好广电总局系统学习贯彻习近平新时代中国特色社会主义思想专题培训班，针对年轻党员和从业人员，策划开展更具针对性的教育培训活动，努力做到学思用贯通、知信行统一，夯实不忘初心、牢记使命的思想根基。

三、树立大抓基层的鲜明导向，在基层党组织建设上高标准严要求

习近平总书记强调，建设好党的组织体系这座大厦，要让组织体系的经脉气血畅通起来，让党支部强起来。广电总局系统不同单位党组织之间差异很大，必须加强分类指导。要落实党支部工作条例，深入推进支部标准化规范化建设，严格党员日常教育管理，扎实开展"政治功能强、支部班子强、党员队伍强、作用发挥强"的"四强"党支部创建活动。充分发挥广电系统思想政治优势和组织优势，发挥基层党组织战斗堡垒作用、党员先锋模范作用。各级基层党组织要团结带领广大党员干部、职工围绕深入实施广播电视舆论引导能力提升、新时代精品、智慧广电建设、视听中国播映、安全播出、管理优化六大工程，大力推进脱贫攻坚和中国共产党成立100周年重大主题

创作、全国有线电视网络整合和广电5G建设一体化发展等重点任务，以时不我待的使命感、迎难而上的斗争精神、敢打敢拼的劲头、创新创造的激情投身工作，使每名党员都成为一面鲜红的旗帜、每个支部都成为坚强战斗堡垒，推动基层党组织全面进步、全面过硬。

四、坚持久久为功，在作风建设上高标准严要求

习近平总书记指出，中央和国家机关作风状况直接关系党中央形象，关系党和政府在人民群众中的形象。广电总局党组在抓作风建设上一直持之以恒、毫不放松。特别是2019年深入开展"不忘初心、牢记使命"主题教育，广大党员干部思想得到再洗礼、作风得到再锤炼。要深化拓展主题教育成果，持续推进整改落实，在日常工作中体现作风建设的成效。广大党员特别是领导干部带头弘扬党的优良作风，传承广电精神，按照课题式设计、项目式管理、工程式推进、台账式督查、绩效式考核的方法抓落实，严细深实快，坚决反对任何形式的形式主义、官僚主义，让真抓实干蔚然成风，为全行业作出表率。

五、坚持标本兼治、抓早抓小，在监督执纪问责上高标准严要求

习近平总书记反复强调，增强纪律约束力，坚决惩治腐败、纠治不正之风。要清醒认识党风廉政建设和反腐败斗争的复杂性、长期

性，始终保持正风肃纪反腐的高压态势。广电总局各级党组织和纪检组织要开展经常性的纪律教育，通过正面引领和反面警示等多种形式，教育引导党员干部做到忠诚、干净、担当。在日常监督、长期监督上探索创新，努力构建职责明确、协调畅通、全面覆盖、防治一体的大监督格局。加强对贯彻落实中央八项规定及实施细则精神的监督，加强对重点领域和关键岗位的监督，建立党员干部廉政档案，防范不正之风和腐败现象发生。扎实开展内部巡视及整改落实"回头看"工作，切实发挥"政治体检"和"监督前哨"作用，不断巩固拓展党风廉政建设成果。

六、建机制抓执行，在落实党建主体责任上高标准严要求

习近平总书记对完善和落实全面从严治党责任制度提出了明确要求，强调把负责、守责、尽责体现在每个党组织、每个岗位上。2020 年 3 月，中办印发了《党委（党组）落实全面从严治党主体责任规定》，广电总局党组印发了贯彻落实的具体实施意见。要紧密结合实际，进一步完善并严格落实广电总局党的建设和管党治党制度机制。一要健全党建工作领导体制机制。广电总局党组统一领导总局党的建设，广电总局党的建设工作领导小组加强统筹规划、推动党建和全面从严治党工作任务落实；各直属单位党的建设工作领导小组要负起责任，认真部署推进本单位党的建设和全面从严治党工作。二要压紧压实全面从严治党主体责任、监督责任和意识形态工作责任"三个责任"。坚

持"书记抓、抓书记",各级党组织书记履行抓党建第一责任人职责,其他班子成员按照"一岗双责"要求,抓好职责范围内的党建工作,齐抓共管、形成合力。三要深入开展"年初定责、年中督责、年底述责"。完善党建工作监督机制,推动各级党组织、全体党员干部做执行的表率,确保党建工作落地落实。

广电总局机关党委作为总局机关党建工作专责机构,广电总局机关纪委作为总局机关党内监督专责机构,要在中央和国家机关工委、在总局党组领导下,聚焦主责主业,认真履职尽责,充分发挥职能作用。党务干部是做好党建工作的骨干力量,要重视提高党务干部能力素质,关心党务干部成长,努力建设一支高素质专业化的党务干部队伍。

以党的政治建设为统领
实施广电党建"提质铸魂"工程 [*]

2021 年是实施"十四五"规划、开启全面建设社会主义现代化国家新征程的第一年，也是中国共产党成立 100 周年，做好全面从严治党工作责任重大。广电总局要深入学习贯彻习近平总书记关于全面从严治党的重要论述和十九届中央纪委五次全会精神，按照中央和国家机关党的建设"质量提升年"要求，以党的政治建设为统领，扎实开展党史学习教育，实施广电党建"提质铸魂"工程，为广播电视和网络视听事业发展提供坚强保障。

一、坚持"全面从严治党首先要从政治上看"，不断提高政治判断力、政治领悟力、政治执行力

习近平总书记强调，"全面从严治党首先要从政治上看"，要"充分发挥全面从严治党引领保障作用"。广电总局是政治机关、广电工作是

＊原载于《旗帜》2021 年第 5 期，收入本书时略有修改。

政治工作，必须把讲政治作为根本前提。广电总局党组坚持从政治高度抓全面从严治党，强化政治导向，引领总局各级党组织和广大党员干部善于从政治高度看问题，提高政治判断力，做到"看清楚"；提升政治领悟力，切实"想明白"；强化政治执行力，确保"干到位"。引导党员干部站稳政治立场，始终同以习近平同志为核心的党中央保持高度一致，坚决贯彻落实党中央决策部署；深刻认识广播电视和网络视听工作的政治属性，保持政治定力，增强政治自觉，履行政治职责。

持续强化政治机关意识教育。严肃党内政治生活，严格执行《关于新形势下党内政治生活的若干准则》，发挥好党建工作的政治引领作用。持续强化政治担当。围绕"两个大局"加强对党员干部的思想淬炼、政治历练、实践锻炼、专业训练，严格落实意识形态工作责任制，有效防范化解各类风险，守住建好广播电视和网络视听阵地。持续强化政治监督。深化"年初定责、年中督责、年底述责"机制，扎实开展两轮内部巡视，以习近平总书记重要指示批示和党中央重大决策部署贯彻落实情况为重点，开展全方位监督检查，确保政令畅通、令行禁止。

二、以庆祝中国共产党成立 100 周年为主线，持续深入学习贯彻习近平新时代中国特色社会主义思想

广电总局系统深入学习贯彻习近平总书记在党史学习教育动员大会上的重要讲话精神，按照总局党组的安排，精心组织开展学习教育工作。

完善理论学习机制。深化各级理论学习中心组学习，提升青年理论学习质量，发挥党支部理论学习主阵地作用，通过建立巡听旁听、导师导学、学习档案等制度，推进理论武装走深走实。坚持学习实践并重。充分利用党性教育基地、党校资源优势，统筹开展各类学习培训，深化理想信念教育，提升党员干部党性修养、政治觉悟、思想境界、工作能力。做好结合文章。把党史学习教育同学习贯彻习近平新时代中国特色社会主义思想贯通起来，同学习广电总局光荣历史、优良传统结合起来，用身边人身边事讲好党的历史，用党的百年光辉历史讲好政治，打造广电特色政治文化品牌，传承红色广电基因。

三、以强化基层党组织功能为基础，大力创建模范机关

基层是党的执政之基、力量之源。广电总局基层党组织是做好总局党的工作、做好广播电视和网络视听工作的根基所在，必须厚植基层党组织的根系，激活"神经末梢"，不断强基固本。

夯实党支部这个基本单元。持续推进基层党组织建设质量提升三年行动计划，全面深化党支部标准化规范化建设，深入开展"灯下黑"问题专项整治，严格落实各项组织生活制度，持续开展"四强"党支部创建活动，不断增强党支部政治功能和组织力。积极探索党建和业务工作深度融合的有效举措。紧扣部门单位职责任务，激发创新活力，建好用好广电总局"智慧党建"平台，开展好党建特色品牌展示评比活动。持续深化模范机关创建工作。在发挥引领示范作用的基础上，进一步加强分类指导，推动以创促建、以创促改，将创建工作

与破解难题、改进作风、推动工作紧密结合起来，持续发力、久久为功，不断增强基层党组织的组织力、凝聚力、战斗力。

四、以作风建设为保障，不断培育求真务实、清正廉洁的新风正气

2021 年是"十四五"开局之年，新征程承载着新目标新任务，要深刻认识作风建设对于做好"十四五"各项工作的重要意义，准确把握新征程对作风建设的新要求，立破并举加强作风建设，营造真抓实干的良好氛围。

打好整治形式主义、官僚主义问题"组合拳"。既要严防贯彻党中央决策部署和广电总局党组工作安排时做选择、搞变通、打折扣，搞"包装式""洒水式""一刀切式"落实，也要防止不切实际乱加码、乱作为，给基层增加负担。持续紧盯享乐主义、奢靡之风。对公款吃喝、公车私用、餐饮浪费等歪风陋习露头就打、反复敲打，坚决防反弹回潮、防隐性变异、防疲劳厌战。坚持抓"关键少数"示范作用。督促落实规范领导干部配偶、子女及其配偶经商办企业行为规定，推动以上率下、严格执行；坚持做好领导干部报告执行中央八项规定精神情况网上填报工作，教育引导党员领导干部坚决反对特权思想，管好家庭家属，严格家风家教。坚持纠"四风"、树新风并举，大力弘扬特别能吃苦、特别能战斗、特别能奉献的广电精神，大力弘扬求真务实、担当尽责、清正廉洁的优良作风，在深入推进广电总局"六大工程"、着力构建"一五一"工作格局中，守正创新、精业笃

行，攻坚克难、干事创业，努力创优良新业绩、创发展新局面。

> ## 五、坚持以案例警示为震慑，一体推进不敢腐、不能腐、不想腐

保持政治定力，做到正风肃纪反腐态度不变、决心不减、尺度不松，坚持系统施治、标本兼治，着力推动日常监督做实做深、执纪问责严格严肃、廉政教育入脑入心，统筹联动、同向发力，一体推进不敢腐、不能腐、不想腐，营造更加有序高效、纪法昌明、充满活力的政治生态和发展环境。

持续强化执纪问责，使党员干部因敬畏而"不敢"。严格执纪审查，保持高压态势绝不放松，把"严"的主基调长期坚持下去。加大问责力度，对履行全面从严治党责任不力的党组织及相关负责人严肃追责。扎实推进以案促改，做好执纪问责"后半篇文章"，切实发挥查处一案、警示一片、治理一域的综合效应。做深做实日常监督，使党员干部因制度而"不能"。强化对权力运行的制约和监督，进一步深化"一书双卡"机制，扎紧制度笼子。研究制定加强干部职工日常监督管理的意见，紧盯要害部门、重点领域和关键岗位，运用"四种形态"，注重抓早抓小，精准把握政策策略，做到纪法情理融合。坚持警示教育与正面引导相结合，使党员干部因觉悟而"不想"。持续开展案件警示教育，定期打好"思想疫苗"，不断增强"思想抗体"，提高对"腐蚀""围猎"的免疫力。开展经常性的纪律教育，举办"激情·奉献·廉洁——全国新闻出版广电系统先进事迹报告会"，创

新运用"清风广电"微信公众号等网络平台，涵养廉政文化，教育引导党员干部以知行合一、修身律己的实际行动，维护风清气正的良好政治生态。

六、以"两个责任"贯通联动为牵引，推动管党治党责任层层落到实处

2020年，中办印发《党委（党组）落实全面从严治党主体责任规定》，广电总局党组制定了贯彻落实的具体意见和各级党组织的责任清单，定责更加精准，督责更加深入，述责更加规范，推动各级党组织切实把管党治党责任落到实处。

扭住主体责任这个"牛鼻子"，落实好第一责任人职责。深入贯彻《党委（党组）落实全面从严治党主体责任规定》，强化制度执行，抓好日常管理，把管理和监督寓于实施领导的全过程。加大力度持续推进中央巡视整改落实，确保取得更大实效。认真履行领导班子成员"一岗双责"。建立完善全面从严治党分析研判机制，定期听取部门单位汇报，指导、推动管党治党责任落实。强化纪检组织监督专责，发挥双重领导体制优势，切实加强上级监督、做实同级监督、支持下级监督，以更加有力有效的监督推进责任落实，把"关键少数"管住管好。

在主题教育中锤炼政治品格
推动广电事业改革发展 *

在全党开展"不忘初心、牢记使命"主题教育，是党的十九大作出的战略决策，是以习近平同志为核心的党中央统揽伟大斗争、伟大工程、伟大事业、伟大梦想作出的重大部署。广电总局开展主题教育，就是要牢牢把握深入学习贯彻习近平新时代中国特色社会主义思想这个根本任务，认真贯彻主题教育的目标要求，紧扣工作目标和安排，扎实做好广播电视各项工作，为全面建成小康社会提供坚强思想保证、强大精神力量、有力舆论支持、良好文化条件。

一、提高政治站位，切实统一思想认识

2019 年是新中国成立 70 周年，党中央决定在这个重要的历史时刻开展"不忘初心、牢记使命"主题教育，正当其时、势所必需。要从政治和全局的高度，立足广电总局职责定位，深化思想认识，增强

---

* 原载于《旗帜》2019 年第 7 期，收入本书时略有修改。

开展好主题教育的使命感责任感。

开展主题教育是用习近平新时代中国特色社会主义思想武装广电总局全体党员干部的重大举措。中国特色社会主义进入新时代，广电行业也面临全方位的深刻变革，新的实践需要科学理论的有力指导。开展主题教育，就是要推动习近平新时代中国特色社会主义思想的学习往深里走、往心里走、往实里走，筑牢信仰之基、补足精神之钙、把稳思想之舵。

开展主题教育是新时代加强广电总局党的建设、深化全面从严治党的重要途径。开展主题教育要贯彻新时代党的建设总要求，强化"广电总局首先是政治机关，广电工作首先是政治工作"的理念，强化旗帜鲜明讲政治的担当，提高党的建设质量、推动全面从严治党向纵深发展，让党员队伍更加坚强有力，为事业发展提供坚强保障。

开展主题教育是践行党的宗旨、强化以人民为中心工作导向的现实需要。开展主题教育要教育引导党员干部践行党的根本宗旨，把握人民需求、反映人民心声，为人民群众办实事、解难事，着力满足人民群众精神文化生活新期待，在赢得人民群众信任支持中获得力量源泉，不断增强人民群众文化获得感、幸福感、安全感。

开展主题教育是推动广播电视高质量创新性发展、更好服务党和国家工作大局的迫切需要。习近平总书记强调，意识形态工作一定要把围绕中心、服务大局作为基本职责，要求落实意识形态工作责任制，加强阵地建设和管理。广电行业正处在滚石上山、爬坡过坎的关键时期，更要强调落实中央决策部署、履行职责使命，打好改革创新攻坚战。开展主题教育，就是要强化党员干部时不我待的使命感，提振干事创业的精气神，特别是抓住有利时间窗口，在新时代焕发新气象、实现新作为、开创新局面。

二、准确把握中央精神，明确努力方向

全面准确把握主题教育的根本任务。开展主题教育要牢牢把握深入学习贯彻习近平新时代中国特色社会主义思想、锤炼忠诚干净担当的政治品格、团结带领全国各族人民为实现伟大梦想共同奋斗的根本任务。要把深入学习贯彻习近平新时代中国特色社会主义思想作为主题教育最突出的主线，坚持思想建党、理论强党，坚持以政治建设为统领，树牢"四个意识"、坚定"四个自信"、做到"两个维护"，紧紧围绕党的十九大绘就的宏伟蓝图，聚焦"举旗帜、聚民心、育新人、兴文化、展形象"的使命任务，聚焦庆祝新中国成立70周年的工作主线，发挥党员干部的先锋模范作用、各级党组织的战斗堡垒作用，以广电行业服务大局的新成效，为实现伟大梦想贡献力量。

全面准确把握主题教育的总要求。主题教育要贯彻"守初心、担使命，找差距、抓落实"的总要求。要以坚定的信仰信念坚守初心、铸就忠诚，以强烈的宗旨意识践行使命、担当作为；要按照习近平总书记"四个对照"的要求，查找个人、工作的差距短板，以埋头苦干、真抓实干的自觉行动，落实中央部署、解决突出问题，努力创造经得起实践、人民、历史检验的实绩。

全面准确把握主题教育的具体目标。理论学习有收获，要体现在提高运用党的创新理论指导推动广播电视工作的能力水平上；思想政

治受洗礼，要体现在绝对忠诚，当好意识形态领域的战士、卫士上；干事创业敢担当，要体现在以充沛的斗争精神、坚韧不拔的意志直面风险挑战、努力开创工作新局面上；为民服务解难题，要体现在真正解决一些群众反映强烈、关系行业改革发展的突出问题上；清正廉洁作表率，要体现在正己修身上，促进党员队伍作风面貌再有一个大的提升，营造风清气正、干事创业的良好生态。

三、聚焦重点措施，提高教育质量

要紧密结合工作实际，把中央确定的"学习教育、调查研究、检视问题、整改落实"4项重点措施贯穿全过程，突出行业特色，创新工作载体，边学边听取意见、边学边查找问题、边学边整改工作、边学边见成效。

深化学习教育。要突出理论武装，聚焦解决思想根子问题，组织开展好理论大学习。要抓住"关键少数"，搞好集中学习，开展理论学习中心组集体学习，围绕习近平总书记关于广电领域的重要论述分专题开展学习研讨。要推进全员覆盖，强化专题培训，在个人自学基础上，继续分批举办专题学习研讨班，实现机关和直属单位处级以上党员干部全覆盖。要坚持规定动作与自选动作相结合，深化拓展学习，策划系列学习活动，读原著、学原文、悟原理，原原本本学习中央指定的篇目，学习好习近平新时代中国特色社会主义思想，学习好习近平总书记关于宣传思想工作的重要思想，学习好习近平总书记关于广播电视工作的重要指示批示精神，增强理论武装实效。

深入调查研究。开展调查研究，是这次主题教育的重要内容。课题设置要围绕学习贯彻习近平新时代中国特色社会主义思想特别是习近平总书记关于宣传思想工作的重要思想、关于广电领域的重要指示批示，紧扣机构改革后广电总局的新职能新定位，紧扣当前广电工作的关键症结所在。调研要联系工作实际，确定方向，带着问题深入一线，努力拿出破解难题的实招、硬招。要在学习调研基础上讲好专题党课，推动调研成果转化。

认真检视问题。中央对检视问题提出了明确要求，就是广泛听取意见，查摆自身不足，查找工作短板，深刻检视剖析。征求意见的工作要做充分，真正做到广泛听取基层和群众的意见建议。问题要找实，做到"六个聚焦"。领导班子和成员要在检视反思的基础上，撰写检视剖析材料，把自身思想、工作摆进去，逐条列出问题、分析根源、提出努力方向，达到大排查、大扫除和自我提升的目的。

抓好整改落实。主题教育要把"改"字贯穿始终，立查立改，即知即改。要把贯彻落实习近平总书记关于广电领域的重要指示批示、贯彻落实党中央重大决策部署情况作为整改重中之重，再进行一次全面梳理，逐一对账，确保不留死角、落实到位。要以适当方式向党员干部群众通报，对发现的问题也要列出清单，拿出方案，明确时限，逐项整改。

四、加强组织领导，确保教育效果

广电总局成立了相应的主题教育领导机构，主要负责同志要切实承担起第一责任人的责任，吃透政策、把握节奏、解决问题，同时以身作则、发挥示范效应。广电总局研究制定了主题教育实施方案，方案把中央要求、广电总局党组部署与自身工作职责、党员干部思想实际结合起来，目标明确，载体丰富，各部门各单位要切实做到"不虚""不空""不偏"。要按照党组织关系属地管理的原则，坚持应学必学的原则，确保一个不少、一个不落。要把开展主题教育同推进"两学一做"学习教育常态化制度化结合起来，同推动各部门各单位中心工作结合起来，特别是要与做好庆祝新中国成立70周年各项工作结合起来，与正在推进的重点工作结合起来，使党员干部焕发出来的热情转化为加快高质量创新性发展的实际效果。主题教育要全程贯穿反对形式主义、官僚主义的要求，教育引导党员干部树立正确的政绩观，真抓实干、转变作风。

群众路线是破除"四风"的必由路径 *

毛泽东说过："我们不但要提出任务，而且要解决完成任务的方法问题。我们的任务是过河，但是没有桥或没有船就不能过。"破除"四风"是党的群众路线教育实践活动的主要任务，要完成这个任务，就必须坚持群众路线这一必由路径，解决好"为了谁、依靠谁、怎么干、谁来评"四个核心问题。

一、为了谁：一切为了群众，打牢破除"四风"的思想根基

习近平总书记指出："我们讲宗旨，讲了很多话，但说到底还是为人民服务这句话。""四风"的本质和危害，归结起来是为己不为民。"为了谁"，事关成效、事关根本，破除"四风"首先要解决这个问题。

谨记人民至上。人民至上是党的群众路线的核心价值与核心理

　＊原载于 2013 年 10 月 18 日《人民日报》。

念，是党的宗旨意识的集中体现。破除"四风"，是党的宗旨意识的内在要求。只有把人民放在心上、放在心中最高位置，站在群众的立场上想问题、办实事，"四风"才不会有滋生的土壤。

牢记血肉联系。"四风"之症，要害在于对人民群众感情冷漠。把人民群众当亲人，了解百姓生存状态，体会群众冷暖诉求，感受群众喜怒哀乐，与人民同呼吸、共甘苦，就会自觉杜绝脱离实际的"形象工程""政绩工程"，从而真正赢得群众的支持和拥护。

恪守公仆理念。为民造福、为民办事，是党员干部的天职。党员干部守土有责、富民有责、兴业有责，要把肩上的责任看得比泰山还重，把为民造福奉为天职，把损公败业当作耻辱。党员干部只有具备了这样的事业心和责任感，在破除"四风"上才会用真心、使真劲。

二、依靠谁：一切依靠群众，汇聚破除"四风"的实践动力

充分相信群众、紧紧依靠群众、紧密团结群众，这是党的事业成功的根本保证，也是破除"四风"的重要动力源泉。

依靠群众发现问题。在破除"四风"的过程中，要发动和依靠群众查找问题，查摆问题阶段的每一个过程、每一个环节、每一个步骤都要让广大群众参与。只有认真听取群众意见，才能进一步认识"四风"问题对党的形象、党群关系造成的严重危害，进一步弄清"四风"问题的具体表现，增强破除"四风"的紧迫感、自觉性和针对性。

依靠群众加强监督。群众的眼睛是雪亮的，党员干部是不是遵纪守法、恪尽职守，是不是廉洁奉公、造福一方，群众最有发言权。只有人人都起来监督、人人都起来负责，"四风"才不会有藏身之处。

依靠群众献计献策。群众处在实践第一线，对事物的观察更细致、对情况的了解更详细。拜群众为师，问计于民，广纳民意，从中汲取营养，才能不断开阔工作视野、打开工作局面，使破除"四风"的举措和机制富有成效。

三、怎么干：从群众中来，掌握破除"四风"的工作方法

要把"一切为了群众，一切依靠群众，从群众中来到群众中去"的工作方法贯穿到破除"四风"的全过程，谋划工作、出台措施要从实际需要出发、从群众愿望出发。

深入调查研究。破除"四风"的前提和基础是熟悉实际情况、了解群众需求。这就需要深入实际、深入群众，掌握第一手材料，集中群众在实践中创造的好经验好办法，有针对性地提出解决问题的思路和措施。

真抓真改真干。一些地方和领域作风建设常常抓却又难见效，问题就出在没有动真格、出实招上。破除"四风"最忌脱离实际、纸上谈兵，最忌空洞无物、流于形式。因此，对已经查摆出的"四风"问题，必须坚持求真务实，从自身做起，一项一项落实整改措施。

建立长效机制。破除"四风"要避免"头痛医头，脚痛医脚"。

只有形成科学的考核评价机制、有效的监督制约机制、严格的责任追究机制，打造考评、监督、问责"三位一体"的制度笼子，权力才能更加规范地运行。

四、谁来评：到群众中去，检验破除"四风"的实际效果

干部作风好不好，群众感受最直接，也最有评判权。只有虚心听取群众意见，真诚接受群众监督，才能真正得到广大群众的支持和拥护。

以工作实效检验破除"四风"的成效。破除"四风"，目的是推动工作、服务群众。"四风"一除，作风一变，党员干部就会以更加昂扬的精神状态干事创业，工作就会有新面貌，发展就会有新气象，人民群众就能真正得实惠。所以，检验破除"四风"的成效，一个重要标准就是看工作实效，看人民群众有没有得实惠。破除"四风"与工作开展应相互促进、相得益彰，决不能脱离工作实际，出现活动、工作"两层皮"现象。

以群众满意度检验破除"四风"的成效。人民群众满意不满意，是检验各项工作的最高标准。群众认可了，作风才算真转变；群众打高分，活动才算真见效。检验破除"四风"成效，要特别重视群众评议工作，全方位多角度地倾听社会各界对破除"四风"成效的评价。

把牢方向　明德敬业
努力做党和人民声音的忠诚传播者 *

　　我们召开播音员主持人工作座谈会，深入学习贯彻习近平新时代中国特色社会主义思想特别是习近平总书记关于宣传思想工作的重要论述，落实中宣部和广电总局《关于进一步规范播音员主持人职业行为和社会活动管理的意见》，以"忠诚于党、明德敬业"为主题，交流工作、增进共识、凝聚力量，推动建设一支高水平、高素质的播音员主持人队伍。

　　播音员主持人队伍是党的宣传思想文化事业的重要力量，承担着坚持正确导向、传播先进文化、引领文明风尚的重要职责。在革命、建设、改革开放各个历史时期，这支队伍在党的领导下，始终与国家和民族同呼吸、共命运，始终与人民心连心。党的十八大以来，在以习近平同志为核心的党中央坚强领导下，广大播音员主持人不忘初心，聚焦"举旗帜、聚民心、育新人、兴文化、展形象"的使命任

---

　　* 本文系作者在播音员主持人工作座谈会上的讲话摘编，原载于《中国广播电视学刊》2022 年第 5 期，收入本书时略有修改。

务，守正创新、开拓进取，奋进新时代，展现新作为，为党和人民的事业作出积极贡献。特别是在庆祝新中国成立 70 周年、庆祝中国共产党成立 100 周年等党和国家重大活动中，在抗击新冠肺炎疫情等重大挑战中，广大播音员主持人冲锋在前，积极传播党的声音，创作时代精品，弘扬先进文化，服务社会大众，高唱时代主旋律，昂扬民族精神，体现出强烈的责任担当。

党的十八大以来，以习近平同志为核心的党中央高度重视宣传思想工作队伍建设。习近平总书记指出，要努力打造一支政治过硬、本领高强、求实创新、能打胜仗的宣传思想工作队伍。习近平总书记希望新闻工作者坚持正确政治方向、坚持正确舆论导向、坚持正确新闻志向、坚持正确工作取向，做党和人民信赖的新闻工作者；希望广大文艺工作者要把崇德尚艺作为一生的功课，把为人、做事、从艺统一起来，加强思想积累、知识储备、艺术训练，提高学养、涵养、修养，努力追求真才学、好德行、高品位，做到德艺双馨；等等。这一系列重要论述，深刻阐明了新时代宣传思想工作队伍肩负的重要使命，为新时代播音员主持人队伍建设指明了方向，提供了根本遵循。

近年来，中宣部和广电总局持续加强播音员主持人队伍建设工作。广电总局不断完善播音员主持人管理和从业规范，健全制度要求，加大行业培训力度，加强评奖评优引领。2021 年，设立了播音主持领域首个政府奖——中国播音主持"金声奖"。这个大奖的设立，充分体现了党和国家对播音员主持人队伍的关怀厚爱和殷切希望，首届"金声奖"名单公示也引发了热烈的社会反响。2022 年 1 月，中宣部和广电总局联合下发了《关于进一步规范播音员主持人职业行为和社会活动管理的意见》，从聚焦政治素质培养、加强职业道德建设、明确审批管理要求、规范网络信息发布、严格持证上岗规定等九个方面，对建设一支具有坚定政治立场、高尚道德品质、广博文化知识、崇高职业精神、过硬工作本领的专业人才队伍作出明确部署和要求。《关于进一步规范播音员主持人职业行为和社会活动管理的意见》出台后受到广泛关注。我们要继续努力，共同把播音员主持人这支专业人才队伍建设好管理好，把行业生态呵护好。

一、与党同心，坚定政治方向，做党的声音的忠诚传播者

习近平总书记强调，党的新闻舆论工作，讲政治是第一位的；党性原则是党的新闻舆论工作的根本原则。广播电视和网络视听是党的宣传思想阵地，播音员主持人是广电工作的排头兵，必须旗帜鲜明讲政治，站稳政治立场，坚定政治方向，始终在思想上政治上行动上同以习近平同志为核心的党中央保持高度一致，把坚持党的领导、坚持党性原则贯穿到全方位各环节，在一切工作中体现党的意志、反映党的主张，做到爱党、护党、为党。

我们的播音员主持人队伍具有光荣的传统。在艰苦的革命岁月，"红色播音员"以受党指引、向党靠拢为荣，坚决服从党的安排、完成党交给的任务。人民广播第一代播音员中，不少都是受到党的思想感召，冲破重重阻碍奔赴延安的。党的主张通过播音员传遍千家万户，延安新华广播电台成为"黑暗里的一盏明灯"。新中国建设和改

革开放年代，播音员主持人队伍忠诚履行职责使命，把党的理论和路线方针政策传好、传广、传深，以声音创作记录时代大潮、国家巨变、人民力量。《县委书记的榜样——焦裕禄》《中国工人阶级的先锋战士——铁人王进喜》《巍巍昆仑》《祖国不会忘记》等经典播音作品，激励和鼓舞了几代人爱党爱国、发奋图强。新中国第一代播音员齐越曾说，"一生忘不了党"，"小小话筒千斤重，它载负着党的重托"。新时代新征程，广大播音员主持人要继承发扬这支队伍的光荣传统和政治优势，传承好红色基因，听党话、跟党走，与党同心同德、与人民同向同行，矢志不渝地为党和人民的事业努力奋斗。

强化政治素养，始终是播音员主持人队伍建设的首要任务。要加强党的创新理论武装，深入学习贯彻习近平新时代中国特色社会主义思想特别是习近平总书记关于宣传思想工作的重要论述，深刻领悟"两个确立"的决定性意义，增强"四个意识"、坚定"四个自信"、做到"两个维护"，树牢马克思主义新闻观、文艺观。要认真学习党史、新中国史、改革开放史、社会主义发展史，弄清历史逻辑和现实逻辑，牢固树立正确的历史观、民族观、国家观、文化观，增强历史自信、历史担当，做到在大是大非面前头脑清醒、立场坚定，自觉抵制历史虚无主义，敢于旗帜鲜明地同错误思想言论做斗争。2022 年下半年将召开党的二十大，这是党和国家政治生活中的一件大事。广大播音员主持人要聚焦迎接宣传贯彻党的二十大这条主线，牢记广电工作是政治工作，牢记我们的岗位"字字千钧、秒秒政治、天天考试"，不断提高政治判断力、政治领悟力、政治执行力，时刻把牢正确的政治方向、舆论导向、价值取向，用心用情用功做好工作，更好地服务党和国家工作大局。

二、与正道同向，坚持明德敬业，做清风正气的引领者

习近平总书记强调，立德树人的人，必先立己；铸魂培根的人，必先铸己。广大播音员主持人要牢记成风化人的社会责任，把明德修身作为一生的必修课，明大德、守公德、严私德，以高远的志向、良好的品德、高尚的情操为社会作出表率，在追求德艺双馨中成就人生价值。

播音员主持人作为公众人物，社会影响力大，自身修养不只是个人私事，也会影响到行业和社会生态，在自我要求、自我约束上要更加严格。要坚决抵制拜金主义、享乐主义、极端个人主义，决不能做有损自身和行业形象的事，决不能成为不良风气的跟风者、鼓吹者。中宣部和广电总局《关于进一步规范播音员主持人职业行为和社会活动管理的意见》下发以来，各级广播电视行政部门和播出机构把播音员主持人职业行为和社会活动的管理规范作为重点，迅速夯实举措、建章立制，一些播出机构还成立了工作专班，面对面开展教育引导。中国广播电视社会组织联合会及时发出倡议书，全行业积极响应，加强自律。这些措施和成效得到了行业的认同和群众的欢迎。

"德不优者不能怀远，才不大者不能博见"，播音员主持人在业务上、在思想道德修养上都要追求卓越。要心怀敬畏之心、赤诚之心，静下心来认真研究业务，抛开杂念全心投入工作，不断提高专业技能，练就扎实精湛的业务本领。要把职业道德作为立身之本，倍加珍

惜党和人民给予的平台，倍加珍惜来之不易的行业声誉和自身形象，时刻保持自重自省，做到自尊自爱。要坚持正确的义利观，加强思想自律和行为约束，看淡名利，抵制诱惑，净化"交际圈""朋友圈"，严守底线，不碰红线。要身体力行践行社会主义核心价值观，讲品位、讲格调、讲责任，反对低俗庸俗媚俗，特别是在广告代言、商业推广、网络带货等商业活动中，要遵守法律法规，遵循公序良俗。要始终把社会效益、社会影响放在第一位，大力弘扬文明风尚，履行社会责任，激励人们向上向善。总之，广大播音员主持人要努力做到言为士则、行为世范，以高尚的操守和文质兼美的作品，为行业树正气，为世人弘美德，为自身留清名。

三、与时代同行，坚持人民至上，做人民史诗的讴歌者

我们正处在一个伟大的新时代。国家的发展巨变、人民的拼搏创造、民族的远大前程，为大家施展才华、成就梦想提供了前所未有的广阔舞台。广大播音员主持人要把人生追求、艺术生命同国家前途、民族命运、人民愿望紧密结合起来，以强烈的历史主动精神，积极投身时代伟业，把最好的精神食粮奉献给人民群众。

人民是历史的创造者，也是时代的创造者。播音员主持人要坚定人民立场，坚守人民情怀，坚持以人民为中心的工作导向。要深化"脚力、眼力、脑力、笔力"教育实践，经常走出演播室、直播间，拜人民为师，向人民学习，从人民的伟大实践和丰富多彩的生活中汲取营养。要在人民群众中深深扎下根来，把心、情、思沉到人民中

去，了解人民的辛勤劳动，感知人民的喜怒哀乐。要把人民放在最高位置，用最美的声音赞颂为民族复兴奋斗的拼搏者、奉献者，用最饱满的热情讴歌时代之变、中国之进、人民之呼，展现中国人民的奋斗之志、创造之力、发展之果，抒写生生不息的人民史诗。

群众在哪里，阵地就在哪里。当前，媒体融合向纵深发展，互联网、大数据、人工智能等新技术广泛应用，虚拟主持人、AI 主播、网络主播等新形式新业态不断出现，给行业带来了新挑战，也创造了新机遇。大家要跟上时代，主动识变、科学应变、创新求变，开拓新视野、熟悉新领域、掌握新知识，练好"十八般武艺"，努力成为全媒体格局下需要的"复合型""全媒化"人才。近年来，一些播音员主持人在新媒体开设个人账号，开展网络直播、音视频信息发布等，加强对网民特别是青年人的传播和引领，社会效益、观众反响都很好。要坚持规范与发展并重，教育引导播音员主持人熟悉网络传播规律、提高网络舆情意识，引导从业人员做网络空间正能量的传播者。

青年是事业的未来。近年来，很多广播电视台在播音员主持人选拔聘用、岗位机制上深化改革，通过业务大赛、人才工作室、特聘制、导师制等具体举措，形成了人才传帮带、争先创优的良好环境，一大批青年播音主持人才担当重任、脱颖而出，成为行业新品牌、队伍生力军。首届中国播音主持"金声奖"评选，我们欣喜地看到一批业务精湛、群众认可的新生力量涌现了出来。我们要识才、爱才、敬才、用才，在工作、待遇、培养、评价等方面积极创造有利环境，支持青年播音员主持人挑大梁、当主角，引导他们守正道、多创新、出精品，让我们的播音员主持人队伍形成长江后浪推前浪的生动局面。

广播电视和网络视听高质量发展，离不开播音员主持人这支重要力量。党的十八大以来，播音员主持人队伍不断发展壮大。建设政治过硬、德才兼备、作风优良的播音员主持人队伍，需要严管厚爱结合、约束激励并重，需要政府部门、社会组织、行业机构和每一位播音员主持人的共同参与、共同努力。

各级广电行政部门要履行好规范监督职责。近年来，广电总局先后制定了《广播电视编辑记者、播音员主持人资格管理暂行规定》《中国广播电视播音员主持人职业道德准则》《关于进一步加强广播电视主持人和嘉宾使用管理的通知》等政策文件。下一步，广电总局将进一步完善政策，以更加有力的举措，努力营造良好行业生态。各级广播电视行政部门都要认真贯彻好中宣部、广电总局部署要求，落实意识形态工作责任制，压紧压实属地管理责任和主管主办责任，切实担负起管理和监督职责。要经常深入到播出机构和从业人员中去，倾听基层呼声，掌握一线实际，把工作做深做细做实，为播音员主持人队伍的健康发展提供有力保障。

播出平台要落实好培育管理责任。广播电视播出机构和网络视听平台要切实担负起主体责任，做好播音员主持人执业资格注册、信息发布规范、社会活动管理、教育培训考核等工作。要完善播音员主持人参加外单位活动、社会活动、商业活动的规章制度，明确管理原则和审批流程，做好报备审批把关，做好参加私人活动的日常教育和事前提醒。要加强播音员主持人出镜发声把关，严格审核持证和注册情况，综合考虑专业素质和社会形象，认真审核把关在节目中的言行举止。要规范播音员主持人言行，引导他们塑造良好形象，主动接受社会监督，更加自觉地弘扬职业精神，恪守职业道德。

行业组织要发挥好倡导自律作用。中国广播电视社会组织联合会、中国网络视听节目服务协会等行业组织作为联系党、政府和行业的桥梁纽带，要落实教育引导责任，联系、沟通从业人员，建立常态化培训机制，发挥行业自律作用，为行业健康发展提供有力支撑。要加强对播音员主持人的思想品德、职业道德、社会公德教育，通过评选表彰、倡议评议、树立典型等方式，引导广大从业人员为公众树立好榜样，推动形成良好行业风气。